普通高等教育汽车类专业系列教材

电动汽车电器与电子技术

主　编　孙宏图　梁桂航　孙德林

副主编　王　刚　吕高焕

参　编　周华维　刘学术　张俊友

机械工业出版社

本书全面介绍了电动汽车电器与电子系统的基本组成、工作原理、控制方法和工程应用，主要内容包括电动汽车电器设备总线路、电机驱动系统、动力电池系统、仪表及指示系统、照明及信号系统、附属电器设备、电动助力转向系统、行驶安全系统、舒适控制系统和车载网络系统等。通过本书的学习，读者能够系统全面地了解电动汽车电器与电子技术的基本知识和最新应用。

本书是作者根据多年的教学经验和科研经历编写而成的，可作为高等院校车辆工程、交通运输、汽车服务工程等汽车类专业的本科教材，也可作为高等职业院校汽车运用与维修技术、汽车制造与装配技术、汽车电子技术、新能源汽车技术等汽车类专业的教学用书，还可作为相关专业技术人员的参考用书。

图书在版编目（CIP）数据

电动汽车电器与电子技术/孙宏图，梁桂航，孙德林主编 .—北京：机械工业出版社，2022.5（2025.7重印）
普通高等教育汽车类专业系列教材
ISBN 978-7-111-70300-6

Ⅰ.①电… Ⅱ.①孙… ②梁… ③孙… Ⅲ.①电动汽车-电气设备-高等学校-教材②电动汽车-电子技术-高等学校-教材 Ⅳ.①U469.72

中国版本图书馆 CIP 数据核字（2022）第 040000 号

机械工业出版社（北京市百万庄大街22号　邮政编码100037）
策划编辑：何士娟　　　　　责任编辑：何士娟　王海霞
责任校对：张晓蓉　张　薇　封面设计：张　静
责任印制：常天培
河北虎彩印刷有限公司印刷
2025 年 7 月第 1 版第 3 次印刷
184mm×260mm·16 印张·395 千字
标准书号：ISBN 978-7-111-70300-6
定价：55.00 元

电话服务　　　　　　　　　　网络服务
客服电话：010-88361066　　机 工 官 网：www.cmpbook.com
　　　　　010-88379833　　机 工 官 博：weibo.com/cmp1952
　　　　　010-68326294　　金 书 网：www.golden-book.com
封底无防伪标均为盗版　　机工教育服务网：www.cmpedu.com

前　言

汽车工业的可持续发展面临着能源短缺、环境污染的困境，以电动汽车为代表的新能源汽车成为汽车工业发展的必然选择，电动汽车已成为当今汽车领域研究与开发的热点。随着汽车技术和电子技术的不断进步，电动汽车关键技术不断突破，性能进一步提升，制造和使用成本逐渐降低，电动汽车必将取代普通燃油汽车成为未来汽车产业的主要产品。

"低碳化、信息化、智能化"已经成为全球汽车技术的发展方向，世界各国政府都制定了积极的战略发展规划来推动电动汽车技术研发和规模化应用。为实现汽车强国的战略目标，我国制定了《新能源汽车产业发展规划（2021—2035 年）》，新能源汽车将逐渐成为主流产品，汽车产业基本实现电动化转型。围绕电动汽车技术研发、生产制造和服务运营，我国配套的相关技术人员严重短缺，亟须培养一批掌握电动汽车技术的人才队伍。

本书围绕电动汽车工程技术人才必备的电器与电子技术知识，从基本概念和组成入手，系统全面地介绍了电动汽车电器与电子系统的基本结构、工作原理、性能特点和工程应用。本书文字简洁、通俗易懂、图文并茂，内容重点突出、层次清晰、结构合理，便于教学与自学。各章配套相应的思考题与习题，与工程实际应用紧密结合，体现电动汽车技术的发展前沿，使本书具有一定的系统性、实用性和先进性，有利于培养学生解决工程实际问题的能力。

本书共分十一章，其中，第一、三、四章由孙宏图、王刚、刘学术编写，第二、五、六、七章由孙德林、吕高焕、周华维编写，第八、九、十、十一章由梁桂航、张俊友编写。本书由孙宏图、梁桂航、孙德林任主编，孙宏图对全书进行了统稿。宋进桂负责本书的审定工作。

在本书的编写过程中，参考了大量的书籍和有关资料，在此向这些书籍和资料的作者们表示衷心感谢。由于编者水平有限，书中的不当之处在所难免，恳请读者提出宝贵建议，以便修订时予以纠正。

编　者

目　　录

第一章 绪 论

第一节 概 述

随着我国汽车工业的快速发展，汽车的保有量逐年提高，2020年全国机动车保有量达到3.72亿辆。如今的汽车不再只是一个简单的代步交通工具，而已经成为集交通、导航、娱乐、工作和通信等功能于一体的移动载体。如何满足人们对汽车更加安全、节能、环保、舒适和智能的需求，一直是汽车电器与电子技术的重要课题。

汽车工业促进了世界经济的飞速发展，为人们提供了极大便利，然而同时也将能源与环境问题推到了人们的面前。作为全球面临的重大挑战，能源与环境问题是制约汽车工业可持续发展的关键，因此"低碳化、信息化和智能化"成为全球汽车技术的发展方向。面对日益严峻的能源与环境的挑战，节能与新能源汽车成为汽车产业发展的必然，是实现我国汽车强国的重要战略。电动汽车是拉动新一轮工业革命的支柱性引领型产品，具有极强的能力广泛吸纳信息化、网络化、智能化、大数据、云计算以及新技术、新材料、电力电子、先进制造等方面的新发展，成为众多产业融合创新的大平台，促进技术进步和产业结构升级，已成为我国汽车产业的重要组成部分。

汽车电子技术经过几十年的发展，特别是随着互联网信息技术的飞速进步，呈现出里程碑式的跨越，也极大地促进了汽车工业的快速发展。汽车电子技术已经成为衡量汽车技术水平的重要标志，是实现汽车安全、节能、环保、舒适和智能化的关键技术手段，已经成为世界各个汽车生产厂商和研发机构竞相掌握的核心技术。传统汽车电子技术的功能主要体现在汽车动力系统和电器设备的控制中，而现代汽车电子技术在提高汽车动力系统和安全系统的控制功能的同时，还具备以互联网和信息技术为核心的导航定位、辅助驾驶、环境感知等功能。随着传感器、执行器、显示器和控制器等电子技术的不断发展及应用，特别是集成电路、计算机控制技术的进步，汽车电子设备的体积和质量逐渐减小，性能得到不断提升，汽车电子控制系统的功能不断得到提升和延伸，汽车智能化的程度越来越高。当前，汽车电子技术已经发展到网络化、智能化的综合技术时代，其包括了电子技术、计算机技术、智能传感器技术和综合控制技术等。同时，汽车电子网络系统已经取代了传统的点对点的线束连接，逐步实现了汽车通信与控制的网络化管理。

随着电动汽车的迅速发展，最新的电子技术在汽车上都得到了广泛应用，汽车电子设备在整车中的占比不断提高，有的甚至已经超过电动汽车成本的50%。汽车电子技术已经被广泛应用于汽车动力系统控制、底盘控制、车身控制、故障诊断以及音响、通信和导航等方面，显著提升了车辆的动力性、经济性、安全性、稳定性和舒适性，使汽车从代步工具发展到集交通、娱乐、办公和通信多种功能于一体的移动终端。因此，汽车电子技术在电动汽车中的地位尤其重要，在汽车技术领域已经发展成为一门独立的分支学科。

电动汽车电器与电子技术以电动汽车构造、电工学、电子学、计算机技术、传感器技术、控制技术、通信技术和网络技术为基础，重点研究电动汽车电器和电子控制系统的结构、原理、特点及其在电动汽车上的应用。电器设备与电子控制系统是电动汽车的重要组成部分，其性能对汽车的动力性、经济性、可靠性、安全性、操纵性、稳定性、舒适性、环保和娱乐等各种性能都会产生直接而重要的影响。电动汽车已经不再是传统意义上的机电产品，传统汽车技术和电子技术的深度结合给电动汽车行业的发展带来了深刻变革。汽车电子属于典型的高技术、高附加值、高增长的新兴产业，具有巨大的市场容量、极强的技术渗透性和产业带动性。电动汽车已经进入电子时代，汽车电子控制及智能网联技术已经成为当代汽车技术领域的研究重点。

第二节　电动汽车电器与电子系统的组成

电动汽车电器与电子系统可以分为电器设备和电子控制系统两大部分。

一、电器设备

电动汽车的电器设备主要由供电系统、用电设备、检测装置和配电装置四部分组成。

1. 供电系统

电动汽车的供电系统包括动力电池、蓄电池及其变换器，以及充电设备等。随着现代科技的发展，低碳减排和环境保护观念的不断深入，电动汽车上使用的能源不断向绿色能源转变，如太阳能、氢能等，使得汽车供电系统的结构不断发生变化，供电设备变得更加复杂多样。

2. 用电设备

电动汽车的用电设备主要包括驱动电机、照明及信号系统、仪表及显示系统和附属电器设备等。为满足电动汽车的舒适、娱乐和安全的需要，附属电器设备的数量和种类在不断增加。

3. 检测装置

电动汽车的检测装置包括各种电器检测仪表和传感器，如电流、电压、温度、车速和电量等的检测仪表，用来监测电动汽车动力系统和其他设备的工作情况。

4. 配电装置

电动汽车的配电装置包括配电盒、电路开关、电器保护装置、插接件和导线等。

二、电子控制系统

电子控制系统，即所谓的机电一体化汽车电子装置，是电动汽车行驶和安全控制的核心，包括整车控制系统、动力控制系统、底盘控制系统和车身控制系统等。电子控制系统通过传感器和执行器发送指令，控制电动汽车各子系统协同工作，并保持汽车行驶的稳定性、安全性和舒适性等性能。

1. 整车控制系统

整车控制系统主要实现各子系统的数据交换与管理、故障诊断、安全监控、驾驶人意图解析等功能，通过整车的协调控制确保电动汽车的动力性、经济性、安全性和舒适性。整车控制系统的信息传递通过网络通信系统实现，使系统具有较好的可靠性、实时性和灵活性，同时要具有较高的容错性、电磁兼容性和环境适应性，确保电动汽车安全可靠运行。

2. 动力控制系统

动力控制系统包括电机控制系统、电池管理系统、车载充电系统等。电机控制系统的主要功能是根据实际行驶工况控制电机的转速、功率、转矩和转向，确保电动汽车正常运转，并能够在汽车减速制动或者下坡时实现制动能量回馈。电池管理系统主要实现对动力电池的电压、电流、温度等信号的采集、通信与显示，预测电池的荷电状态，实现对电源系统的有效管理。车载充电系统通过车载充电装置实现对动力电池的充电，并对电池进行容量监测和控制，以及对电网进行谐波抑制、无功率补偿和负载平衡等。

3. 底盘控制系统

底盘控制系统包括防抱死制动系统（ABS）、驱动防滑系统（ASR）、悬架控制系统、电动助力转向系统（EPS）和四轮转向控制系统（4WS）等。ABS 和 ASR 为汽车主动安全控制系统：ABS 用于防止汽车制动时由于车轮抱死而产生的侧滑和失去转向能力，提高汽车的制动性和操纵稳定性；ASR 用于防止汽车起步和加速时驱动轮打滑，从而提高汽车起步和加速时的动力性。悬架控制系统根据不同路面状况和汽车行驶工况，自动调节车身高度、悬架的刚度和阻尼，从而改善汽车行驶的平顺性和通过性。EPS 可以通过车速、转向角、转矩等传感器信号自动控制施加在转向盘上的转向力，实现在各种行驶工况下转向盘所需力的最佳控制。4WS 可以使驾驶人对汽车前后四个车轮进行转向控制，改善汽车的机动性，提高转向响应特性。

4. 车身控制系统

车身控制系统包括自动空调控制系统、车辆信息显示系统、电子灯光控制系统、安全气囊控制系统、防盗与防撞安全系统、巡航控制系统、导航系统、车载网络系统等。

第三节　电动汽车电器与电子系统的特点

电动汽车电器与电子系统是现代汽车技术和电子技术的深度融合，是电子技术在电动汽车上的更高层次的应用。随着互联网时代的到来，汽车电子技术进入迅猛发展时期。在新一轮工业革命背景下，电动汽车电器与电子系统呈现出网联化和智能化的特征，通过增加雷达、摄像头、先进传感器和执行器等设备，结合现代网络通信技术，使汽车驾驶更加智能、安全、舒适。为确保汽车行驶时的安全性，对汽车电子控制系统的实时性也提出了更高的要求。汽车电器与电子系统的工作环境恶劣，环境温度变化范围宽，对传感器、执行器和控制器元件的可靠性要求高。

汽车电器和电子控制系统极其复杂，兼具了低压和高压、直流和交流的特点。电动汽车的高压电气系统主要由动力电池、驱动电机和功率转换器等大功率、高电压电气设备组成，根据车辆行驶的功率需求，完成从动力电池到驱动电机的能量变换与传输过程。作为电动汽车的核心系统，高压电气系统有两种驱动类型，即直流电机驱动系统和交流电机驱动系统。由于动力电池组输出的电流一般为直流，所以需要 DC/DC 或 DC/AC 变换器完成驱动电机的任务。为确保整车低压系统稳定运行，电动汽车一般保留蓄电池为低压供电设备提供电源。低压电气系统采用 DC 12V 或 24V 电源，为灯光、刮水器等车辆常规低压电器设备供电，同时为整车控制器、高压电气设备的控制电路和辅助设备供电。低压电器系统主要由 DC/DC 变换器、辅助蓄电池和低压电器设备组成。其中低压电器设备主要包括灯光系统、仪表系统、娱乐系统、电动车窗、刮水器和各种控制器等。与传统燃油汽车蓄电池由发动机驱动的发电机供电形式不同，电动汽车的辅助蓄电池由动力电池通过 DC/DC 转换器供电。电动汽车中为了节约能源，对于功率较大的子系统，如制动系统和电动空调系统等，也可采用高压电气系统供电。整车供电系统按照电压等级进行布置，且相互隔离，并通过电池管理系统和电压变换器对高压电源与低压电源进行管理。

电动汽车的数据一般直接通过数据总线进行传输，常用的通信协议包括 CAN 总线和 LIN 总线等。CAN 总线是一种串行数据通信协议，采用通信数据块进行编码，取代了传统的站地址编码，使网络内的节点数量在理论上不受限制。LIN 总线是一种低成本的串行通信网络，基于底层网络协议，实现汽车的分布式电子系统控制，应用于无需总线的带宽和多功能的场合，如智能传感器和制动系统的通信等，可大大节省成本。

第四节　汽车电子技术的发展和面临的挑战

一、汽车电子技术的发展

汽车工业的飞速发展，以及汽车有关法律法规的建立和完善，促进了汽车电子技术的形成与发展，汽车电子技术的发展和应用主要经历了三个阶段。

第一阶段，20 世纪 50～70 年代，汽车电子技术的形成和初级发展阶段。汽车电子技术显著改善了汽车零部件的性能，如日产公司的交流发电机、通用公司的 IC 电子调节器等。但昂贵的价格和较低的可靠性，限制了汽车电子新技术的应用。

第二阶段，20 世纪 70～90 年代，汽车电子技术的迅速发展阶段。集成电子控制系统得到广泛的应用，如发动机电子控制系统、底盘控制系统和仪表等。随着计算机技术的飞速发展，汽车进入了微机控制时代，汽车上广泛应用了集成电路和微处理器。电子控制燃油喷射装置的控制功能进一步得到扩充，三元催化转化器系统中采用了氧传感器，形成了闭环控制系统，显著降低了污染。采用发动机整体控制，开发了微机控制自动变速器和悬架系统，出现了无分电器的微机控制点火系统和后轮转向控制系统，研制出微机控制的空调系统。这个发展阶段的主要特点是开发出了大量专用独立控制系统，如电子燃油喷射系统（EFI）、空燃比反馈控制系统、防抱死制动系统（ABS）、安全气囊系统（SRS）、电子控制自动变速系统（ECT）、巡航控制系统、车辆导航系统、座椅安全带收紧系统、车辆防盗系统、故障诊断系统、车身高度自动控制系统、数字式组合仪表盘等。

第三阶段，20世纪90年代至今，汽车电子技术得到大范围应用，继续提升各控制系统的功能，使其性能更加完善。汽车电子技术进入高科技迅速发展时期，汽车电器与电子产品的研制开发竞争十分激烈，汽车的性能得到进一步提高，各种功能得到进一步完善。目前出现的汽车电器与电子产品包括四轮转向系统、胎压监测系统、语音识别系统、数字油压表、蜂窝式电话、加热式风窗玻璃、倒车警示器、超速限制器、自动后视镜、道路状态指示器、定速巡航系统（CCS）、电动助力转向系统、信息显示系统、驱动防滑系统（ASR）、电子门锁控制系统、自动空调、自动车窗、自动座椅调节系统、导航系统、车载电话、智能安全气囊、制动力分配系统（EBD）、电子差速系统（EDS）、智能自适应前照灯系统（AFS）、防撞控制系统、主动安全系统、自动驾驶系统、电子地图、电子感应制动系统、动力最优化控制系统、通信与导航协调系统、安全驾驶监测与警告系统等。由于汽车电子控制单元的增多，为了减少线束配置，控制器局域网总线技术得到快速的发展，把功能相互独立的电子控制单元连接起来，使其相互协同工作。如今，汽车电子技术已经开始将汽车融入外部环境，使汽车更加智能化、网络化。汽车电子化是汽车技术发展进程中的一次革命，是衡量现代汽车水平的重要标志，也是提高汽车性能和驾驶人舒适性的重要途径之一。目前，汽车电子技术已经进入人、车和环境三者整体协同发展的阶段，现代汽车电子已经成为基础技术、电控系统和人车环境交互的智能平台。

二、汽车电子技术面临的挑战

汽车电子产品是在不断面临挑战和解决矛盾的过程中发展起来的。汽车制造厂商对汽车电子产品不断提出新的需求，却不希望在车上安装过多电子系统而使汽车结构复杂、成本提高。理想的情况是用简单的电子装置来替代笨重、低效的机械装置，而不是对其进行补充。

当前对汽车电子产品提出的要求，是在不增加电子产品复杂程度的前提下改善产品的性能，如使用电子技术把诸如座椅、车门、轮胎等零部件的功能进行集成，座椅能够感受气温和重量、车门还能用作立体扬声器、轮胎能够感知路面情况并自动调整等。如何使现有的汽车电子产品部件体积减小、重量减轻是人们面临的另一个挑战，如ABS、SRS等部件的电控装置尺寸越来越小，且在日益缩小的外壳内塞进更多的元件，以便增加更多的控制功能，减少线束，提高汽车总体布置的灵活性。

在汽车电子产品的发展过程中，需要不断将最新的技术应用到汽车产品中。新技术的应用使电子控制装置变得更小、更有效、更灵活，当然这可能会增加成本，并带来更多需要解决的新问题。在汽车上使用控制器局域网络实现汽车内部控制系统与各检测和执行机构之间的数据通信，多路传输总线在汽车上的使用，需要进一步提高信号的传输速率、容错和抗干扰能力，并降低成本。智能网联技术在提高汽车智能化、安全性、舒适性和便捷性方面会发挥越来越重大的作用。

随着电子产品数量增多、功能增强，来自车内和车外的干扰及相互干扰问题是难以估计的，防止电磁干扰和电磁兼容是电动汽车电器设备必须考虑的问题，同时要兼顾汽车电器与

电子产品恶劣的工作环境。

　　总之，通过电子技术、智能网联技术等逐步改善汽车的各种使用性能，提高电控系统可靠性、稳定性、精确性、实时性、电磁兼容性以及抗干扰性，并提高驾驶性能，同时降低产品的成本，这些都是目前汽车电器与电子系统研究的重要课题。

思考题与习题

1-1　简述电动汽车电器与电子控制系统的分类及特点。

1-2　列举电子技术在电动汽车上的应用。

1-3　简述电动汽车电器与电子技术的最新发展。

第二章 电器设备总线路

第一节 汽车电路结构

一、一般电动汽车电气系统的组成

电动汽车的电气系统主要包括低压电气系统、高压电气系统和整车网络化控制系统。其中，高压电气系统主要由动力电池、驱动电动机和功率变换器等大功率、高压电气设备组成。低压电气系统采用 DC 12V 或 24V 电源，一方面为照明、刮水器等车辆的常规低压电器供电，另一方面为整车控制器、高压电气设备的控制电路和辅助部件供电。电动汽车各种电气设备的工作统一由整车控制系统协调控制。一般电动汽车电气系统的结构原理如图 2-1 所示。

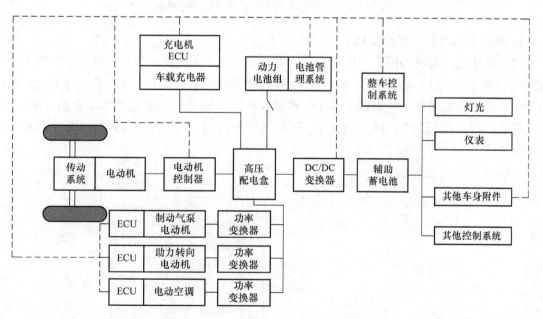

图 2-1 一般电动汽车电气系统结构原理图

二、车辆高、低压电气系统

高压电气系统的主要功用是根据车辆行驶的功率需求，完成从动力电池或燃料电池到驱动电动机的能量变换与传输过程。在传统的燃油汽车中，电动助力转向系统、制动系统等主要由低压电气系统供电；而在电动汽车中，为了节约能源，对于功率较大的子系统，如制动气泵电动机、电动助力转向系统和电动空调等一般采用高压供电。

燃油汽车与电动汽车的低压电气系统的主要区别在于，燃油汽车的辅助蓄电池由与发动机相连的发电机来充电，而电动汽车的辅助蓄电池则由动力电池通过 DC/DC 变换器来充电。图 2-2 为典型的电动汽车高、低压电路原理图。12V 低压电气系统由高压动力电池通过 DC/DC 变换器为其充电，而高压动力电池系统通过车载充电器进行充电。

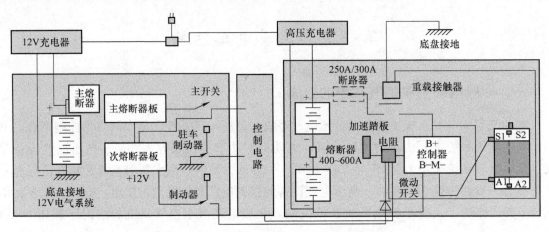

图 2-2　典型的电动汽车高、低压电路原理图

1. 高、低压电气系统的组成

整车高压电气系统如图 2-3 所示。高压电源从正极 D + 出发，首先通过位于驾驶人控制台上的高压开关 DK1，该开关受低压控制，作为整车高压电源的总开关以及充电开关。经电路 2 可以进行充电操作，经电路 3 与主电动机控制器（通过驱动电动机驱动车辆行走）、直流电源变换器（给低压 24V 电源充电）、转向系统控制器（控制转向助力机构）、制动系统

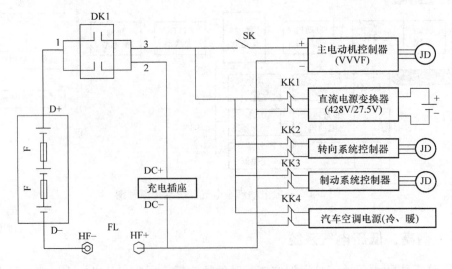

图 2-3　高压电气系统

控制器（控制和驱动气泵打气提供制动能量）及冷暖一体化空调相连，最后经过分流器 FL 流回负极，分流器 FL 的作用是检测高压电路中的电流值。此外，在电池内部之间装有熔断器 F，用于防止高压电路中电流过大。

动力电池组通过直流/直流（DC/DC）变换器将高压直流电转换为 12V 或 24V 低压直流电，为仪表、照明、控制系统和车身提供电能，并给辅助蓄电池充电，这构成了整车低压电气系统。低压电气系统主要由 DC/DC 变换器、辅助蓄电池和若干低压电器设备组成。电动汽车的低压电器设备主要包括灯光系统、仪表系统、娱乐系统、电动车窗、刮水器、除霜器和各种控制器等。

2. 功率变换器

功率变换器可分为直流/直流（DC/DC）变换器和直流/交流（DC/AC）变换器两类。电动汽车电气系统中的功率变换器主要是 DC/DC 变换器，它是实现电气系统电能变换和传输的重要电气设备。

DC/DC 功率变换电路按拓扑结构来分，有正激型、反激型、升压型、降压型、升/降压型、反相型、推挽式正激型、半桥式正激型及全桥式正激型。按开关控制方式来分，有脉宽调制式（Pulse - Width Modulation，PWM）、脉冲频率调制式（Pulse Frequency Modulation，PFM）及脉宽和频率混合调制式"硬开关"电路，也有零电压或零电流"软开关"PWM 电路和各种谐振式、准谐振式变换器。按其他方面来分，有宽输入范围、额定输入范围，隔离型、非隔离型等类型。根据电压变换方式不同，DC/DC 变换器分为绝缘型（图 2-4a）和非绝缘型（图 2-4b）两类，绝缘型的特点是负极与车身绝缘，非绝缘型的特点是负极与车身相连。

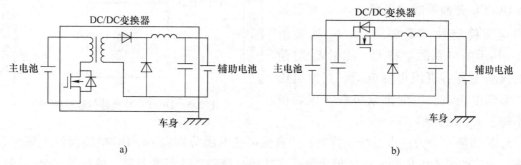

图 2-4　DC/DC 变换器的工作原理和功能
a）绝缘型　b）非绝缘型

图 2-5 所示为几种典型的功率变换器电路原理图。图 2-5a 所示为 Buck 式降压变换器的电路原理图，其电路是非隔离式的，一般用在输入、输出电压相差不大的场合，如用于车载小功率高压直流电动机的调速。图 2-5b 所示为单端激式降压变换器的电路原理图。由于其输入、输出电压的隔离性质，广泛应用于车载 24V 辅助电池的充电电源。图 2-5c 所示为全桥逆变式升压变换器的电路原理图。由于电路中变换器具有一定的频率响应带宽，在变换器输入端和变压器一次电路产生的部分高频干扰信号不能传输到变换器的输出端，因此，作为电动汽车车载变换器，全桥逆变式结构具有较好的电磁兼容性。

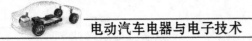

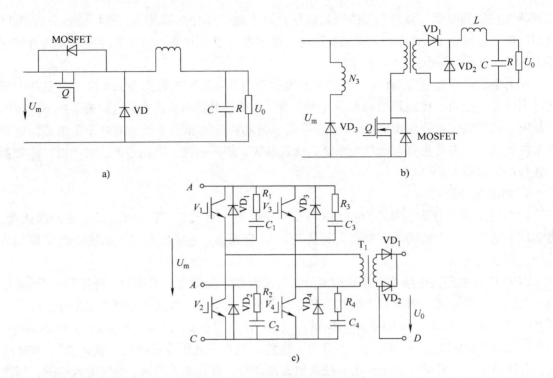

图 2-5　功率变换器电路原理图

a）Buck 式降压变换器　b）单端激式降压变换器　c）全桥逆变式升压变换器

3. DC/DC 功率变换模块的稳压精度检测方法

DC/DC 变换器的稳压精度 δ_u 是衡量其输出电压稳定性的重要指标。δ_u 通常由图 2-6 所示的电路测量得到，测量 δ_u 时使用的仪表主要有直流可变电源、直流电压表、直流电流表、可变直流负载（仪表精度不低于 1.5 级）等。

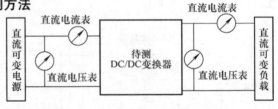

图 2-6　DC/DC 变换器性能检测图

δ_u 的测量可分为三步进行。首先，用直流可变电源分别向 DC/DC 变换器输入额定直流电压、允许的最小电压和允许的最大电压；其次，调整直流可变负载，使前述三个不同输入电压下的电流依次为稳定值的 0%、50% 和 100%，把各个条件下的输出电压值分别记录在表 2-1 中。最后，根据表 2-1 中记录的输出电压测量值中的极限值（最大值和最小值）U 和额定电压 U_0，由式（2-1）计算出不同输入电压条件下的稳压精度 δ_u

$$\delta_u = -\frac{U - U_0}{U_0} \times 100\% \tag{2-1}$$

4. DC/DC 变换器变换效率的测量

在输入电压、输出电压和电流均为额定值时，输入功率和输出功率之比的百分数称为 DC/DC 变换器的变换效率 η，其计算公式为

$$\eta = -\frac{I_{\text{o}}U_{\text{o}}}{I_{\text{i}}U_{\text{i}}} \times 100\% \tag{2-2}$$

式中，I_{o} 为输出电流；U_{o} 为输出电压；I_{i} 为输入电流；U_{i} 为输入电压。

表 2-1　DC/DC 变换器稳压精度检测记录

输入电压	输出电压测量值/V		
	空　　载	50%额定负载	100%额定负载
额定直流电压			
允许的最小电压			
允许的最大电压			

将输入电压、输出电压、输出电流均调至额定值，从输入端和输出端的电压表、电流表上分别读出电压值和电流值，用式（2-2）即可计算出效率 η。

电动汽车动力系统的一个重要特点是具有高电压、大电流的动力电路。为了适应电动机驱动工作的特性要求并提高效率，高压电气系统的工作电压可以达到 300V 以上，而且电力传输电路阻抗很小。高压电气的正常工作电流可能达到数十甚至数百安培，瞬时短路放电电流更是成倍地增加。高电压和大电流会危及车上驾乘人员的人身安全，同时还会影响低压电器和车辆控制器的正常工作。因此，在设计和规划高压电气系统时，不仅应充分满足整车动力驱动要求，还必须确保车辆运行安全、驾乘人员安全和车辆运行环境安全。

根据电动汽车的实际结构和电路特性，设计安全合理的保护措施，是确保驾乘人员和车辆设备安全运行的关键。为了保证高压电安全，必须针对高压电防护进行特别的系统规划与设计。国际标准化组织和美国、欧洲、日本等先后发布了若干电动汽车的技术标准，它们对电动汽车的高压电安全及控制制定了较为严格的标准和要求，并规定高压系统必须具备高压电自动切断装置。其中涉及电动汽车安全的电气特性有绝缘特性、漏电流、充电器的过电流特性和爬电距离等。

电动汽车的运行情况非常复杂，在运行过程中难免会出现部件间的相互碰撞、摩擦、挤压，这有可能使原本绝缘良好的导线绝缘层出现破损、接线端子与周围金属出现搭接，高压电缆绝缘介质老化或潮湿环境影响等因素都会导致高压电路和车辆底盘之间的绝缘性能下降，电源正负极引线将通过绝缘层和底盘构成漏电流回路。当高压电路和底盘之间发生多点绝缘性能下降时，还会导致漏电回路的热积累效应，可能造成车辆电气火灾。因此，高压电气系统相对车辆底盘的电气绝缘性能的实时监测，也是电动汽车电气安全技术的重要内容。

电动汽车电气安全监测系统需要实时监测整车电气状态信息，如总电压、总电流、正负母线对地电压值、正负母线绝缘电阻值、辅助电压、继电器连接情况等，并通过 CAN 总线输出测得的各部分状态机数值，输出系统的报警状态和通断指令，从而确保电动汽车的安全运行。

三、电动汽车控制系统的工作流程

为了保障电动汽车的安全运行，电动汽车的起动控制、行驶控制、安全故障控制等都有严格的要求，且必须符合相应的国家标准。

电动汽车取消了传统的燃油发动机，因此电动汽车从原理上讲就取消了起动的过程。但是，为了保障车辆的安全性能和符合传统的驾驶习惯，传统汽车的起动过程在电动汽车上进行了保留。电动汽车必须有一个合理的起动过程，这个过程不再是发动机的运转，而是电动汽车低压电控制系统工作至高压电部分接通使车辆达到可以行驶状态的过程。在这个过程中，电动汽车的控制系统需要做一系列的动作和检测，以保障车辆和乘员的安全。

图 2-7 所示为一个典型的电动汽车控制系统工作流程图，图中表达了电动汽车从低压起动、高压起动、车辆行驶检测、安全防护、信息提示直至停车等多工作状况流程。整个控制系统主要分为起动、行驶和充电三个阶段。

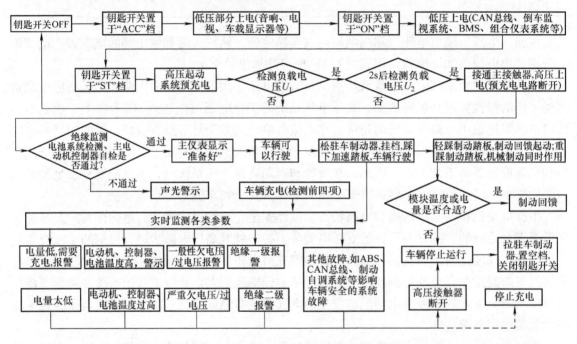

图 2-7　电动汽车控制系统工作流程图

从图 2-7 中可以看出，电动车辆起动时的流程与传统燃油汽车无异。在起动过程中，当钥匙开关置于"ACC"档时，车辆部分电器如音响系统、视频系统等娱乐系统起动；当钥匙开关置于"ON"档时，车辆的低压电气系统基本上全部开始工作，此时需要对车辆的部分系统（如 CAN 总线、倒车监视系统、行车计算机、BMS、组合仪表系统、ABS 及车辆升降系统等）进行供电，此时低压电气辅助系统全部工作，为高压起动做好准备工作，但动力系统不能起动，车辆仍然不能移动。当钥匙开关置于"ST"档时，车辆的高压起动系统开始工作，进行一系列预充电和自检后方能将主接触器接通，起动高压电气系统。为了保证车辆安全，还要进行一系列绝缘监测、电池系统检测以及主电动机控制器自检等检测，这些检测通过之后，车辆方能进入行驶状态。

为了保障安全，车辆在行驶中需要实时监测各种参数，如电量参数、温度参数、电压参数、绝缘性能、其他关键辅助系统的参数等。这些参数将影响车辆的行驶功能、行驶距离和行驶安全。从控制流中可以看出，电动汽车尤其注重安全性能。为了保障车辆的安全行驶，电量参数、温度参数、电压参数及绝缘性能均设有两级报警。

（1）电量参数控制　当车辆的电量处于较低水平时，提示驾驶人员车辆电量低，需要充电。此时可以采用控制车速或控制电动机输出转矩的方式，保证车辆处于低能耗状态，使车辆能够安全行驶到充电站。如果电量被进一步消耗，剩余电量过低，继续行驶有可能导致电池过放电，此时将由系统发出指令，使车辆停止行驶。

（2）温度参数控制　电动汽车一般温度参数主要是指电动机、控制器和电池的温度参数。由于这些参数将严重影响车辆的系统安全，因此必须对其进行实时监测。一旦发现温度处于较高水平，车辆就会发出警示；如果温度达到或超过设定的界限，则强制车辆停止行驶。

（3）绝缘性能控制　电动汽车采用高压直流电驱动，而车身又是一个优良导体，因此对整车绝缘性能的监测非常重要。绝缘性能主要监测漏电电流的大小，根据车辆高压系统漏电电流的水平分为绝缘性能良好、一般性漏电和严重漏电三个等级。当监测到一般性漏电时，不会影响安全性能，但需要关注并及时维护，此时只提供漏电信息提示；如果车辆高压系统的漏电电流达到或超过严重漏电水平，则系统提示车辆出现严重漏电故障，断开主接触器，防止出现意外。

系统还需要对其他可能影响车辆安全的装备进行检测，如 ABS、制动自调系统，以及一些车辆带有的电控悬架系统等，这些系统一旦发生故障，也需要停车检修，以保障车辆的安全。

车辆的充电过程也是一个非常重要的过程，在充电时需要对电量参数、温度参数、电压参数及绝缘性能进行检测，一旦有部分系统参数出现故障，就会提示断开充电系统，避免出现安全隐患。

第二节　汽车电路控制与保护

一、汽车电路控制方式

汽车电路控制是指使各汽车电路按需要改变工作状态，有手动控制和自动控制两种方式。汽车电路手动控制方式是在汽车电路中串联手动开关（个别为脚动开关），由人工操纵开关来通断电路。汽车电路自动控制方式有多种形式，图 2-8 所示为汽车电路常用的三种自动控制方式。

（1）功能开关自动控制方式　功能开关的动作由温度、压力、液位等物理参量控制，将某种功能开关串联在被控电路中，就可使该电路受某种物理参量的控制。

（2）电子控制器自动控制方式　传感器将某物理参量转变为相应的电信号，并输送给电子控制器，电子控制器按传感器的信号工作，自动控制被控电路的工作状态。

（3）继电器自动控制方式　继电器触点串联在被控电路中，继电器线圈连接控制电路，使被控电路受控制电路产生的控制电压控制。控制电路自动产生控制电压的部件可以是功能开关、电子控制器或某个电气装置。

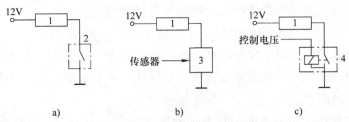

图2-8　汽车电路常用的自动控制方式

a）功能开关自动控制　b）电子控制器自动控制　c）继电器自动控制

1—被控电路　2—功能开关　3—电子控制器　4—继电器

二、汽车电路控制装置

汽车中多个控制器组合在一起就形成了汽车电路控制装置，有了汽车电路控制装置，汽车才能实现起动、停止、开关转向灯等操作。

开关是汽车控制装置的一种，它有多种类型，按操纵方式不同，可分为按键开关、旋钮开关、推拉开关等；按结构与功能不同，可分为单置开关、复合开关和组合开关等；按作用不同，可分为电源开关、点火开关、车灯开关、转向灯开关等。

1. 电源开关

一些汽车装有电源开关，用于通断蓄电池与外电路的连接，以防止在汽车停驶过程中蓄电池经外电路漏电。电源开关主要有刀式和电磁式两种：刀式电源开关直接由手动切断或接通电源，电磁式电源开关的原理如图2-9所示。

接通开关7时，电磁线圈4通电（常闭触点1接通线圈4搭铁电路），产生的电磁力使常开触点2吸合，蓄电池与外电路接通。与此同时，常闭触点1断开，电磁线圈4中的电流经电磁线圈5流到铁心中，两线圈产生的同向电磁力保持触点在吸合位置。

当断开开关7时，两线圈断电，常开触点2断开，切断了蓄电池与外电路的连接。

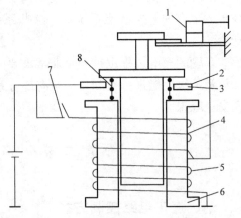

图2-9　电磁式电源开关的原理

1—常闭触点　2—常开触点　3—起动机接线柱　4、5—电磁线圈　6—铁心　7—开关　8—弹簧

2. 组合开关

组合开关是由两种或两种以上的开关集成在一起，可使操纵更加方便。图2-10所示为JK322A型组合开关，其集成了转向灯开关、警告灯开关、灯光开关、前照灯变光开关、刮水器开关、洗涤开关，其工作档位及内部连接情况如图2-11所示。

三、汽车电路保护

1. 汽车电路保护与高压电气系统的安全性

汽车电路保护是在汽车电路中的串联电路保护装置，当某汽车电路因负荷超载、短路故

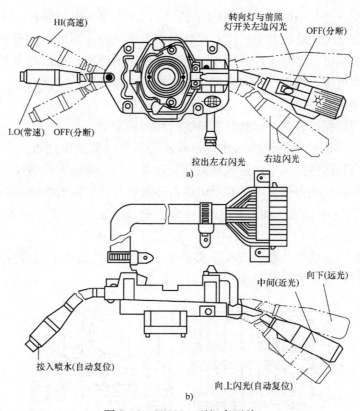

图 2-10　JK322A 型组合开关

a）前后方向工作状态　　b）上下方向工作状态

开关名称与档位		连接导线颜色																				
		绿/黑	绿/白	绿/黄	绿/蓝	绿/红	绿/橙	绿	黄	红	白	红/黄	红/绿	红/白	白/黑	蓝	蓝/黑	蓝/橙	蓝/红	黑	蓝	绿/红
转向开关	左	○	○		○	○																
	OFF				○	○																
	右		○	○	○	○																
	拉出	○	○				○	○														
灯光开关	OFF																					
	I								○	○		○										
	II								○	○	○	○										
前照灯变光开关	向上											○		○	○							
	中间												○	○	○							
	向下											○	○									
刮水器开关	OFF															○		○				
	LO																○	○				
	HI																○		○			
洗涤开关	按下																			○	○	
扬声器开关																						○

注：○—○ 表示连接。

图 2-11　JK332A 型组合开关工作档位及内部连接情况

障而电流过大时，通过电路保护装置自断的方式将汽车电路与电源断开，以避免电路或用电设备烧坏。汽车电路保护装置有不可恢复式和可恢复式两种。不可恢复式电路保护装置在起保护作用以后，必须更换新的保护装置才能恢复该电路的通路；可恢复式电路保护装置在起保护作用后则不用更换，可通过手动或自动方式恢复电路通路。

2. 汽车低压电路保护

汽车电路常用的保护装置有熔断器、易熔线和断路器等。

（1）熔断器　熔断器中的保护元件是熔丝，是不可恢复式电路保护装置，通常用于局部电路的保护。当其所保护的电路过载或出现短路故障时，熔断器的熔丝会因流经的电流超过规定值而发热熔断，从而保护电路和用电设备不被烧坏。熔断器由熔丝固定在可插式塑料片上或封装在玻璃管中构成，按结构形式可分为金属丝式、管式、片式和平板式等多种形式。

为了便于检查和更换熔断器，汽车上常将各电路的熔断器集中安装在一起，如图 2-12 所示，在汽车中习惯称其为熔丝盒。

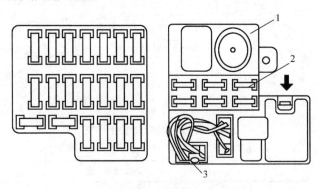

图 2-12　熔断器盒示例

1—熔断器盒　2—熔断器　3—易熔线

熔断器烧断后，必须更换相同规格的新熔断器，不能用大于原规格的熔断器替代，更不能用铜丝或普通导线代替。

（2）易熔线　易熔线由多股熔丝绞合而成，用于保护工作电流较大的电路。易熔线的不同规格通常以不同的颜色来区分。易熔线通常被接在蓄电池正极附近，或集中安装在接线盒内。易熔线不能绑扎于线束内，也不得被其他物件所包裹。

（3）断路器　断路器起保护作用的主要元件是双金属片和触点。断路器有自恢复式和按压恢复式两种。

1）自恢复式断路器。自恢复式断路器如图 2-13 所示，当被保护电路中的电流超过规定值时，双金属片受热弯曲而使触点张开，电路被切断。电路断电后，双金属片因无电流通过而逐渐冷却伸直，触

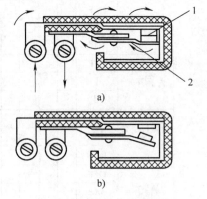

图 2-13　自恢复式断路器

a）触点闭合通路　b）触点张开断路

1—触点　2—双金属片

点又重新闭合，接通电路。如果电路中电流过大的原因还未排除，自恢复式断路器就会使电路时而接通，时而切断，以限制通过电路的电流，起到电路过载保护的作用。

2）按压恢复式断路器。按压恢复式断路器如图2-14所示，当被保护电路中的电流超过规定值时，双金属片受热向上弯曲，使双金属片两端的触点张开而切断电路。向上弯曲的双金属片冷却后不能自行恢复原形，若要重新接通电路，必须按下按钮才能使双金属片复位。

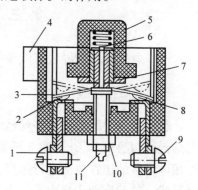

图 2-14　按压恢复式断路器
1、9—接线柱　2、8—触点
3—双金属片　4—外壳　5—按钮
6—弹簧　7—垫圈
10—锁紧螺母　11—调整螺钉

这种断路器的规定电流值是可调的。需要调整时，松开锁紧螺母10，旋动调整螺钉11，改变双金属片的挠度即可。

3. 汽车高压电路保护

高压互锁（High Voltage Interlock，HVIL）是指通过使用低压信号来检查电动汽车上所有与高压母线相连的各分路，包括整个电池系统、导线、插接器、DC/DC变换器、电机控制器、高压盒及保护盖等系统电路的电气连接完整性（连续性）。当整个动力系统高压电路连接断开或者完整性受到破坏时，就采取相应安全措施，如报警或断开高压电路等。它的存在保证了电动汽车高压电路的绝缘性与完整性。

四、电磁屏蔽

随着现代汽车越来越智能化，越来越多的电气系统使汽车各系统之间的通信更加容易被干扰。为了提高电子设备的电磁兼容能力，必须从开始设计时就重视其电磁兼容性。电磁兼容的设计思路可以从电磁兼容的三要素，即电磁干扰源、电磁干扰可能传播的路径以及易接收电磁干扰的电磁敏感电路和元器件入手。

在设计时应采取相应对策消除或部分消除可能出现的电磁干扰，以减少调试工作量，并最终保证系统运行的稳定性与可靠性。在调试中，针对具体出现的电磁干扰，以及接收电磁干扰的电路和元器件的表现进行分析，以确定电磁干扰源所在及电磁干扰可能传播的路径，然后采取相应的技术措施。通常，电磁兼容的设计内容包括：①分析电磁系统所处的电磁环境，依此选择设计的主要方向；②精心选择产品使用的工作频率；③制定电磁兼容性要求与控制计划；④对设备及模块、电路采取合理的电磁干扰抑制和防护技术。

抑制电磁干扰的技术措施主要有屏蔽、滤波和接地三种。屏蔽是在两个区域之间建立电磁屏障，以保护系统中的电路不受电磁环境破坏的最直接方法；滤波主要是解决通过传导途径造成的干扰，完成滤波作用的部件称为滤波器，滤波器主要抑制通过电路通路直接进入的干扰，它是应用最普遍的抗电磁干扰方法；接地就是在两点之间建立导电通路，其中的一点通常是系统的电气元件，而另一点则是参考点。一个接地系统的有效性取决于其在多大程度上减小接地系统的电位差和接地电流。

在进行电动汽车电磁兼容性的设计时，还应该注意以下几点：合理规划线束、选择元器件和进行电路设计。电磁兼容性设计的主要参数有限额值、安全裕度和费效比。

第三节　汽车电气系统导线

汽车电气系统的导线有低压导线和高压导线两种。

一、低压导线

普通低压导线为铜质多丝软线，根据外皮绝缘包层材料的不同，又分为 QVR 型（聚氯乙烯绝缘包层）和 QFR 型（聚氯乙烯–丁腈复合绝缘包层）两种。导线的截面面积主要根据用电设备的工作电流进行选择，但是对于功率很小的用电设备，仅从工作电流的大小来选择导线，其截面面积将太小，强度差、易折断，因此汽车电气系统中所用导线的截面面积不得小于 $0.5mm^2$。汽车用低压导线的结构与规格见表 2-2，其允许载流量见表 2-3。

表 2-2　汽车用低压导线的结构与规格

标称截面面积/mm²	线芯结构		绝缘层标称厚度/mm	导线最大外径/mm
	根　数	单根直径/mm		
0.5	—	—	0.6	2.2
0.6	—	—	0.6	2.3
0.8	7	0.39	0.6	2.5
1.0	7	0.43	0.6	2.6
1.5	17	0.52	0.6	2.9
2.5	19	0.41	0.8	3.8
4	19	0.52	0.8	4.4
6	19	0.64	0.9	5.2
8	19	0.74	0.9	5.7
10	49	0.52	1.0	6.9
16	49	0.64	1.0	8.0
25	98	0.58	1.2	10.3
35	133	0.58	1.2	11.3
50	133	0.68	1.4	13.3

表 2-3　低压导线允许载流量

标称截面面积/mm²	0.5	0.8	1.0	1.5	2.5	3	4	6	10
允许载流量/A	—	—	11	14	20	22	25	35	50

随着汽车电器的增多，导线数量也不断增加，为了便于维修，低压导线常以不同的颜色加以区分。其中截面面积在 $4mm^2$ 以上的采用单色，而 $4mm^2$ 以下的则采用双色。搭铁线均用黑色。

汽车用低压导线的颜色与代号见表 2-4。汽车用低压线的颜色必须符合国家有关规定，单色线的颜色从表2-4中选取，双色线的颜色由表2-4所列的两种颜色配合组成。双色线标注的第一色为主色，第二色为辅助色。双色线的主色所占的比例大些，辅助色所占的比例小些。辅助色条纹与主色条纹沿圆周表面的比例为1:5~1:3。

表2-4 汽车用低压导线的颜色与代号

导线颜色	黑	白	红	绿	黄	棕	蓝	灰	紫	橙
代号	B	W	R	G	Y	Br	Bl	Gr	V	O

在汽车电器设备的电路图中，导线上一般都标注有符号，该符号用来表示导线的截面面积和颜色。例如，1.5RW 中的 1.5 表示导线的截面面积为 $1.5mm^2$，R 表示导线的主色，W 表示导线的辅助色，即呈轴向纹状或螺旋状的颜色。

二、高压导线

1. 高压导线的结构

高压导线结构示意图如图 2-15 所示，分为单芯电缆和多芯电缆，高压电缆的截面应为圆形。其护套颜色为橙色。多芯电缆由多个单芯线组成，其中单芯线也同时满足单芯电缆中相关导体的结构尺寸参数。

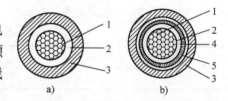

高压单芯电缆主要由导体和护套组成，主要结构尺寸参数有单根线直径、根数、导体直径、绝缘直径、内护层直径和护套外径等。带屏蔽层的高压电缆采用裸铜或镀铜线编织在内护套上，在屏蔽层和外护套之间可以有一层附加的包带，电缆的外护套应紧密挤包，但不粘连屏蔽层。

图 2-15 高压导线结构示意图
a）非屏蔽型单芯电缆
b）屏蔽型单芯电缆
1—导体 2—绝缘层 3—护套
4—隔离层 5—屏蔽层

2. 电缆材料

高压电缆一般采用以下材料。

1）导体：绕线式镀锡退火铜。

2）绝缘层：耐热 120~200℃，无卤素 XLP。

3）屏蔽层：由镀锡退火铜绕线编织而成。

4）护套：耐热 105~180℃，无铅聚氯乙烯（PVC）或聚丁烯，可选交联聚烯烃（HF-XLPO）、热塑性聚酯弹性体（TPE-E）、增强型聚丙烯（PP-FR）、乙烯-四氟乙烯共聚物（ETFE）。

3. 高压线束的性能要求

（1）功能要求 高压线束的主要功能是在所需电压环境下安全地传送电流，必须遵守高压电的安全准则。

（2）温度要求 道路车辆的高压线束，其电缆长期允许工作温度不超过125℃。如果电缆的环境温度超过其允许的工作温度，就需要采用增大电缆的截面面积的方法，使线束满足环境温度的要求。

（3）电压要求　电动汽车的电压级别为 B 级，整车高压系统的额定电压为 DC 1000V、AC 660V。高压线束的额定电压应略高于整车额定电压，规定高压线束的额定电压为 AC 750V。

（4）耐电压　在线束与部件脱开的情况下，线束对车体耐电压为 AC 2500V/50Hz/1min，漏电流不超过 10mA，不出现闪烁击穿现象。

（5）绝缘电阻　当线束与所连部件脱开时，线束对车体的绝缘电阻在任何情况下均应大于 100MΩ。

（6）盐雾要求　盐雾试验按照 GB/T 2423.17—2008 的规定进行，高压线束在试验箱内应处于正常安装状态。试验时间为 16h，试验结束后，高压线束静止恢复 1～2h，通电后应能正常工作。

（7）阻燃要求　线束所用材料阻燃等级为 UL94V－0。

（8）线束拉脱力要求　电缆压接至插接器后，拉脱力应不小于最小拉脱力。根据 SAE J1742，最小拉脱力见表 2-5。

表 2-5　线束最小拉脱力

导线截面面积/mm²	最小拉脱力/N
2.5	210
4	265
6	320
25	1900
35	2300
50	2800
70	3500

第四节　汽车电路图

汽车电路图用于表示汽车电气电路的原理与结构，整车电路由若干个系统的局部电路组成。根据用途不同，汽车电路图可分为汽车电路原理图、汽车电路线路图和汽车电路线束图三种。

一、汽车电路原理图

汽车电路原理图也称为汽车电路简图，通常是根据电气设备电路图简化而来。电路原理图利用电气电路符号将每一个系统合理地连接起来，以便简明清晰地反映电气系统各部件的连接关系。电路原理图的作用是表达电路的工作原理和连接状态，不考虑电气设备的形状、位置和导线走向的实际情况。其优点是画面清晰，简单明了，通俗易懂，便于分析和查找电路故障。

例如，在生产和教学活动中，常常需要尽快找到某条电路的始末，以便理解电路回路或确定故障分析路线。在查看电路原理图时，往往不能孤立地局限于某一部分，而要将这部分电路在整车电路中的位置及其与相关电路的联系都表达出来。整车电路原理图既是一幅完整的全车电路图，又是一幅互相联系的局部电路图。为了弄懂某个局部电路的工作原理，常从整车电路原理图中抽出某个需要研究的局部电路，参照其他资料，弄清楚汽车电器的内部结构。

二、汽车电路线路图

1. 汽车电路线路图示例

汽车电气设备线路图简称汽车电路线路图，它是电气设备之间用导线相互连接的真实反映，用于汽车电气故障判断及排除。例如，图 2-16 所示为转向灯危险警告灯线路图。可以

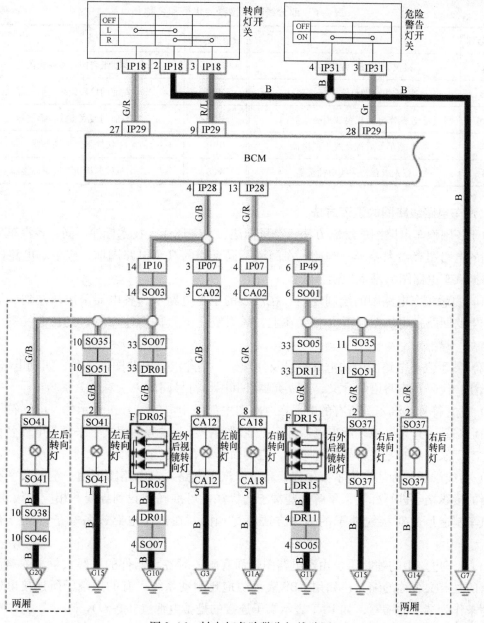

图 2-16 转向灯危险警告灯线路图

看出，汽车电路线路图以车身控制模块为中心，表示的电器数量明显且准确，布线走向清楚、有始有终，便于循线跟踪，查找起来比较方便。它按线束编制，并与各个插件的位置严格对号。在各开关附近，用表格法表示了开关的接线与档位控制关系。因此，汽车电路线路图与其他汽车电路图相比有许多不同之处。它既不同于其他车辆的接线图，也不同于电路原理图。但在实际中，可以将它看作电路原理图，只不过形式上更接近接线图。汽车电路线路图的优点是较好地再现了线路的实际连接情况，重点、难点突出，繁简适当，为各车企优选的汽车电路图的表达方式。

表 2-6 列出了电路线路图中部分线束插接器的代号和名称。

表 2-6　部分线束插接器的代号和名称

线束插接器	名　　称	线束插接器	名　　称
CA02	接仪表线束 2 线束插接器	CA12	左前组合照灯线束插接器
CA18	右前组合照灯线束插接器	DR01	左前门接底板线束插接器
DR05	左侧车外后视镜线束插接器	DR11	右前门接底板线束插接器
DR15	右侧车外后视镜线束插接器	IP10	接底板线束插接器
IP18	灯光组合开关线束插接器	IP28	车身控制模块 2 线束插接器

2. 汽车电路线路图的识读方法

由于各国汽车电路图的绘制方法、符号标注、文字标注、技术标注不同，各汽车生产厂家绘制的电路图有很大差异。因此，在阅读不同系列的汽车电路图前，应了解电路图的特点，掌握汽车电路图的基本识读方法。

（1）熟悉汽车电路图的绘制规则　在汽车的全车电路中，各电器采用从左到右的顺序布置，电路回路采用从上到下（相线在上，搭铁线在下）的顺序布置，且各电气系统的电路绘制在一起。

（2）熟悉汽车电路图中的电气符号及其含义　熟悉汽车电路图的名称，明确电气符号、文字标注、代码及缩略语的含义，建立元器件和图形符号间的一一对应关系。

1）电气符号。汽车上所有的电器在电路图中都是用电气符号来表示的。电气符号是简单的图形符号，只大概地表示出电器外形，在图形符号上或旁边用文字来说明电器名称。各汽车生产厂家绘制的电气符号各有不同，有的简单，有的复杂。

2）接线端子的标注。为了方便查找和维修汽车电路，在电路图中用一定的数字和字母对电器的接线端子进行标注，了解这些端子的标注，可准确地找到导线和相应的接线端子。各国汽车制造厂家对接线端子的标注方法不尽相同，在汽车电路设备端子的部分有相关说明。

3）汽车电路中的缩略语。由于电路图幅面有限，对各元器件的注释大量采缩略语。缩略语有的是英文名称的缩写，如用 ABS 表示防抱死制动系统；有的用端子所连接电器的英文缩写来作为端子的缩写，如 BAT 表示端子连接的是蓄电池（Battery）。

（3）熟悉元器件的作用

1）开关。开关是控制电路通断的元件。电路中主要的开关往往汇集了许多导线，如车灯控制开关。识读与开关相关的电路图时，应注意分析以下问题：①在开关的许多接线柱中，找出哪些是接电源的，哪些是接电器的，接线柱旁的接线符号代表什么意思；②电流是通过什么路径到达这个开关的，中间是否经过其他开关和熔丝，控制开关是手动按钮还是自动控制的；③开关共有几个档位，每个档位有什么作用，在每个档位中，哪些接线柱通电，哪些断电；④各个开关分别控制什么电器，被控制电器有什么作用和功能，在被控制的电器中，哪些电器处于常通状态，哪些电器处于短暂接通状态，哪些应先接通，哪些应单独工作，哪些应同时工作。

2）继电器。继电器是利用电磁或其他方法（如热电或者电子）来控制某一个回路的接通或断开，实现用小电流控制大电流的目的，从而减小控制开关触点的电流负荷。在分析带继电器的电路时，要分清主回路和控制回路。汽车电路中的传感器经常共用电源线、接地线，但绝不会共用信号线。在分析传感器电路时，可用排除法来判断电路，即排除其不可能具有的功能以确定其实际功能，如分析某一具有三根导线的传感器电路时，如果已经分析出其电源电路、接地电路，则剩余的电路必然为信号电路。

3）执行器。汽车电路中常见的执行器主要是步进电动机和空调压缩机等。执行器要正常工作需要三个信号，即电源信号、接地信号和控制信号。控制信号主要由控制单元送出，在汽车电路中，存在执行器共用电源线、接地线甚至控制线的情况。

4）电控单元。汽车上的电子控制系统越来越多，在识读汽车电子控制系统电路图时，要以电控系统的 ECU 为中心，因为它整个系统的控制中心，所有电气部件都必然与这里发生联系。

① 对 ECU 的各个引脚有大致印象，弄清楚分为几个区域以及各区引脚排列的规律。

② 找出该系统给 ECU 供电的有哪些，注意一般 ECU 都不止一根电源线，弄清楚各电源线的供电状态。

③ 找出该系统的搭铁线有哪些，注意区分哪些是在 ECU 内部搭铁，哪些是在车架上搭铁，哪些是在各总成机体上搭铁。

④ 找出哪些是系统的信号输入传感器，各传感器是否需要电源，并找出相应的电源线以及传感器的搭铁位置。

⑤ 找出系统的执行器有哪些，弄清电源供给和搭铁情况，以及计算机控制执行器的方式（控制搭铁端或电源）。

（4）了解构成回路的原则　任何一个完整的电路都是由电源、熔断器、开关、控制装置、用电设备、导线等组成的。电流流向必须是从电源正极出发，经过熔断器、开关、控制装置、导线等到达用电设备，再经过导线（或搭铁）回到电源负极，构成回路。

三、汽车电路线束图

1. 汽车电路线束图示例
汽车线束是电路的主干，通过插接器、交接点与车内电器或车体相连接。汽车电路线束图是按照线束在汽车上的布置、分段以及各连接器的具体情况而绘制的电路图，主要用来反映：汽车上线束的外形，组成线束各导线的规格大小、颜色、长度，各插接器所连接电气设备的名称，各连接端子的编号等。图2-17和图2-18所示分别为汽车二维线束图和汽车仪表系统部分三维线束图。

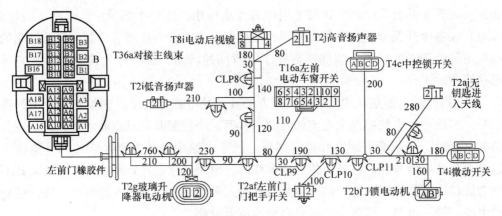

图2-17　汽车二维线束图

2. 汽车电路线束图的识读要领

1）认清整车共有几组线束、各线束名称以及各线束在汽车上的实际安装位置。

2）认清每组线束上的分支通向车上哪个电气设备、每一分支有几根导线、它们的颜色与标号，以及它们各连接到电气设备的哪个接线柱上。

3）认清有哪些插接件，它们应该与哪个电气设备上的插接器相连接。

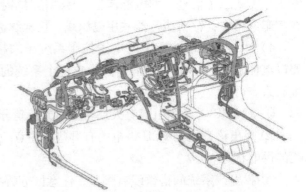

图2-18　汽车仪表系统部分三维线束图

3. 汽车电路线束图的识读方法

（1）读懂电气原理图　汽车电气原理图是汽车电路线束图的基础。看懂电气原理图后，可以比较容易地了解整车电路的工作原理及特点，有助于快速读懂电路线束图。利用线束图，则可以了解线束各部分所连接的电气设备。

（2）找出主要元器件的位置　在汽车电路线束图中，其主要元器件的标注都比较明显，一般不难找到。当找到需要检查的单元电路的主要元器件后，再将其与汽车上的实物相对照，就可根据电气线路图上各导线的颜色和去向，找到所需的导线或其他元器件了。

（3）了解电路图提供的信息　在电路图中，每根导线中都标注有数字代号（或数字与字母组合代号），这些代号代表了该导线的颜色和直径。

 **思考题与习题**

2-1 简述高、低压电气系统的功用和组成。

2-2 汽车电路保护装置有哪些？各起什么作用？

2-3 简述汽车电路图的分类和特点。

第三章　电机驱动系统

第一节　概　　述

电机驱动系统作为电动汽车的关键系统之一，能将汽车存储的电能转化为机械能，通过动力传动机构将能量传递到驱动轮进而驱动汽车行驶，并能在汽车制动时把动能再生为电能回馈到动力电池中，以实现汽车制动能量的再生利用。

1. 电机驱动系统的分类

电动汽车的电机驱动系统主要由电机、控制器和传动机构组成。电机驱动系统按照驱动装置的组成形式不同，分为以下几种：

（1）机械驱动方式　驱动装置除了电机以外，通常还包括变速器、传动轴和驱动桥等部件，在并联或混联式混合动力电动汽车上有较多的应用。机械驱动方式的优点是对电机的调速控制要求相对较低，但缺点是机械传动有能量损失、操作较复杂、维修工作量大。

（2）半机械驱动方式　驱动装置取消了传动效率低、操作复杂的齿轮变速器，只采用减速器、差速器和半轴等部分机械传动装置来传递动力。半机械驱动方式可充分利用电机的无级变速和调速范围宽的特点。

（3）纯电力驱动方式　驱动装置无机械传动机构，由双联式电机或轮毂电机直接驱动车轮。纯电力驱动方式的传动效率高、转矩响应快、车内可利用空间大、驾驶操作简便，但对电机控制器的要求较高。

2. 电机驱动系统用电机的工作环境

电动汽车电机驱动系统用电机与工业机械、家用电器等的驱动电机相比，工作环境明显不同，主要体现在以下几个方面：

（1）频繁变化的工况　电动汽车运行时经常出现起动/停车、加速/减速、上坡/下坡等工况，驱动电机的负载也随之产生较大变化，因此电机作为电动汽车的驱动装置，其输出转矩和功率变化频繁。

（2）复杂的工作环境　电动汽车运行时产生的振动与冲击都会直接传递给电机，同时电机还要承受汽车在紧急制动、转弯、加速时的惯性力载荷，因此电动汽车用电机的工作环境复杂。

（3）有限的车载电源能量　工业机械、家用电器等的电机的主要电能来自电网，电能的补充极为方便，而电动汽车的车载电源能量有限，当电能用尽时，需要通过专用装置在固定地点充电或添加燃料等方式来补充能量。

（4）电机本身也是负载　电机作为电动汽车驱动系统的组成部分，随着电动汽车一起运动，电机及其控制器本身的质量也是电动汽车质量的一部分。因此，电机及其控制器本身也是电动汽车驱动系统的负载，需要消耗其输出的能量。

3. 对驱动电机的要求

电机是电动汽车驱动系统的核心部件，其性能的好坏直接影响电动汽车驱动系统的性能，特别是会影响电动汽车的最高车速、加速及爬坡等动力性能。因此，对电动汽车驱动电机提出了更高的要求，其设计应满足以下要求：

1）通过加速踏板和制动踏板的开度控制电磁转矩，要求电机转矩响应迅速、波动小。

2）电机具有较宽的调速范围，能在四象限内工作。低速时有较大的转矩输出和过载系数，以提高汽车起步和加速性能；高速时有一定的功率输出，以保证汽车能达到最高车速。

3）电机在允许的范围内，应尽可能采用高电压，以减小电机的结构尺寸和导线截面面积，特别是可降低功率转换器的成本。

4）电机驱动系统效率高、损耗低、电磁兼容性好，能在汽车减速时实现制动能量的回馈。

5）电机可靠性高，耐高温，耐潮湿，运行噪声低，可以在恶劣的环境下长时间运转。

6）结构简单、质量小、体积小，适合批量生产，使用方便，易于维护。

电机驱动系统根据电机的结构和工作原理不同，可分为直流电机驱动系统、交流电机驱动系统、永磁电机驱动系统和开关磁阻电机驱动系统等。不同电机的结构和工作原理不同，其性能也有较大差别，常用电机驱动系统的主要性能参数及其物理意义见表3-1。

表3-1　常用电机驱动系统的主要性能参数及其物理意义

参　　数	物　理　意　义
额定电压	额定工况下电机定子绕组的输入电压
额定电流	额定电压、额定功率下电机定子绕组通过的线电流
额定转速	额定电压、额定功率下电机的最低转速
额定功率	额定工况下电机输出的机械功率
峰值功率	电机允许输出的最大功率
最高工作转速	对应电动汽车最高车速的电机转速
最高转速	无负载条件下电机允许的最高转速
额定转矩	电机在额定功率和额定转速下的输出转矩
峰值转矩	电机在一定时间内允许输出的最大转矩
堵转转矩	电机转子在所有角位堵住时所产生的最小转矩
机械效率	在额定工况下，电机输出功率与电机定子绕组上的功率之比
整体效率	电机输出功率与控制器输入功率之比
温升	电机在运行时允许的最大温升

随着电子技术和自动控制技术的发展，以及对电动汽车性能要求的不断提高，电动汽车从最早使用的直流电机，发展到如今性能更为优越的无刷直流电机、交流异步电机、永磁同步电机和开关磁阻电机等，驱动电机技术在电动汽车中的应用日渐成熟。随着功率电子学、

新型永磁和绝缘材料、物联网技术等的不断进步，驱动电机逐渐向高功率、高可靠性、低功耗、低噪声等方向快速发展。而对电机性能具有关键影响的电机控制技术，逐渐采用模糊控制、神经网络、迭代学习等智能控制算法，适用于电机的非线性、变参数控制，系统的鲁棒性得到提高。随着电机及其控制系统的批量生产和技术的持续进步，高性能交流电机、永磁电机、开关磁阻电机的成本逐渐降低，其在电动汽车上具有广泛的应用前景。

第二节　直流电机驱动系统

直流电机驱动系统由直流电源供电，并在控制器的作用下将直流电转化为用以驱动电机的电能形式，从而将电能转化为机械能。由于控制性能好，早期的电动汽车用驱动电机多采用直流电机。20世纪80年代以前，几乎所有的车辆电机驱动系统均采用直流电机，主要是由于直流电机具有起动加速转矩大、电磁转矩控制特性好、调速方便、控制装置简单、成本较低等优点。但直流电机驱动也有较多的缺点，尤其是机械换向器在高速大负荷下运行时，其表面会产生火花，所以电机转速不能过高。采用机械式电刷和换向器的直流电机，其过载能力、转速范围、体积功率密度、比功率、系统效率和使用维护性能均受到限制。

一、直流电机的结构

直流电机的结构主要包括定子、转子及换向器等部分，如图3-1所示。转子绕组通入直流电时，在定子形成的磁场中产生电磁转矩，定子和转子之间的间隙称为气隙。

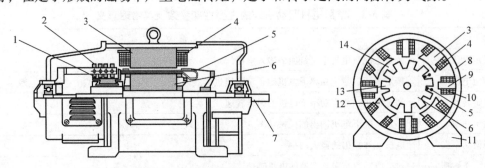

图3-1　直流电机的结构

1—换向器　2—电刷　3—磁极铁心　4—磁极绕组　5—电枢绕组　6—电枢铁心
7—电枢轴　8—磁轭　9—换向极铁心　10—换向极绕组　11—机座　12—极靴　13—电枢齿　14—电枢槽

定子的主要作用是产生气隙磁场，结构包括主磁极、换向极、机座和电刷等。主磁极由主磁极铁心及套在铁心上的励磁绕组组成，主要作用是建立主磁场。换向极由铁心和绕组构成，主要作用是改善换向性能、均匀气隙磁场。机座作为主磁路的一部分，同时构成电机的结构框架，由厚钢板或铸钢件组成。电刷装置由电刷、刷盒、刷杆和连线等构成，是电枢电路的引出引入装置。

转子也称为电枢，其主要作用是通过电流产生电磁转矩，结构包括电枢铁心、电枢绕组、换向器、转轴和风扇等。电枢铁心为电枢绕组的支承部件，也是主磁路的一部分，由硅钢片叠压而成。电枢绕组为直流电机的电路部分，由绝缘的圆形或矩形截面的导线围绕构成。换向器是由多片换向片组成的圆筒，片间用云母绝缘，其作用是与电刷配合，将直流发电机感应出的交流电变成直流电输出，或者将直流电机输入的直流电转变为电枢的交变电流，以保证转子朝着一个方向旋转。

在磁场中，为了使转子产生连续的旋转，转子线圈在转动过程中必须改变电流方向，而电流方向的变化可在换向器和电刷的接触点旋转的同时得以实现。在转子旋转过程中，电流方向的改变可以通过两种途径实现：使用带电刷的有刷直流电机或使用晶体管电流换向的无刷直流电机。

二、直流电机的工作原理

下面以有刷直流电机为例说明直流电机的工作原理，如图 3-2 所示。直流电机的电枢绕组被置于定子磁场内，当电枢绕组通过直流电 I_a 时，会产生磁场力 F 而形成电磁转矩 T，使电枢绕组发生转动，如图 3-2a 所示。磁场力 F 的方向、电磁场磁通 Φ 的方向和电流 I_a 的方向，可以通过弗莱明左手定则来确定。当电枢旋转半周后，电枢两端换向片交换所接触的电刷，使电枢绕组中的电流 I_a 换向，电枢绕组受磁场力 F 的作用形成电磁转矩 T 的方向保持不变，电枢可沿原方向持续旋转，如图 3-2b 所示。

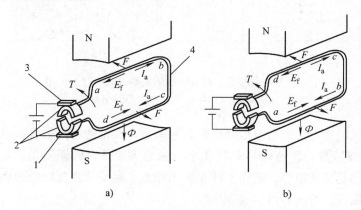

图 3-2 直流电机的工作原理
1—负极电刷 2—换向片 3—正极电刷 4—电枢绕组

直流电机所产生的电磁转矩 T 与电磁场的磁通 Φ 和电流 I_a 之间的关系为

$$T = C_m \Phi I_a \tag{3-1}$$

式中，C_m 为电机结构常数，与电机的磁极对数 p、电枢绕组匝数 Z 和电枢绕组电路对数 a 有关。电枢在电磁转矩 T 的作用下旋转，会因切割磁力线而产生反电动势 E_a，可用磁极磁通 Φ 和电枢转速 n 表示为

$$E_a = C_E \Phi n \tag{3-2}$$

式中，C_E 为电机结构常数。电枢回路的电压平衡方程式为

$$U = E_a + I_a R_0 = E_a + I_a (R_a + R_s) \tag{3-3}$$

式中，R_0 为电枢回路的总电阻，包括电枢回路绕组电阻 R_a 和附加电阻 R_s。

当直流电机接通电源的瞬间，电枢转速 $n=0$，电枢反电动势 $E_a=0$，电枢绕组中通过的

电流 I_a 达到最大值，产生的电磁转矩 T 也达到最大值。当电磁转矩 T 大于电机的阻力矩 T_z 时，电机开始加速旋转。随着电枢转速 n 的上升，电枢的反电动势 E_a 逐渐增大，因此电枢电流 I_a 逐渐降低，产生的电磁转矩 T 也随之减小。当电磁转矩 T 与阻力矩 T_z 平衡时，电枢在此转速下稳定旋转。

直流电机的磁极有励磁式和永磁式之分，而电动汽车驱动电机的功率较大，基本采用励磁式直流电机。直流电机的励磁方式如图 3-3 所示。直流电机根据励磁绕组不同，可分为他励式和自励式两种。他励直流电机的励磁绕组与电枢绕组没有任何连接，励磁电路与电枢回路相对独立，完全通过外加电源进行励磁，多应用于中、大功率电机，如图 3-3a 所示。自励直流电机是指励磁绕组和电枢绕组存在直接的联系，励磁回路与电枢回路共用同一直流电源，多应用于小功率电机。自励直流电机又分为并励（图 3-3b）、串励（图 3-3c）和复励（图 3-3d）等形式，其中复励又有积复励和差复励之分。

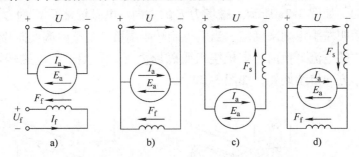

图 3-3　直流电机的励磁方式
a）他励　b）并励　c）串励　d）复励

并励直流电机的励磁绕组与电枢绕组呈并联关系，其性能与他励直流电机最为接近，具有较"硬"的机械特性，转速随负载变化小，磁通为定值，转矩随电枢电流呈正比变化；但并励直流电机的起动转矩小，适用于转速要求稳定、起动转矩要求低的负载，且其励磁绕组在运行中不能断开，否则容易"飞车"。

串励直流电机的励磁绕组与电枢绕组呈串联关系，即励磁电流就是电枢电流。串励直流电机的机械特性较软，转速随负载的变化大，转矩与电枢电流的二次方成正比，起动转矩较大，适用于起动转矩要求高、转速稳定性要求低的负载，且不允许空载运行，否则容易飞车。

复励直流电机有两个励磁绕组，一个是与电枢并联的并励绕组，另一个是与电枢串联的串励绕组。若串励绕组产生的磁通势与并励绕组产生的磁通势方向一致，则称为积复励；若两者方向相反，则称为差复励。复励直流电机的性能介于并励直流电机和串励直流电机之间。

下面以他励直流电机为例，说明直流电机的可逆运行原理，如图 3-4 所示。直流电机可逆运行原理是在一定条件下，可作为发电机把机械能转变为电能供给直流负载，或作为电动机把电能转换为机械能拖动机械负载。电机运行中可以通过电流和电压、转矩和功率之间的相互关系及其特征，确定其运行在发电状态还是电动状态。

电机作为发电机运行时，电枢电流 I_a 与电枢电动势 E_a 的方向相同，而此时电磁转矩 T

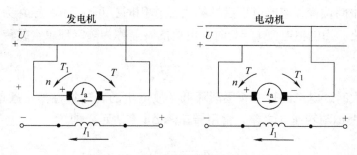

图 3-4 直流电机的可逆运行原理

的方向与发电机的转向相反。电机从发电机状态逆变为电动机状态的过程，可理解为通过控制负载输入的机械功率来实现。当电机在发电机状态运行时，若减小负载的拖动转矩 T_1 而迫使电机的转速 n 降低，则发电机的电动势 E_a 也随之减小。由于电源电压 U 不变，因此电枢的输出电流 I_a 也将减小。若继续减小电机的输入功率，电枢转速 n 和电动势 E_a 也将随之减小。当电枢电动势 E_a 和电源电压 U 相等时，电枢不再向系统电源输入功率，此时电枢电流 $I_a = 0$，输入的机械功率仅仅用来补偿发电机的机械损耗和铁损耗。若在电机轴上加上机械负载，电枢的转速 n 必然会降低，电枢电动势 E_a 也将进一步减小，当 E_a 小于电源电压 U 时，电流将由系统电源流入电枢，且电枢电流 I_a 和电枢电动势 E_a 方向相反，说明此时系统电源将电功率输入至电枢。由于电枢的电流反向，电机的电磁转矩也发生换向，即与电枢旋转方向相同，且在电磁转矩的作用下拖动机械负载继续旋转。此时，电机工作于电动状态。

三、直流电机的特性

电机的转速 n、电磁转矩 T、电枢电流 I_a 和效率 η 随着电机输出功率 P 的变化规律，称为电机的工作特性。电机的工作特性是电机运行性能最基本的特性，表明了电机负载的工况与输出机械功率之间的关系。电机的工作特性包括转速特性、转矩特性和机械特性，其中机械特性表明了电机在静态运行时的性能，并且决定了电机拖动系统过渡过程的特性，是电机运行特性中最重要的特性。

1. 转速特性

电机转速 n 与电枢电流 I_a 的关系，称为电机的转速特性，如图 3-5 所示。电机的转速一般可以表示为

$$n = \frac{U}{C_E \Phi} - \frac{R_a + R_s}{C_E \Phi} I_a \qquad (3\text{-}4)$$

式中，R_s 为电枢回路电阻；C_E 为电机结构常数；Φ 为磁通。若在额定工况下，将 $U = U_N$、$\Phi = \Phi_N$、$R_s = 0$ 代入式（3-4），可得电机的固有转速特性为

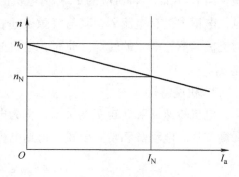

图 3-5 电机的转速特性

$$n = \frac{U_N}{C_E \Phi_N} - \frac{R_a}{C_E \Phi_N} I_a \qquad (3\text{-}5)$$

在固有转速特性中，当电枢电流 I_a 等于额定电流 I_N 时，电机的转速 n 为电机额定转速

n_N。当电刷位于中间位置并忽略电枢磁场的去磁作用时，可认为磁通 Φ 为常数，即磁通不随电枢电流而变化。当电枢电流 $I_a = 0$ 时，电机的转速称为额定理想空载转速 n_0，可表示为

$$n_0 = \frac{U_N}{C_E \Phi_N} \tag{3-6}$$

当 I_a 逐渐增大时，电机的转速 n 逐渐降低，故电机的转速特性为一条单调下降的直线。额定理想空载转速 n_0 与转速 n 之差，常用转速降 Δn 来表示，即

$$\Delta n = \frac{R_a}{C_E \Phi_N} I_a \tag{3-7}$$

从式（3-7）可以看出，电枢电阻 R_a 是引起转速降低的主要原因，而磁通 Φ_N 和电枢电流 I_a 是产生电磁转矩的必要条件，而不是产生转速降的原因，但对转速降有所影响。将电枢电流 I_a 为额定值 I_N 时的转速降称为额定转速降 Δn_N，即

$$\Delta n_N = \frac{R_a}{C_E \Phi_N} I_N \tag{3-8}$$

一般情况下，他励电机的额定转速降很小，即额定转速与额定理想空载转速相差不大，因此他励电机的转速特性基本是一条水平直线。

2. 转矩特性

电机转矩 T 与电枢电流 I_a 的关系，称为电机的转矩特性，如图3-6所示。电机的转矩特性一般可表示为

$$T = C_T \Phi I_a \tag{3-9}$$

式中，C_T 为电机转矩系数。

$\Phi = \Phi_N$ 时的转矩特性称为电机的固有转矩特性，可表示为

$$T = C_T \Phi_N I_a \tag{3-10}$$

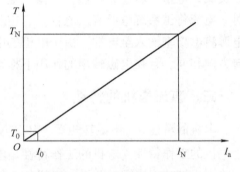

图 3-6　电机的转矩特性

当电刷位于中间位置并忽略电枢磁场的去磁作用时，电机的转矩特性是一条过原点的直线。当 $I = I_N$ 时，将对应的 T_N 称为电机的额定转矩。当电机负载转矩 $T = 0$ 时，即实际空载时，电枢中仍有电流 I_0，其与气隙磁通相互作用而产生的空载转矩 T_0，用以平衡电机本身的机械摩擦等产生的转矩。此时，电机的转速 n 略低于理想空载转速 n_N，称为实际空载转速 n_0。

3. 机械特性

电机转速 n 和转矩 T 的关系，称为电机的机械特性，如图3-7所示。由电枢回路的电压平衡方程、电动势和转矩公式，得到电机的转速为

$$n = \frac{U}{C_E \Phi} - \frac{R_a + R_s}{C_E C_T \Phi^2} T \tag{3-11}$$

若 $U = U_N$，$\Phi = \Phi_N$，$R_s = 0$，则可以得到电机的固有机械特性，表示为

$$n = \frac{U_N}{C_E \Phi_N} - \frac{R_a}{C_E C_T \Phi_N^2} T = n_N - \Delta n \tag{3-12}$$

式中，n_N 和 Δn 分别为电机固有机械特性的理想空载转速和转速降。

当电刷位于中间位置并忽略电枢磁场的去磁作用时，Φ 保持为常数，此时固有机械特性是一条向下倾斜的直线。$T = T_N$ 时的转速 n_N 和转速降 Δn_N 分别称为电机的额定转速和额定转速降。而额定转速降的值很小，表明他励电机的机械特性变化不明显，为一条稍向下倾斜的直线。电机的静态运行特性是电机的转速、电流和转矩保持恒定的运行特性，而电机的过渡特性是电机的转速、电流和转矩随时间而变化的运行特性。电机的机械特性表明了电机的静态运行特性，并决定了电机拖动系统的过渡特性，是选择负载电机时的主要标准之一。当他励电机的气隙磁通恒定时，电机的转矩 T 和电枢电流 I_a 具有固定的比例关系，而电流 I_a 比转矩 T 更容易测量，故有时也用电机的转速特性来代表机械特性。

4. 电机负载的机械特性

电机负载的转速 n 和转矩 T_j 的关系，称为电机负载的机械特性，如图 3-8 所示。一般来说，他励电机在电枢电压和气隙磁通恒定的条件下，电枢电流 I_a 随着电机负载转矩 T 而变化，因此，可以根据电枢电流得到负载转矩的变化情况。从负载的机械特性可以看出，负载转矩大小与转速无关，因而负载的机械特性是一条竖线。

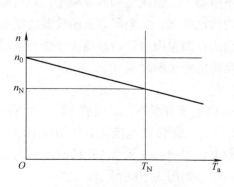

图 3-7　电机的机械特性

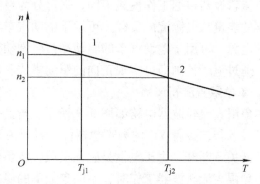

图 3-8　电机负载的机械特性

当电机的机械特性和负载的机械特性有交点时，电机能够以一定的转速匀速运行。如在图 3-8 中，电机的固有机械特性与负载的机械特性分别相交于点 1 和点 2，则当负载转矩为 T_{j1} 和 T_{j2} 时，电机分别在转速 n_1 和 n_2 下匀速运行。当负载转矩为 T_{j1} 时，电机的电磁转矩 T 与 T_{j1} 大小相等而方向相反，系统稳定运行于转速 n_1，电枢电流为 I_{a1}。当负载转矩由 T_{j1} 增大到 T_{j2} 时，转矩平衡状态被破坏，由于转矩的增加使转速下降，而电枢转速的下降又引起电枢反电动势的降低，此时电枢电流开始增大，电机的电磁转矩也随之增加。当电机的电磁转矩 T 等于 T_{j2} 时，转矩重新处于平衡状态，电机稳定运行于转速 n_2，电枢电流为 I_{a2}。因此，电机的静态电枢电流主要取决于电机负载转矩的大小，电枢电流随着电机负载转矩的增大而增大。负载的机械特性属于电机的静态特性，常用来描述电机拖动系统的稳定运行状态。

当电机运行于一定的机械特性上时，电机的电枢电流和电磁转矩的大小以及转速的高低，取决于电机负载的大小。当电机运行于固有机械特性上时，若负载为额定负载，则电机的电枢电流、电磁转矩和转速分别为额定电流 I_N、额定转矩 T_N 和额定转速 n_N，此时称为电机额定工作点。若电机上无机械负载，仅施加用于平衡由电机本身摩擦所造成的反转矩时的转速称为电机的理想空载转速，该点称为电机的理想空载工作点。

四、直流电机的调速控制

从直流电机机械特性公式可以看出，通过改变电枢电压可以实现直流电机的调速控制，然而电枢供电电压或者励磁磁通的改变，都需要有专门的可控直流电源。DC/DC 变换器采用斩波模式来调节直流电源的电压，因此通常被称为直流斩波器，广泛应用于直流电机驱动系统中的电压控制。直流斩波器的工作原理是利用开关器件来实现通断控制，将直流电源电压间断加载到负载上，并通过通断时间的变化来调节负载上直流电压的平均值，从而将固定电压的直流电源变成平均值可调的直流电源。常用的直流电压调节方式包括以下几种：周期 T 固定，导通时间 T_{on} 改变，称为脉冲宽度调制（PWM）；导通时间 T_{on} 固定，周期 T 改变，称为频率调制（FM）；周期 T 及导通时间 T_{on} 同时改变，即 PWM 及 FM 混合。在实际应用中，因为直流斩波器常需在负载端接上滤波电感及滤波电容，所以若频率改变过大，则对电感及电容有较大影响，因此常采用 PWM 方式对直流电压进行调节。

直流斩波器根据工作模式不同，又可分为单象限型、二象限型和四象限型。单象限直流斩波器的能量从电源流向负载，可用于电动汽车的驱动模式；二象限直流斩波器的能量从负载流向电源，可用于电动汽车的驱动和再生制动模式；四象限直流斩波器无须借助机械式接触器，通过电子控制即可实现正向的驱动模式和反向的再生制动模式。

1. 单象限直流斩波器

单象限直流斩波器电路如图 3-9 所示。电路包括电子开关 S、二极管 VD 和电感 L，且假设开关 S 与二极管 VD 均为理想器件。若开关 S 闭合，则负载电流从 0 开始逐渐增大到稳态；若开关 S 断开，由于电枢是感性负载，故负载电流可通过二极管 VD 续流。

单象限直流斩波器工作时，不同参数下的稳态波形如图 3-10 所示。

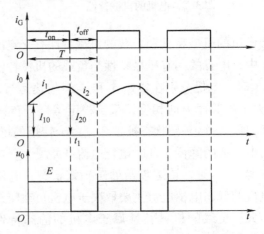

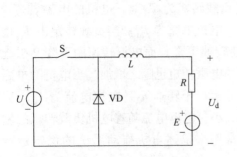

图 3-9　单象限直流斩波器电路

图 3-10　单象限直流斩波器的稳态波形
t_{on}—开关 S 闭合时间　t_{off}—开关 S 断开时间
T—开关 S 的开关周期　i_0—通过电机的电流
u_0—电机电压　i_G—通过功率开关的电流　E—旋转电动势

电源的平均输出电压 U_d 可表示为

$$U_d = \frac{t_{on}}{t_{on} + t_{off}}U = \frac{t_{on}}{T}U = DU \tag{3-13}$$

式中，D 为占空比。

电机稳定运行时，开关 S 在一定的占空比 D 下工作，平均电压 U_d、旋转电动势 E 和转子电流 i_d 均保持不变，转子电流产生的转矩与负载转矩相等；当加速时，斩波器的占空比 D 增大，平均电压 U_d 增大，转子电流 i_d 也随之增大，转子转矩大于负载转矩，电机加速运行。转速的增加使旋转电动势 E 也随之增大，转子电流和转子转矩减小，当转子转矩减小到与负载转矩相等时，电机停止加速并稳定运行。

单象限直流斩波器的工作原理简单、易于控制，但却无法控制电机的减速。虽然通过减小占空比 D 可使平均输出电压 U_d 减小，进而使转子电流 i_d 和转子转矩也随之减小，但只有当转子转矩小于负载转矩时，电机才能实现减速。由此可见，要实现电机的快速制动，只能采取能耗制动，如摩擦制动，这样才能使电机在较短的时间内迅速减速或停机，且电机的制动能量无法实现回馈。

2. 二象限直流斩波器

二象限直流斩波器电路如图 3-11 所示。它包括两个电子开关 S_1 和 S_2、两个二极管 VD_1 和 VD_2、一个电感 L，由 S_1、VD_2、电感 L、直流电源和负载组成降压斩波电路，由 S_2、VD_1、电感 L、直流电源和负载组成升压斩波电路。

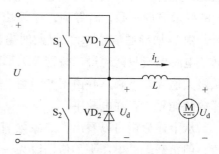

图 3-11　二象限直流斩波器电路

当电机在驱动状态下工作时，S_2 保持断开状态，S_1 按占空比的要求周期性地通断，电路成为一个降压型斩波器。当 S_1 接通时，电源通过 S_1 向电机供电，并向电感补充能量，两个二极管都不导通，电机的端电压 U_d 等于电源电压 U；当 S_1 断开时，电源与负载之间的通路被断开，电流 i_L 在电感的作用下经 VD_2 形成回路，而 VD_2 的端电压为 0。因此，电机的端电压 U_d 与电源电压 U 之间的关系为

$$U_d = DU \tag{3-14}$$

当电机在再生制动状态下工作时，S_1 保持断开状态，S_2 按占空比的要求周期性地通断，电路成为一个升压型斩波器。电机的反电动势相当于直流电源，电机的端电压 U_d 与反电动势 E 近似相等，而直流电源相当于升压斩波器的负载。电机产生的能量被直流电源吸收，所以电感电流 i_L 为负值。当 S_2 导通时，电机、电感和 S_2 形成回路，电流沿逆时针方向流动，电机输出的电能被电感储存；当 S_2 断开时，由于电感中的电流不能突变，电流只能通过二极管 VD_1 流向电源，此时电机、电感、VD_1 和电源形成回路，而电感存储的电能被电源吸收。

因此，无论斩波器处于降压状态还是升压状态，电感电流 i_L 都是波动的。若平均电流较大，尽管电流产生波动，但可以保持方向不变，即 i_{Lmax} 和 i_{Lmin} 符号相同；若平均电流值较小，而电流波动幅值较大，则可能出现 i_{Lmax} 和 i_{Lmin} 符号相反的情况，即在一个工作周期中，

电感电流的方向改变两次，如图 3-12 所示。

一般来说，电子开关都是单向导电的全控型电力电子元器件，对其施加导通信号未必就能够使其导通，还必须要求电感电流的实际方向与电子开关的导通方向一致。因此，就可能出现两个电子开关都不导通的现象，而这时电感电流就会通过两个二极管中的一个形成回路。假设图中两个电子开关 S_1 和 S_2 的导通方向均是从上到下，分析在这种状态下，S_1、S_2、VD_1、VD_2 交替配合的工作过程。当负载电流为最小值时，由 S_1 加导通信号 u_{S1}，但此时电感电流的方向为负，恰好与 S_1 的导通方向相反，S_1 不能导通，电流只能通过二极管 VD_1 流向电源正极；随着负载电流从最小

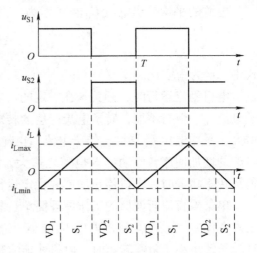

图 3-12　二象限直流斩波器的稳态波形

值逐渐上升，电感储存的能量不断传送到电源；当负载电流由负变正后，电感电流方向与 S_1 的导通方向一致，S_1 导通，电流由电源正极流出，向负载供电。当负载电流达到最大值时，由 S_2 加导通信号 u_{S2}，但此时电感电流的方向为正，与 S_2 的导通方向相反，S_2 不能导通，电感电流只能通过二极管 VD_2 形成回路，电源与负载之间没有能量交换；随着电感电流从最大值逐渐下降，并由正变负后，电感电流的方向与 S_2 的导通方向一致，S_2 导通，电机释放的能量储存在电感中。

从上述分析可以看出，二象限直流斩波器的负载电流平均值可以为正值，也可以为负值，但负载端的电压平均值始终为正值。对于直流电机，电枢电流 i_d 与转矩 T 成正比，电枢的反电动势 E 与转速 n 成正比，而反电动势 E 近似等于负载的端电压 U_d。这表明二象限直流斩波器无法改变电机的转速方向，但可以改变转矩的方向，即电机转矩可以是驱动转矩，也可以是制动转矩。因此，在描述电机机械特性的坐标系中，电机的工作区域覆盖了第一象限和第二象限，故称为二象限直流斩波器，如图 3-13 所示。电机在第一象限中处于电动状态，电源通过 S_1、VD_2 组成的降压斩波电路向电机供电，将电能转换成机械能；电机在第二象限中处于发电状态，电流经由 S_2、VD_1 组成的升压斩波电路向直流电源充电，将机械能转换成电能，形成制动能量回馈。

3. 四象限直流斩波器

四象限直流斩波器电路如图 3-14 所示。它包括四个电子开关 S_1、S_2、S_3 和 S_4，四个二极管 VD_1、VD_2、VD_3 和 VD_4，一个电感 L。在不同控制信号的作用下，可以组合成两种降压斩波电路和两种升压斩波电路，使电机实现正向电动、反向电动、正向制动和反向制动四种工况。四象限直流斩波器电路的拓扑结构为 "H" 型，所以这种电路又称为 H 桥型电路。

H 桥型电路呈对称结构，但四个桥臂的控制信号并不对称。开关 S_2 和 S_4 所在的桥臂为方向臂，用来控制电机的正转和反转。若 S_4 导通而 S_2 断开，则电机正向运转，此时的等效电路与二象限斩波电路相同。若 S_2 导通而 S_4 断开，则电机反向运转，此时的等效电路也是二象限斩波电路，只是电源的极性与正转时相反。电机的各工作状态对应在机械特性坐标系

的等效电路如图 3-15 所示。

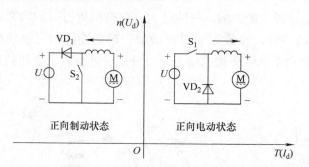

图 3-13　二象限直流斩波器的等效电路

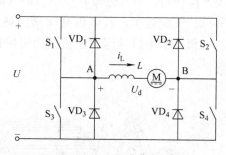

图 3-14　四象限直流斩波器电路

当电机正转时，S_4 始终保持导通状态，而 S_2 始终保持断开状态。若 S_3 断开，S_1 周期性通断，则 S_1 和 VD_3 组成降压斩波电路，负载电压和电感电流始终为正值。此时，电源向负载输送能量，电机工作在机械特性的第一象限。若 S_1 断开，S_3 周期性通断，则 S_3 和 VD_1 组成升压斩波电路，电机两端的电压仍为正值，但电感电流为负值，即电机的转矩为负值。此时，电机的电枢作为升压型斩波器的电源输出能量，直流电源作为升压型斩波器的负载存储能量，电机工作在机械特性的第二象限。

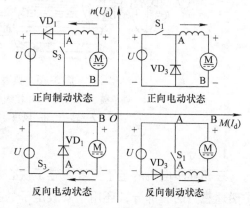

图 3-15　四象限直流斩波器的等效电路

当电机反转时，S_2 始终保持导通状态，而 S_4 始终保持断开状态。若 S_1 断开，S_3 周期性通断，则 S_3 和 VD_1 组成降压斩波电路，负载电压和电感电流始终为负值。尽管电压的方向改变了，但电流是从直流电源的正极流出，从负载的正极流入，能量仍然是从电源流向负载，电机处于反向电动状态，电机工作在机械特性的第三象限。若 S_3 断开，S_1 周期性通断，则 S_1 和 VD_3 组成升压斩波电路，负载电压为负值，而电感电流为正值。此时，电机处于反向制动状态，电机向外输出能量，电机工作在机械特性的第四象限。

第三节　交流感应电机驱动系统

交流感应电机又称三相异步电机，目前在电动汽车用驱动系统中，尤其是对驱动系统功率需求较大的大型电动客车中有着广泛的应用。交流感应电机的效率较高，结构简单，体积小，重量轻，工作可靠，使用寿命长，免维护，成本低。但交流感应电机的调速性能相对较差，功率因数较低，控制器复杂，成本较高。

一、交流感应电机的结构

典型的交流感应电机的结构如图 3-16 所示。就机械结构而言，三相异步电机与直流电机相似，都是由定子和转子组成，定子和转子之间留有气隙。三相异步电机的气隙一般为 0.25～1.5mm，而气隙对异步电机的性能有很大的影响。气隙过大，则电机运行时的功率因数降低；气隙过小，则电机高次谐波磁场增强，导致附加损耗增加、起动性能和可靠性降低。三相异步电机的组成还包括用来保护和支承转子轴的端盖，以及用来进行通风冷却的风扇等。

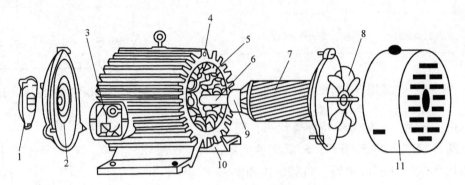

图 3-16　典型的交流感应电机的结构

1—轴承盖　2—端盖　3—接线盒　4—定子铁心　5—定子绕组　6—转轴

7—转子　8—风扇　9—轴承　10—机座　11—罩壳

1. 定子

三相异步电机的定子主要由定子铁心、定子绕组和机座三部分组成。定子铁心作为电机主磁通磁路的一部分，还用于安放定子的三相绕组，如图 3-17 所示。为了降低铁心中的损耗，铁心一般由 0.25mm 厚、表面涂有绝缘层并冲有一定的槽结构的硅钢片层叠而成。

定子绕组的主要作用是产生旋转磁场并吸收电功率，由三个完全相同且在定子表面对称分布的绕组组成。定子绕组可根据需要联结成星形或三角形，如图 3-18 所示。

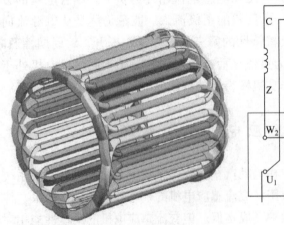

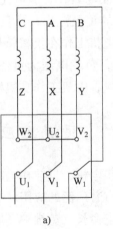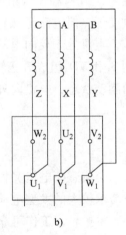

图 3-17　三相定子绕组的结构

图 3-18　三相定子绕组的接法

a）星形　b）三角形

机座主要起到固定和支承定子铁心的作用，一般不作为工作磁路的组成部分，所以大多数采用铸铁铸造而成，也可以用铸铝或塑料制成。根据电机防护方式、冷却方式和安装方式的不同，机座的形式也不同。在封闭式三相异步电机中，热量要通过机座散发出去，因此机座外面设有许多散热筋，以增大散热面积。

2. 转子

三相异步电机的转子主要由转子铁心和转子绕组两部分组成。转子铁心的作用与定子铁心相同，由 0.5mm 的硅钢片层叠而成，再将其安装在电机的输出轴上，如图 3-19所示。

转子绕组的作用是感应电动势和电流，并产生电磁转矩，输出机械功率。转子绕组一般有笼型和绕线型两种。笼型转子绕组是在转子铁心的每个槽内插入一根铜条，并在铁心两端用端环把导条连接起来，形成一个闭合的多相对称绕组；或把转子导条、端环和风叶用铝液一次性浇铸而成，也

图 3-19 三相转子铁心的结构

称为铸铝转子。绕线型转子绕组是与定子绕组相似的三相对称绕组，一般联结成星形，将三个出线端分别连接到转子轴上的三个绝缘集电环上，再通过安装在定子端盖上的电刷装置与外电路相连。这种三相异步电机称为三相绕线型异步电机，其优点在于可通过改变外电路的参数来调节电机的性能。

二、交流感应电机的工作原理

将三相对称交流电输入感应电机的定子绕组时，在定子绕组中通过的励磁电流在定子铁心中会产生变磁通和旋转磁场，转子导条切割旋转磁场产生感应电动势，闭合的转子绕组在感应电动势的作用下就会产生感应电流，如图 3-20 所示。由于电机转子的电流是感应产生的，所以称其为交流感应电机。

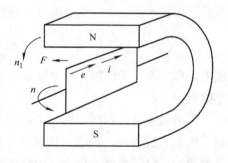

图 3-20 交流感应电机的工作原理

当定子旋转磁场以转速 n_1 沿逆时针方向旋转时，转子导体产生的感应电流 i 与感应电动势 e 的方向相同。转子在磁场中又受到电磁力 F 的作用形成电磁转矩 T，其方向与旋转磁场相同，转子在电磁转矩的作用下，也将随着旋转磁场方向进行旋转。由此可见，转子的转动方向与磁场的旋转方向相同，但若转子转速 n 与旋转磁场转速 n_1 相等，即当转子与磁场同步旋转时，不存在对磁场的切割运动，转子无法感应电动势，也就不能产生感应电流和电磁转矩。因此，交流感应电机的转速与旋转磁场的转速不相等，是感应电机工作的必要条件，故也称为异步电机，旋转磁场的转速 n_1 又称为同步转速。

异步电机的感应作用源于转子导条对旋转磁场的切割运动，转子的转速 n 与同步转速 n_1 之差 Δn 和同步转速 n_1 的比值，称为转差率 s，可表示为

$$s = \frac{n_1 - n}{n_1}$$

(3-15)

转差率是决定异步电机运行状态的重要参数，若异步电机的负载发生变化，转子导体中的电动势、电流和电磁转矩也相应变化，则会导致转子转速 n 和转差率 s 发生变化。按照转差率 s 的大小与正负，异步电机可分为电动机运行、发电机运行和电磁制动三种运行状态。

三、交流感应电机的特性

1. 工作特性

交流感应电机的工作特性是指在额定电压和额定功率下，电机的转速 n、电磁转矩 T、定子电流 I_1、效率 η 和功率因数 $\cos\varphi_1$ 随着输出功率 P_2 变化的特性，如图 3-21 所示。

交流感应电机的工作特性包括电机的转速特性、转矩特性、定子电流特性、效率特性和功率因数特性等。转速特性和转矩特性表征电机与机械负载匹配的合理性；定子电流特性表征电机的发热情况，影响电机运行的可靠性和使用寿命；效率特性和功率因数特性表明电机的工作效率，影响电机运行的经济性。

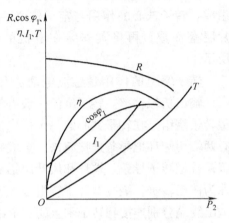

图 3-21　交流感应电机的工作特性

（1）转速特性　电机转速 n 与输出功率 P_2 的关系 $n = f(P_2)$，称为交流感应电机的转速特性，而转差率 s 是影响电机转速特性的关键参数。转差率 s 可以表示为

$$s = \frac{P_{\mathrm{Cu2}}}{P_{\mathrm{M}}} = \frac{I_2^2 R_2}{E_2 I_2 \cos\varphi_2} = \frac{I_2 R_2}{E_2 \cos\varphi_2} \tag{3-16}$$

式中，P_{Cu2} 为转子铜损；I_2 为转子电流；R_2 为转子内阻；E_2 为转子电动势；$\cos\varphi_2$ 为转子功率因数。

当电机正常工作时，因为电动势 E_2 和功率因数 $\cos\varphi_2$ 的变化不大，所以转差率 s 基本与转子电流 I_2 成正比。理想空载时，$I_2 = 0$，则 $s = 0$，故电机转速 n 等于同步转速 n_1。随着负载的增加，转子电流 I_2 增大，电磁转矩 T 增加，以达到与负载转矩的平衡。因此，随着输出功率 P_2 的增大，转差率 s 增大，而电机转速 n 降低。为了保证电机有较高的功率，转子铜损 P_{Cu2} 不能过大，因此电机负载时的转差率较小。一般来说，额定功率时的转差率 $s_{\mathrm{N}} = 0.02 \sim 0.06$，相应的额定转速 n_{N} 与同步转速 n_1 十分接近，所以异步电机的转速特性曲线基本为水平直线。

（2）定子电流特性　电机定子电流 I_1 与输出功率 P_2 的关系 $I_1 = f(P_2)$，称为交流感应电机的定子电流特性。理想空载时，转子电流 $I_2 = 0$；随着电机负载的增加，转子电流 I_2 增大，定子电流 I_1 及磁势也随之增大，以抵消转子电流产生的磁势，进而保证磁势的平衡，所以定子电流 I_1 随输出功率 P_2 的增大而增大。

（3）功率因数特性　电机功率因数 $\cos\varphi$ 与输出功率 P_2 的关系 $\cos\varphi = f(P_2)$，称为交流感应电机的功率因数特性。交流感应电机空载时的定子电流基本上是无功率的励磁电流，功率因数很低，仅为 $0.1 \sim 0.2$。随着负载的增加，转子电流 I_2 增大，转子的功率因数较高，所以定子电流 I_1 中的有功分量增加，使功率因数上升。在额定功率附近，功率因数达到最大值；超过额定功率后，转子转速降低而转差率明显增大，转子电流功率因数快速下降，使定子电流 I_1 中的无功分量增大，功率因数有所下降。

（4）转矩特性　电机的转矩 T 与输出功率 P_2 的关系 $T = f(P_2)$，称为交流感应电机的转矩特性。稳态运行时，异步电机的电磁转矩 T 为

$$T = T_0 + T_2 = T_0 + \frac{P_2}{n} \tag{3-17}$$

式中，T_0 为电机的空载转矩，考虑到异步电机从空载到满载的过渡过程中转速变化不大，可认为空载转矩 T_0 基本不变，所以电机的转矩特性近似为一条斜率是 $1/n$ 的直线。

（5）效率特性　电机的效率 η 与输出功率 P_2 的关系 $\eta = f(P_2)$，称为交流感应电机的效率特性。交流感应电机的效率 η 可表示为

$$\eta = \frac{P_2}{P_1} \tag{3-18}$$

式中，P_1 为电机的输入功率。电机不随负载变化的损耗称为不变损耗，包括铁损、机械损耗等；随负载变化的损耗称为可变损耗，包括铜损、附加损耗等。当交流感应电机中的不变损耗等于可变损耗时，电机的效率最高。一般对于中小型异步电机，最大效率出现在额定负载的 75% 左右。

2. 机械特性

电机的转速 n 与转矩 T 之间的关系 $n = f(T)$，称为交流感应电机的机械特性。电机的机械特性曲线一般包括异步电机的起动转矩、额定转矩、同步转速、额定转速等参数的变化特性。交流感应电机的机械特性分为固有机械特性和人为机械特性。在额定电压和额定频率下，定子、转子回路无任何附加设备时的机械特性，称为固有机械特性，如转矩 T 与转差率 s 的关系曲线，以及转速 n 和转矩 T 的关系曲线，如图 3-22 所示。从固有机械特性可以分别确定起动转矩 T_{st}、最大转矩 T_{max}、额定转矩 T_N 及其对应的电机转速 n、额定转速 n_N 和同步转速 n_1。

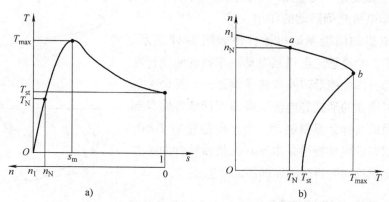

图 3-22　交流感应电机的固有机械特性

a）转矩与转差率的关系曲线　b）转速与转矩的关系曲线

在其他参数不变的情况下，输入电压大小和频率改变时的机械特性，称为人为机械特性，如变压机械特性和变频机械特性，如图 3-23 所示。从变压机械特性可以看出，随着输

入电压 U 的下降，电机转矩 T 随之减小，转速 n 降低，转子电流随着转差率 s 的增大而增加，导致电机过载，长期低压过载运行将使电机过热而减少使用寿命。从变频机械特性可以看出，随着频率的降低，电机同步转速 n_1 随之下降，电机的额定转矩 T 和转速 n 也降低。

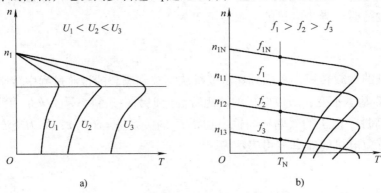

图 3-23　交流感应电机的人为机械特性

a）变压机械特性　b）变频机械特性

3. 制动特性

交流感应电机可以工作在两种运行状态下，即电动运行状态和制动运行状态。交流感应电机在电动运行状态工作时，供电系统向电机输入电能，产生正向旋转的驱动转矩。若将三相电源中的任意两相接线交换，都会产生反向旋转的驱动转矩。因此，通过对电机电源的换向连接，即可实现电动汽车行驶方向的改变。交流感应电机在制动运行状态工作时，包括再生（回馈）制动、反接制动和能耗制动。一般情况下，电动汽车回馈的制动能量可占车辆总能耗的 10% ~ 15%，因此对于电动汽车续驶里程的增加具有重要意义。

制动时，车辆的惯性作用带动异步感应电机运转，此时电机的转速 n 大于同步转速 n_1，转差率 $s < 0$，电机工作于发电状态，转子导线切割旋转磁场的方向与处于电动状态时相反，转子电流 I_2 和电磁转矩 T 也随之改变方向，转矩 T 与 n 的方向相反，即电机起到制动的作用。

交流感应电机的回馈制动机械特性如图 3-24 所示。在回馈制动状态，交流感应电机被电动汽车拖动而运行在发电状态，除部分惯性能量转换为转子铜损外，其余大部分惯性能量则以电能的形式经电流变换器而回馈并储存到动力电池中，因此又称为发电制动。由于电磁转矩 $T < 0$，所以回馈制动状态的机械特性是电动状态机械特性向第二象限的延伸，电机反向运行时的回馈制动状态亦然。

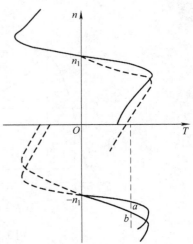

图 3-24　交流感应电机的回馈制动机械特性

四、交流感应电机的控制

1. 交流感应电机的调速控制

交流感应电机的电动势可以表示为

$$E_1 = 4.44 f_1 N_1 \Phi \tag{3-19}$$

在设计电机时，常根据电机的额定电压和额定转速确定气隙磁通 Φ，并把电机的磁路设计在其饱和点附近，而使电机材料得到充分利用。在调速过程中，若电源电压不变、频率降低，则气隙磁通 Φ 增大，进而导致励磁电流增加、功率因数下降、定子铁损增加、电机效率降低。因此，在实际应用中进行调频的同时要按比例调压，即变压变频调速，使电机在额定转速以下调速时，要保持 E_1 与 f_1 之比为常数。此时，电机的电磁转矩为

$$T = \frac{3p}{2\pi f_1} U_1^2 \frac{sR_2}{R_2^2 + (sX_{20})^2} \tag{3-20}$$

式中，X_{20} 为转子阻抗。若转差角频率 ω_f 为

$$\omega_f = \omega_1 - \omega \tag{3-21}$$

式中，ω 为转子角速度；ω_1 为同步角速度。则电磁转矩又可以表示为

$$T = 3pI_1^2 L_1^2 \frac{\omega_f R_2}{R_2^2 + (\omega_f L_{20})^2} \tag{3-22}$$

式中，I_1 为励磁电流；L_1 为定子互感；L_{20} 为转子漏感。

保持 E_1/f_1 为常数，实质上就是保持励磁电流 I_1 不变，即气隙磁通 Φ 不变。此时，电磁转矩仅与转差角频率 ω_f 有关，而与定子电流频率无关。在不同供电频率下，转矩外特性曲线的形状不变，只是沿着横轴平移，如图 3-25 所示。

对电磁转矩的公式求导，可得当电磁转矩最大时的转差角频率 ω_{fmax} 为

$$\omega_{fmax} = \frac{R_2}{L_{20}} \tag{3-23}$$

此时，最大转矩 T_{max} 为

$$T_{max} = \frac{3}{2} pI_1^2 \frac{L_1^2}{L_{20}} \tag{3-24}$$

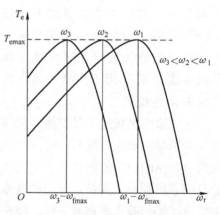

图 3-25　恒定 E_1/f_1 下交流感应电机的
机械特性曲线

在实际控制中，若保持转差率为定值，即可得到恒定的电磁转矩。

由于电机电源的电压幅值有限，当电机转速超过额定转速时，电压不能再随频率成正比地增加，而只能保持在最大电压附近。当 E_1 一定时，电机的气隙磁通随频率的上升而降低，而电磁转矩与气隙磁通的二次方成正比，所以电磁转矩也随频率的上升而降低。又因转矩与频率的乘积近似为一常数，此时电机在近似恒功率的工况下运行。变压变频调速的电机机械特性曲线如图 3-26 所示。在额定转速以下，电机保持转矩恒定；在额定转速以上，电机保持功率恒定。而在电动汽车驱动中，还要求恒功率区的调速范围尽可能宽。当转差率较小时，电机电磁转矩与转差率成正比，

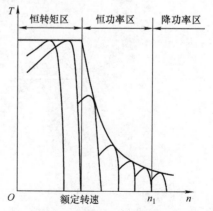

图 3-26　变压变频调速的交流
感应电机机械特性曲线

这样就可以通过控制转差率来实现转矩的控制，称其为转差率控制，这种方式被广泛地应用在异步电机的控制中。

2. 交流感应电机的控制算法

（1）矢量控制算法　传统上采用的基于电机稳态模型的变压变频调速算法，没有考虑电机内复杂的电磁动态变化规律，且交流感应电机的数学模型具有高阶、非线性、强耦合的多变量特点，因此传统设计算法无法达到理想的动态性能。基于感应电机磁场定向的控制原理，建立的基于电机动态模型的矢量控制算法，彻底解决了交流感应电机控制动态性能差的问题，使高水平矢量控制交流感应电机的性能与直流电机十分接近。矢量控制算法基于异步电机的转子磁场定向的动态模型，将定子电流分解为励磁分量和转矩分量，参照直流电机调速系统的控制方法，分别独立地对两个电流分量进行控制，与直流电机调速系统中的双闭环控制方式类似。虽然矢量控制系统较为复杂，但可获得与直流电机调速近似的控制性能。

矢量控制也称磁场定向控制，根据磁势和功率不变的原则，通过 Clarke 正交变换将三坐标系下的数学模型变成 $\alpha - \beta$ 二相静止坐标系模型；然后通过 Park 旋转变换，将 $\alpha - \beta$ 二相静止坐标系模型变成 $d - q$ 二相旋转坐标系模型。在 Clarke 和 Park 坐标变换下，定子电流矢量被分解为基于转子磁场定向的励磁电流分量 i_d 和转矩电流分量 i_q，励磁电流分量 i_d 用于控制磁通，转矩电流分量 i_q 用于控制转矩，即可实现类似于直流电机的调速控制。

交流感应电机的矢量变换坐标系如图 3-27 所示。A 相绕组轴线与 α 相绕组轴线重合，各轴分别对应交流电流 i_A、i_B、i_C、i_α 和 i_β 的空间矢量。根据磁势和功率不变的原则，三相交流电在空间产生的磁势 F 与二相交流电产生的磁势相等，即可实现三相坐标系向二相静止坐标系的 Clarke 变换。分别把电流置于旋转坐标系的坐标轴上，并以同步转速旋转，则产生的磁动势与静止坐标系等效，静止坐标系与旋转坐标系的夹角 θ 随负载、转速而变化，在不同时刻有不同数值，即可实现由二相静止坐标系到二相任意角速度旋转坐标系的 Park 变换。

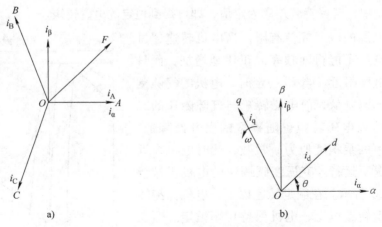

图 3-27　交流感应电机的矢量变换坐标系

a）Clarke 变换　b）Park 变换

在磁场定向的矢量控制算法中，若同步旋转坐标系的横轴分别在转子磁场、定子磁场和气隙磁场上，则分别称为转子磁场定向、定子磁场定向和气隙磁场定向。在实际使用中，主要采用的是基于转子磁场定向的坐标系，则电磁转矩可表示为

$$T_e = p_n \frac{L_m^2}{L_r} i_q i_d \tag{3-25}$$

式中，p_n 为极对数；L_m 为励磁电感；L_r 为转子电感。

从式（3-25）可以看出，电磁转矩 T_e 与励磁电流 i_d、转矩电流 i_q 的乘积成正比。在额定转速以下，保持励磁电流 i_d 为定值，只需调节转矩电流 i_q，即可改变转矩，实现恒转矩控制；在额定转速以上，励磁电流 i_d 随角速度 ω_r 自动变化，若保持 $i_d \omega_r$ 为常数，同时调节转矩电流 i_q，保持 $T_e \omega_r$ 为常数，则可实现恒功率弱磁控制。

基于转子磁场定向的交流感应电机矢量控制原理如图 3-28 所示。通过给定加速踏板开度设定系统转矩目标值，控制系统中要同时实现转矩闭环和磁场闭环控制。在额定转速以下实现恒转矩控制，在额定转速以上实现恒功率控制，逆变器的调制信号用空间矢量脉宽调制（Space Vector PWM，SVPWM）来实现。

基于磁场定向的矢量控制算法，具有优良的动态特性和静态特性，但是控制算法的实现依赖于电机的参数。电机的参数在电机运行的过程中是变化的，如电阻随着温度而变化、电感随着磁场饱和程度而变化等，进而会造成转子磁场定向的失败。为了提高交流感应电机的控制性能，可通过参数辨识或自适应控制算法来实现。目前，矢量控制理论已经比较完善，而且日趋成熟，能准确在线辨识出电机的参数，控制性能较好。随着微处理器运算能力的不断提高，处理复杂算法的实时性可以得到保障，使交流感应电机基于矢量控制算法的控制器能够满足电动汽车的动力性要求。

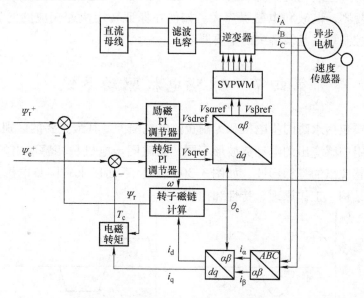

图 3-28　交流感应电机矢量控制原理

（2）直接转矩控制算法　基于感应电机动态模型的直接转矩控制算法与矢量控制算法

不同，采用定子磁通代替转子磁通，而无须进行复杂的坐标变换。由于定子磁通的计算只涉及定子电阻，因而对电机参数的依赖性有所降低。采用直接转矩控制算法，通过检测电机定子的电压和电流，应用空间矢量理论计算电机的磁链和转矩，并采用快速"砰砰"调节器将定子磁链与电磁转矩的脉动限制在预先设定的容差范围内。根据定子磁链幅值与电机转矩调节器输出量、定子磁链矢量空间位置所形成的查表信息，从最优开关信号模式表中直接查找电压矢量所对应的开关信号，并以此来控制逆变器，如图 3-29 所示。

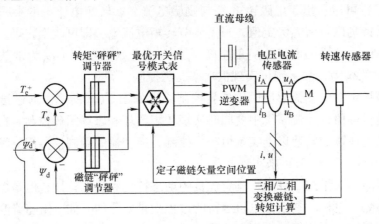

图 3-29 交流感应电机直接转矩控制原理

直接转矩控制算法的优点在于，电机模型在定子坐标系下只需进行从三相到二相的变换，采用定子磁链计算电磁转矩，受电机参数的影响较小。但由于调节器控制没有形成电流闭环，故电路容易产生过电流。在低速时定子磁链是圆形，电流接近于正弦波；进入高速区后，电流波形不规则，谐波和电磁噪声大。如何在保证转矩快速响应的同时平滑电流的波形，是直接转矩控制算法亟须解决的重要课题。

第四节 永磁电机驱动系统

永磁电机主要包括永磁同步电机和无刷直流电机两类，其最主要的区别在于永磁体励磁的磁场在定子绕组中感应出的电动势波形不同，永磁同步电机每相感应出的波形是正弦波，而无刷直流电机感应出的是梯形波，如图 3-30 所示。下面以永磁同步电机为例，介绍永磁电机驱动系统的结构、工作原理、特性和控制。

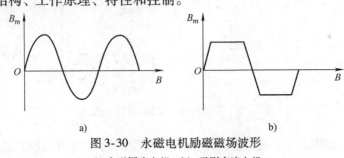

a)   b)
图 3-30 永磁电机励磁磁场波形
a）永磁同步电机 b）无刷直流电机

一、永磁同步电机的结构

永磁同步电机与交流感应电机相似，但用永磁体取代了绕线式同步电机转子中的励磁绕组。永磁体的安装方式包括凸装式、嵌入式和内埋式三种，如图3-31所示。

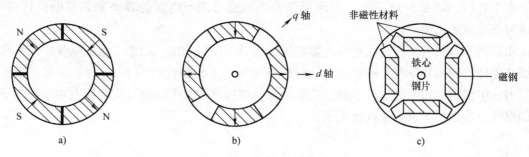

图3-31　永磁体的安装方式
a）凸装式　b）嵌入式　c）内埋式

凸装式永磁体将永磁体安装在转子表面，磁钢每极的宽度与极距相等，其磁场分布接近于梯形。一般小容量电机中可采用径向异极的永磁环，而在大容量电机中则必须采用分离的永磁体，且要求永磁体的厚度一致、宽度小于一个极距，使整个磁场分布尽可能接近于梯形。嵌入式永磁体将永磁体嵌于转子表面以下，且永磁体的宽度小于一个极距。对于凸装式和嵌入式，一般用环氧树脂将永磁体直接粘接在转轴上，以减小转子的直径、转动惯量和电感，有利于提高电机的动态性能。内埋式永磁体将永磁体埋装在转子铁心内部，每个永磁体均被铁心包裹，具有机械强度高、磁路气隙小等优点，与凸装式永磁体相比，更适用于弱磁环境。

二、永磁同步电机的工作原理

永磁同步电机的转子中无励磁线圈、集电环和电刷，而定子中通入三相对称交流电，如图3-32所示。

永磁同步电机的定子三相绕组接入三相对称交流电而产生旋转磁场，用旋转磁极S和N来表示。根据磁极异性相吸、同性相斥的原理，无论定子旋转磁极与永磁转子的初始相对位置如何，转子都会在磁场的作用下与定子的旋转磁极同步旋转。同步电机转速可表示为

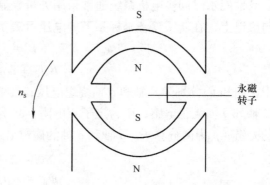

图3-32　永磁同步电机的工作原理

$$n = n_s = \frac{60f_s}{p_n} \qquad (3\text{-}26)$$

式中，f_s为电源频率；p_n为电机极对数；n_s为同步转速。由此可见，电机转速与同步转速之间没有转速差。

三、永磁同步电机的特性

永磁同步电机的转速 n 与转矩 T 之间的关系 $n = f(T)$，称为永磁同步电机的机械特性。永磁同步电机的机械特性比较简单，在稳定运转时，始终保持在同步转速，因此，其机械特性为水平直线，如图 3-33 所示。当永磁同步电机通过调节电源的频率来调节电机转速时，转速与频率成正比关系。

永磁同步电机的工作特性是指电源电压恒定时，电机的输入功率、定子电流、效率和功率因数等随着输出功率变化的规律。永磁同步电机的工作特性如图 3-34 所示。在正常工作区间内，电机的功率因数比较平稳，效率能保持在较高的水平，而电机的输入功率和定子绕组的电流与输出功率近似呈线性关系。

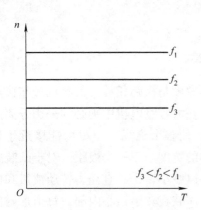

图 3-33　永磁同步电机的机械特性

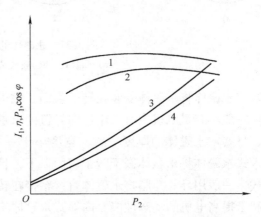

图 3-34　永磁同步电机的工作特性
1—功率因数　2—效率
3—输入功率　4—定子电流

四、永磁同步电机的控制

高性能永磁同步电机系统通常采用矢量控制算法，把同步旋转磁场坐标系横轴放在转子定向磁链上，在转子参考坐标系下的电压可表示为

$$u_q = R_s i_q + L_q p i_q + \omega_r L_d i_d + \omega_r \psi_f$$
$$u_d = R_s i_d + L_d p i_d - \omega_r L_q i_q \tag{3-27}$$

式中，u_d 和 u_q 分别为 d 轴和 q 轴绕组电压；i_d 和 i_q 分别为 d 轴和 q 轴绕组电流；L_d 和 L_q 分别为 d 轴和 q 轴绕组电感；R_s 为定子相电阻；ω_r 为转子角速度；ψ_f 为永磁体基波励磁过定子绕组的磁链；p 为微分算子。d 轴和 q 轴的磁链 ψ_d 为 ψ_q 可表示为

$$\psi_q = L_q i_q$$
$$\psi_d = L_d i_d - \psi_f \tag{3-28}$$

则电机的电磁转矩 T_e 为

$$T_e = p_n [\psi_f i_q - (L_d - L_q) i_d i_q] \tag{3-29}$$

在转子参考系中，若取 d 轴的反方向为虚轴，取 q 轴为实轴，则在参考系中，定子电流空间矢量 i_s 可表示为

$$i_s = i_q - j i_d \tag{3-30}$$

若定子电流 i_s 与 d 轴的夹角为 β，则有

$$i_d = i_s\cos\beta$$
$$i_q = i_s\sin\beta \tag{3-31}$$

将式（3-31）代入转矩方程，可得

$$T_e = p_n\left[\psi_f i_s\sin\beta + \frac{1}{2}(L_d - L_q)i_s^2\sin(2\beta)\right] \tag{3-32}$$

夹角 β 实质是定子三相合成旋转磁场磁通势轴线与永磁体励磁磁场轴线之间的夹角。可见，电磁转矩由两部分组成：第一部分是两个磁场相互作用产生的电磁转矩，与磁场磁链有关；第二部分是磁阻转矩，与两轴电感参数有关。嵌入式或内埋式电机中的 d 轴电感 L_d 小于 q 轴电感 L_q，而通过调整 β 角可以增加输出转矩 T_e，扩大转速范围，实现宽范围电机恒功率运行，满足车载电机的驱动要求。

永磁同步电机系统以其高效、高控制精度和高转矩密度等特点，在电动汽车驱动系统中具有很高的应用价值。但是，由于电动汽车运行工况复杂，容易造成电机参数随温度、转速等因素的变化而对系统控制性能产生很大影响。同时，目前由于受到大容量永磁体制作工艺的限制，永磁同步电机仅在较小功率的电动汽车驱动系统中得到了应用。

第五节　开关磁阻电机驱动系统

开关磁阻电机是近些年来出现的机电一体化电机，具有结构和控制简单的优点，并随着电力电子器件的发展在各领域中都得到了广泛的应用。

开关磁阻电机驱动系统主要包括四个部分：开关磁阻电机、功率转换器、控制器和检测器等。开关磁阻电机驱动系统兼具交流感应电机和直流电机驱动系统的优点，主要体现在以下方面：

1）转子无绕组，成本低，无明显的发热现象，轴承寿命长，凸极转子转动惯量小，易于实现调速控制。

2）定子整体线圈嵌入容易、牢固，热耗大部分被定子吸收，易于冷却，转子无永磁体，可允许较大的温升。

3）起动电流小、起动转矩大，适合低速运行，特别适用于需要频繁起动和较长时间低速重载运行的机械装置。

但开关磁阻电机具有以下缺点：

1）电机能量转换密度低于电磁式电机。

2）电机转矩脉动大，由转矩脉动所导致的噪声，以及特定频率下的谐振问题较为突出。

3）电机主接线数随着相数的增多而增多，主控制电路复杂。

一、开关磁阻电机的结构

开关磁阻电机是开关磁阻电机驱动系统中的执行元件。与传统的交流感应电机和直流电

机不同，开关磁阻电机不依靠定子、转子绕组电流所产生磁场间的相互作用产生旋转，而是与磁阻式步进电机一样，利用磁通沿着磁导最大路径闭合的原理产生电磁转矩，因此转子旋转时磁路的磁导变化要尽可能大。开关磁阻电机的结构与永磁同步电机类似，一般采用凸极定子和凸极转子的双凸极型结构，且定子和转子的极数不相等，如图 3-35 所示。开关磁阻电机按相数不同，分为单相、两相、三相、四相和多相几种类型；按气隙方向不同，分为轴向式、径向式和径向轴向混合式。一般来说，小容量家用电器用开关磁阻电机常为单相或者两相径向轴向混合式结构，而工业电机多采用三相、四相径向结构。

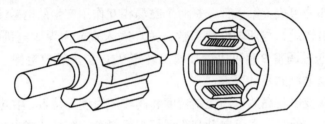

图 3-35　开关磁阻电机的结构

开关磁阻电机的结构简单，常采用定子、转子均由普通硅钢片叠压而成的双凸极结构。转子中没有绕组，而定子装有简单的集中绕组，径向相对的两个绕组串联成为一相。开关磁阻电机可以设计成多种不同相的结构，且定子、转子的极数有多种不同的搭配，如由 6 个绕组磁极定子和 4 个无绕组磁极转子构成的三相结构、由 8 个绕组磁极定子和 6 个无绕组磁极转子构成的四相结构等。开关电机的气隙磁场又有径向磁场、轴向磁场和混合磁场三种形式。

二、开关磁阻电机的工作原理

开关磁阻电机是根据磁阻最小原理，即磁通沿着磁导最大路径闭合的原理来工作的。当径向相对的一对定子磁极中通入直流电时，对应的一对转子磁极在定子磁极所形成的磁场中受力，向定子磁极中心方向旋转。根据磁阻最小原理，即磁通总要沿着磁阻最小的路径闭合，而具有一定形状的铁心在其主轴线与磁场的轴线重合的位置磁阻最小。如图 3-36 所示，对于四相开关磁阻电机，当定子 D－D′ 磁极励磁时，所产生的磁力会使转子旋转到其轴线 1－1′ 与定子磁极轴线 D－D′ 重合的位置，并使 D 相励磁绕组的电感最大。若依次给每相绕组通电，转子会按照励磁顺序连续旋转。通过控制施加在定子绕组中的电流脉冲的幅值、宽度及其与转子的相对位置，即可控制开关磁阻电机转矩的大小与方向。

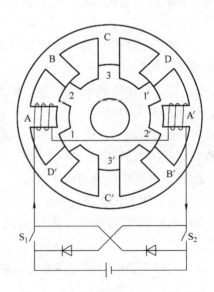

图 3-36　开关磁阻电机的工作原理

三、开关磁阻电机的特性

开关磁阻电机采用凸极铁心结构，且各相励磁绕组仅安装在定子上。因此，开关磁阻电机具有绕组电流的非正弦、磁心磁通密度的高饱和特点。由电路基本定律推导开关磁阻电机主回路的电压平衡方程，则电机 k 相绕组的电压平衡方程为

$$U_k = R_k i_k + \frac{\mathrm{d}\psi_k}{\mathrm{d}t} \tag{3-33}$$

式中，U_k 为 k 相绕组的电压；R_k 为 k 相绕组的电阻；i_k 为 k 相绕组的电流；ψ_k 为 k 相绕组的磁链。k 相绕组的磁链 ψ_k 又可以表示为绕组电流 i_k 和转子角位移 θ 的函数，即

$$\psi_k = \psi_k(i_k, \theta) \tag{3-34}$$

k 相绕组的磁链还可用电感 L_k 和绕组电流 i_k 的乘积来表示，即

$$\psi_k = L_k(i_k, \theta) i_k \tag{3-35}$$

开关磁阻电机的转矩是由磁路选择最小磁阻的趋势而产生的，适当饱和的磁通密度有利于提高开关磁阻电机的总体性能。由于电机磁路的非线性特征，通常开关磁阻电机的转矩根据磁共能计算，即

$$T(i, \theta) = \frac{1}{2} i^2 \frac{\partial L}{\partial \theta} \tag{3-36}$$

电机的转矩方向不受电流方向的影响，而仅取决于电感随转角的变化。若 $\mathrm{d}L/\mathrm{d}\theta > 0$，电流通过定子绕组而产生电动转矩；若 $\mathrm{d}L/\mathrm{d}\theta < 0$，电流方向不变而产生制动转矩。因此，通过控制定子绕组中电流脉冲的幅值、宽度及其与转子的相对位置，即可控制电机转矩的大小和方向。在转矩方向不变的情况下，平均转矩的调节可通过对电流的调节来实现。电流调节通常有两种方法，可在绕组通电时进行 PWM 斩波控制，或改变绕组通电角的大小。

开关磁阻电机的运行特征可分为三个区域，包括恒转矩区、恒功率区和自然特性区，如图 3-37 所示。在恒转矩区，由于电机转速较低，电机反电动势小，故需要对电流进行斩波限幅，称为电流斩波控制。在恒功率区，通过调节主开关的导通角和关断角来获得恒功率特性，称为角度位置控制。在自然特性区，电源电压、导通角和关断角均固定，由于自然特性与串励直流电机的特性相似，故也称为串励特性区。

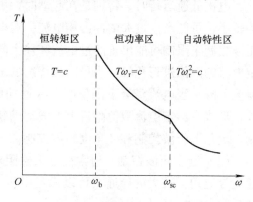

图 3-37　开关磁阻电机的特性曲线

四、开关磁阻电机的控制

开关磁阻电机的控制方法，常见的有角度位置控制、电流斩波控制和电压斩波控制等。

1. 角度位置控制

角度位置控制是在绕组电压不变的情况下，通过控制绕组通断晶体管的导通度，来改变相电流波形、电流波形与绕组电感波形的相对位置，从而实现电机的转速闭环控制。当相电流波形主要位于电感的上升区时，产生的平均电机电磁转矩为正，即电机工作在电动状态；

当相电流波形主要位于电感的下降区时，产生的平均电磁转矩为负，电机工作在制动状态。开通角和关断角可使相电流波形处于绕组电感波形的不同位置，因此可以通过控制开通角和关断角的方式使电机工作在不同的状态。角度位置控制适用于电机转速较高、旋转电动势较大、电机绕组电流相对较小的电机控制。由于导通角和关断角均可调节，因此角度位置控制方式有开通角调节、关断角调节以及开通角和关断角同时调节三种。

（1）开通角调节　在相电压不变的情况下，固定关断角而调节开通角，可以改变相电流的波形宽度、电流波形的峰值和有效值大小，以及电流波形和电感波形的相对位置，从而实现电机转速和转矩的调节。

（2）关断角调节　固定开通角而调节关断角，一般不会影响电流峰值，但可以改变电流波形宽度以及电感波形的相对位置，使电流有效值随之变化，从而改变相电流的有效值。

（3）开通角和关断角同时调节　在实际调速系统中，某相的开通角和关断角将决定与该相相邻相的互感电动势大小。因此，调节某相的开通角和关断角不仅影响该相的电流波形，而且影响相邻两相的电流波形。就一对特定的开通角和关断角组合而言，对某相电流是最优的，但对其他相可能并非最佳。因此，要实现开关磁阻电机的角度位置控制，必须对每一相的开通角和关断角分别进行调节。

角度位置控制的特点是：转矩调节范围大，占空比的变化范围接近 0 ~ 100% ；导通的相数可变，当电机的负载变化时，可以通过增加或减少同时导通的相数来平衡电机负载；电机效率高，通过角度优化能使电机在不同的负载下保持较高效率。由于电流峰值主要由旋转电动势限制，当转速降低时，减小的旋转电动势容易造成电流峰值超过允许值，因此角度位置控制不适用于电机低速控制。

2. 电流斩波控制

电机低速运行时，特别是在起动时，由于转速较低，电机定子导通相绕组中的旋转电动势较小，可能产生过大的冲击相电流，对电机及电子开关器件造成损害，因此，可采用电流斩波控制来限制可能出现的过电流和较大的峰值电流。电流斩波控制将检测到的相电流与给定电流的限值进行比较：当导通相绕组的电流达到设定的上限值时，关断功率开关，绕组相电流下降；当电流降至下限值时，导通功率开关，绕组相电流上升。通过反复通断功率开关，形成在给定电流限值附近上下波动的斩波电流波形。电流斩波控制又可分为起动斩波控制、定角度斩波控制和变角度斩波控制。

（1）起动斩波控制　通常在开关磁阻电机起动时起作用，通过调节开通角和关断角来控制导通角。较大的导通角可以满足电机起动时的大转矩要求，但同时又要限制相电流的峰值。

（2）定角度斩波控制　通常在电机起动以后的低速运行状态下采用定角度斩波控制，将导通角限定在一定范围内，且保持不变。

（3）变角度斩波控制　通常在电机中速运行时采用变角度斩波控制，通过对电流斩波开通角和关断角的同时调节来实现对电机的转矩控制。

电流斩波控制的特点是适用于电机低速运行和制动运行。电机在低速运行时，绕组中旋转电动势小而电流上升速率大；制动运行时，旋转电动势的方向与绕组端电压方向相同，电流上升速率比低速运行时更大。采用电流斩波控制可以有效限制峰值电流，使电机获得恒转矩输出的机械特性。电流斩波控制的电流波形呈较宽的平顶状，因此电机产生的转矩平稳，合成转矩的脉动明显比其他控制方式小。但由于电流斩波控制限制了电流峰值，因此当电机转速在负载扰动的作用下发生突变时，电流峰值无法自适应，系统的动态响应慢。

3. 电压斩波控制

电压斩波控制是在开通角和关断角保持不变的前提下，使功率开关按 PWM 方式开通和关断。通过调节 PWM 波形的占空比，使绕组两端的电压平均值发生变相，相应的绕组电流也随之变化，从而实现电机转矩和转速的调节。按续流方式的不同，电压斩波控制可分为单管斩波控制和双管斩波控制两种。

（1）单管斩波控制　每相绕组通断的上、下桥臂电子开关只有一个处于斩波状态，另一个电子开关一直导通。

（2）双管斩波控制　连接于每相绕组的上、下桥臂的两个电子开关同时工作在斩波状态。

电压斩波控制的特点是，可以同时控制斩波频率和占空比两个参数，可控性能好。由于占空比与相电流最大值之间有较好的线性关系，调节 PWM 的占空比即可调节相电流的最大值。电压 PWM 控制方式通过 PWM 方式调节绕组电压平均值，间接调节和限制过大的绕组电流，因此该控制方式在电机高速和低速运行时都可使用。电压斩波控制适用于电机转速调节，抗负载扰动的动态响应快，但转矩脉动较大，调速范围有限。

实际的开关磁阻电机控制可根据不同的情况，结合上述控制方式的特点，选用几种控制方式的组合，使开关磁阻电机调速系统的性能更佳。目前，比较常用的组合控制方式有高速角度位置控制与低速电流斩波控制组合，或者变角度电压 PWM 控制组合。

第六节　制动能量回馈系统

一、制动能量回馈系统的工作原理

制动能量回馈，又称再生制动，是指在汽车制动时，将行驶的机械能通过传动系统回馈给电机，电机以发电机方式工作，将机械能转换成电能为动力电池充电，实现制动能量的再生利用，同时电机产生的制动力矩又可通过传动系统对驱动轮施加制动力。传统燃油汽车在制动时，将汽车的惯性能量通过制动器的摩擦转化成热能散发到周围环境中。而对电动汽车，基于电机的可逆性原理，可使电动机在特定条件下转变为发电机运行，因此在制动时，电机可通过再生制动将制动能量回收并存储在储能装置中，以提高电动汽车的续驶里程。研究表明，在城市循环工况下，制动所消耗的能量占整车有效能量的30%～60%，如果能够有效地对制动能量进行回收，那么电动汽车的续驶里程可以提升10%～30%。电动汽车制动能量回馈系统如图3-38所示。

电动汽车的制动能量回馈系统由再生制动装置和液压制动装置组成，再生制动装置可以为汽车提供部分制动力，并在紧急制动时与液压制动装置共同为汽车提供制动力。制动能量

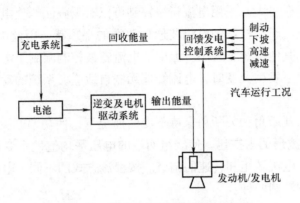

图 3-38　电动汽车制动能量回馈系统

回馈的控制策略，是在保证整车制动安全、稳定和舒适的前提下，根据制动踏板的开度、汽车的行驶速度、电池的荷电状态和电机的工作特性参数，同时考虑动力电池存储能量的能力、电机能量回馈的功率和发电效率等诸多因素，综合对汽车机械制动和电机制动进行控制。在制动强度较小时，汽车行驶速度较低，汽车对制动力需求不高，此时制动力可完全由再生制动提供；在中等制动强度时，制动踏板开度较小，制动力可先由再生制动来提供，而当车速降低到一定数值时，制动力再由液压制动提供；在紧急制动时，制动强度高，制动踏板开度大，为了确保汽车行驶安全，制动力不再分配给再生制动，而全部由液压制动来提供。一般来说，当电池荷电状态较高（如 95% 以上）或车速较低（如 5km/h 以下）时，汽车的再生制动装置不工作。

二、能量回馈的制动控制策略

电动汽车制动系统控制策略的基本原则是在满足制动安全性的前提下，最大限度地吸收制动过程中的能量。目前主要有三种制动控制策略：理想制动力分配控制、最大制动能量回馈控制和前后制动力固定比值控制。

1. 理想制动力分配控制

理想制动力分配控制策略以使车辆制动距离最小为控制目标，控制施加在前后轮上的制动力，同时保持最佳的制动方向稳定性。因此，要求施加在前后制动轮上的制动力遵循理想制动力分配曲线。理想制动力分配控制策略能充分利用地面附着条件，制动距离短，制动方向稳定性好，且制动能量回收效果好，但控制系统复杂，适用于全可控的混合制动系统。

2. 最佳制动能量回馈控制

最佳制动能量回馈控制是在符合制动要求的条件下，满足对应于给定减速度指令的总制动力，并向前轮分配更多的制动力。因此，在这种控制策略下，将有更多的制动能量得到回收。这种控制策略对并联式的混合制动系统与全可控的混合制动系统均适用。

3. 前后制动力固定比值控制

对于常规的机械制动系统，前后轮制动力的分配比例是固定的。对于电动汽车的混合制动系统而言，前后制动力固定比值控制策略，是指前轮（前轮驱动）的总制动力（摩擦制动力与电机制动力之和）与后轮摩擦制动力的比值，在一定的制动减速度范围内是固定的。

为了获得较大的制动能量回馈，这种控制策略主要用于前轮驱动汽车并联式的混合制动系统，使施加在驱动轮上的电机制动力正比于制动主缸的液压力。前后制动力固定比值控制策略使前后轮上的实际制动力接近于理想的制动力分配曲线，制动距离较短，并且在紧急情况下可更多地依靠强有力的机械制动来确保制动安全性。

三、制动能量回馈系统的特性

在汽车再生制动的过程中，交流感应电机的机械特性曲线如图 3-39 所示。在汽车正常行驶过程中，电机处于电动运行状态，电机的机械特性曲线处于坐标系的第一象限，电机在特性曲线 f_1 上的 A 点处工作，电机的转速小于同步转速 n_1。当汽车制动时，车速开始降低，控制变频器的输出电压与频率下降，电机的机械特性由曲线 f_1 变为曲线 f_2，但电机的转速不能发生突变，电机的工作点由第一象限的 A 点变为第二象限的 B 点。此时，电机的转矩为

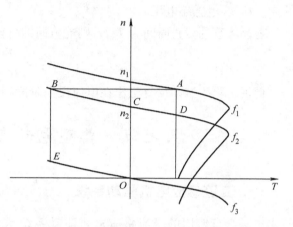

图 3-39　交流感应电机的机械特性曲线

负，转速大于机械特性的同步转速 n_2，电机处于发电状态。如果车速不继续降低，那么电机将沿特性曲线 f_2 运转，电机的工作点由 B 点变为 C 点，使电机由发电状态变为电动状态而稳定运行在 D 点；而如果车速继续降低，则电机将继续保持发电状态，机械特性曲线将始终保持在第二象限内，电机的工作点由 B 点变为 E 点。当变频器的频率逐渐减小到 0 时，电机将沿特性曲线 f_3 工作，工作点从 E 点运行到 O 点后停止运行。

在再生制动过程中，电机的定子通过变频器与动力电池连接。当汽车制动时，电机转子轴上产生反向力矩，定子端感应出电动势。当定子感应电动势超过变频器的输出电压时，变频器处于整流状态，电机开始对电池充电。同时，电机转差率的绝对值逐渐减小，电机的同步转速降低，充电电流逐渐下降。

在汽车再生制动的过程中，发电机产生的感应电动势低于动力电池的端电压。为了使再生制动产生的电能回馈到储能装置中，必须采用电子控制系统使电机工作在发电机状态。因此，需要将电动机电枢电流断开，在电枢两端接入开关电阻和绝缘栅双极晶体管，并通过电子控制单元使绝缘栅双极晶体管处于高频通断状态，以使电机产生较大的感应电动势。

汽车再生制动过程可分为三个阶段，即续流阶段、电流反向阶段和能量回馈阶段。在续流阶段，电机同向运转，汽车开始减速，此时回路电流 i 可表示为

$$i = -\frac{E}{R} + \left(i_0 + \frac{E}{R}\right)e^{-\frac{R}{L}t} \tag{3-37}$$

式中，R 为电阻；E 为电动势；L 为电感；i_0 为开始反馈时回路中的电流。

在电流反向阶段，由于汽车的惯性，电机继续同向运转，电机处于发电状态，电流反向，可近似认为此时电机的转速不变，此时回路导通电流 i_{on} 可表示为

$$i_{on} = -\frac{E}{R} + \left(i_1 + \frac{E}{R}\right)e^{-\frac{R}{L}T_{on}} \tag{3-38}$$

式中，i_1 为开始发电时回路中的电流；T_{on} 为晶体管导通时间。

在能量回馈阶段，由于电感的续流作用，电流向电池充电，此时回路电流可表示为

$$i = -\frac{U_L - E}{R} + \left(i_{on} + \frac{U_L - E}{R}\right)e^{\frac{R}{L}t} \tag{3-39}$$

式中，U_L 为电感端电压。

若晶体管的截止时间为 T_{off}，则能量回馈阶段向电池输入的电能 E_B 为

$$E_B = \int_0^{T_{off}} Ei\,dt \tag{3-40}$$

此后，再生制动反复工作在电流反向阶段和能量回馈阶段，直至再生制动结束。

第七节 典型电动汽车电机驱动系统

一、交流感应电机驱动系统

电动汽车使用的交流感应电机驱动系统示例如图 3-40 所示。交流感应电机与直流电机相比，具有效率高、结构简单、可靠性好、免维护、体积小、质量小、易于冷却和寿命长等诸多优点。感应电机的制造成本较直流电机低，但感应电机的逆变器较直流电机的控制器成本高，随着功率电子技术的不断进步，两者的差距将越来越小。目前，电动汽车用交流感应电机驱动系统的总成本要高于直流电机驱动系统，但由于前者的质量小、效率高及制动能量回馈系统的实现，使其在电动汽车上的运营成本要低于后者，特别是在大功率电动汽车上的应用中

图 3-40　电动汽车使用的交流感应电机驱动系统示例

优势更加明显。典型的电动汽车交流感应电机的主要参数见表 3-2。

表 3-2　电动汽车交流感应电机的主要参数

型号	长度/mm	直径/mm	质量/kg	额定功率/kW	额定电压/V	额定转矩/N·m	额定电流/A	最大功率/kW	最大转矩/N·m	最高转速/(r/min)
1PV5135	425	245	90	67	650	160	124	150	360	10000

二、永磁同步电机驱动系统

电动汽车使用的永磁同步电机驱动系统示例如图 3-41 所示。永磁同步电机驱动系统因其高效、高精度控制、高转矩密度等优点，在电动汽车电机驱动系统中具有很高的应用价

值。随着永磁同步电机成本的降低和可靠性的提高，其将在小功率的电动汽车上得到广泛应用。UQM 电动汽车永磁同步电机的主要参数见表 3-3。

图 3-41　电动汽车使用的永磁同步电机驱动系统示例

表 3-3　UQM 电动汽车永磁同步电机的主要参数

型号	长度/mm	直径/mm	质量/kg	额定功率/kW	额定转速/(r/min)	额定转矩/N·m	最大功率/kW	最大转矩/N·m	最高转速/(r/min)	最高效率/(%)
SPM286	241	411	95	115	3000	450	200	900	5500	94

三、开关磁阻电机驱动系统

电动汽车使用的开关磁阻电机驱动系统示例如图 3-42 所示。开关磁阻电机凭借其性能和结构上的独特优势，非常适合在电动汽车电机驱动系统中应用。开关磁阻电机在起动和低速运行时的转矩大、电流小，具有串励电机的机械特性，系统高效率区范围宽，结构简单，运行可靠，其诞生和发展始终与电动汽车息息相关。典型的电动汽车开关磁阻电机的主要参数见表 3-4。

图 3-42　电动汽车使用的开关磁阻电机驱动系统示例

表 3-4　电动汽车开关磁阻电机的主要参数

型号	质量/kg	额定功率/kW	额定电压/V	最大功率/kW	系统效率/(%)	最高转速/(r/min)
SRD－2	140	35	336	65	92	7000

 **思考题与习题**

3-1 简述电动汽车驱动电机的分类与特点。

3-2 简述电动汽车驱动电机的应用。

3-3 简述直流电机的负载机械特性。

3-4 简述交流感应电机的调速控制原理。

3-5 简述电动汽车能量回馈的制动控制策略。

第四章 动力电池系统

第一节 概 述

一、电动汽车动力电池的发展现状

各种电动汽车的主要能量载体和动力来源一般是动力电池。作为电动汽车整车的重要组成部分，其性能和成本直接决定了电动汽车的性能与成本。

1859 年，世界上第一个可充电的铅酸电池诞生了，随后镍铁电池和镍镉电池也相继问世。电池在实际应用中不断改进，电池结构、工艺和材料等方面都得到了显著提升，性能不断提高。20 世纪 80 年代出现的镍氢电池和 90 年代出现的锂离子电池，使电池的性能和寿命有了里程碑式的飞跃，同时电池从研制到规模化生产的周期也大大缩短，价格不断降低，使其在电动汽车上得到了产业化的应用。目前，在电动汽车上普遍使用的电池包括铅酸电池、镍氢电池和锂离子电池等种类。铅酸蓄电池具有安全耐用、价格低廉等显著优点，曾是电动汽车动力电源的首选；镍氢电池的能量密度和功率密度优于铅酸电池和镍镉电池，而锂离子电池凭借其更优的性能，近年来在电动汽车上的应用越来越广泛。

随着科技进步，动力电池作为电动汽车的车载能量源，其品种不断更新，性能持续提升。但随着人们对电动汽车性能要求的不断提高，动力电池仍难以完全满足电动汽车的使用要求，其存在的主要问题如下：

（1）能量密度低 电池的质量能量密度和体积能量密度都不高，如铅酸电池的质量能量密度为 35 ~ 40W · h/kg，锂离子电池的质量能量密度可达 150W · h/kg，而汽油的质量能量密度则为 10000 ~ 12000W · h/kg。例如，一辆轿车携带 50kg 的汽油可以行驶 600km 左右，但若携带 400kg 的铅酸电池，一次充满电只能行驶 100km 左右。由于电池的能量密度低，所以电动汽车行驶时不得不携带大量电池。例如，美国通用汽车公司研发的纯电动汽车整备质量为 998kg，而其携带的铅酸电池的质量则达到了 395kg，占整备质量的 40%。

（2）充电时间长 从当前电池充电能力和智能充电设备来看，电动汽车难以做到用传统燃油汽车加油的时间快速地为动力电池组充满电。目前，考虑锂离子电池的充电安全及电池的使用寿命，若根据当前锂离子电池的充电接受能力，使用推荐的 $C/3$ 充电电流将全放电的电池充满需要 3 ~ 5h，即使采用比较快速的 $1C$ 恒流充电，将电池充满也需要 1h 以上。因此，很多电动汽车都采用快速更换电池（简称换电）的方法，而换电基础设施的建设却限制了这种方式的快速发展。

（3）电池价格昂贵　即使采用价格较低的铅酸电池，一辆小型电动汽车所需动力电池的价格也近几万元，而一次充电的续驶里程却不到100km。若电动汽车采用性能较好的锂离子电池，虽然一次充电的续驶里程较铅酸电池显著提高，但其价格却比铅酸电池高出几倍甚至十几倍。另外，电池的循环寿命低也是影响电动汽车普及的重要原因。

二、电动汽车动力电池的性能要求

对电动汽车动力电池的基本要求有：提高电池的能量密度，以减小电池组的体积和质量；提高使用安全性；具有电池管理系统和热管理系统。电动汽车种类不同，其工作模式也不同，对动力电池性能的要求也不同。

1. 纯电动汽车

纯电动汽车行驶完全依靠动力电池提供能量，因此电池容量越大，电动汽车的续驶里程就越长，但电池的体积和质量也越大。纯电动汽车根据其设计目标和行驶工况的要求，对动力电池的要求包括：

1）电池容量大。动力电池要为电动汽车提供足够的能量，以满足其续驶里程的设计要求。同时，电池还应能确保汽车在特定工况下的供电能力，如保证典型连续放电电流不超过$1C$，典型峰值放电电流一般不超过$3C$。

2）电池能够实现深度放电且不影响其寿命，在必要时能实现满负荷甚至全负荷放电。

3）电池可接受充电电流大，对有制动能量回馈系统的电动汽车，短时间内可接受高达$5C$的脉冲充电电流，有助于提高制动能量回馈的效率。

2. 混合动力电动汽车

与纯电动汽车相比，混合动力电动汽车对电池的容量要求较低，但需要为整车实时提供足够的瞬时功率，即要实现小电池提供大电流。串联式混合动力汽车完全由电机驱动，发动机与动力电池组共同为电机提供需要的电能，电池SOC始终处于较高的水平，对电池的要求与纯电动汽车相似，但电池容量较小。并联式混合动力汽车的发动机和电机都可直接为车轮提供驱动力，整车的功率需求可以由不同的动力组合来实现。动力电池的容量可以更小，但电池组瞬时提供的功率要满足汽车加速或爬坡的要求，电池的最大放电电流可能达到$20C$以上。混合动力汽车工作模式不同，对动力电池的要求也有差别。不同结构的混合动力汽车对动力电池的共性要求包括：

1）电池的峰值功率大，能短时大功率充放电。

2）电池的循环寿命长，可达到1000次以上的深度放电循环和40万次以上的浅度放电循环。

3）电池SOC应尽可能保持在50%~85%的范围内。

3. 插电式混合动力汽车

插电式混合动力汽车（PHEV）对动力电池的要求兼顾纯电动和混合动力两种模式，在设计上既要实现在城市工况下的纯电动行驶模式，又要实现在高速公路上的混合动力行驶模式，因此对动力电池性能提出了更高的要求：

1）在深度放电情况下，电池仍然有较长的循环寿命。

2）在 SOC 较低时能实现大功率输出，以保证电动汽车在动力电池深度放电时仍具有良好的加速性能。

3）在 SOC 较高时能接受大电流充电，以保证电动汽车的制动能量回馈效率不受 SOC 的影响。

4）常保持 SOC 较高，以延长电池的循环寿命。

随着科技的发展，电池的性能不断得到提升，其产业化发展也使电池价格不断下降，电池对电动汽车发展的制约程度不断降低。在能源与环保需求的牵引下，随着电池技术瓶颈的突破，电动汽车必将成为未来汽车发展的主流。

第二节　动力电池的工作原理

电动汽车动力电池组由多个单体电池串联/并联组成。单体电池主要以化学电池为主，其电化学原理如图 4-1 所示。电池正极 P 和负极 N 都浸在电解液 E 中，当电池放电时，负极发生氧化反应向外电路释放电子，而正极发生还原反应从外电路得到电子，电池释放电能；电池充电时，负极发生还原反应得到电子，而正极发生氧化反应失去电子，电池吸收电能。

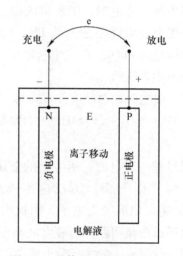

图 4-1　单体电池的电化学原理

一、动力电池的分类

动力电池根据电池电解质的不同，可分为酸性电池、碱性电池、中性电池和有机电解液电池；根据电池正、负极材料不同，可分为锌电池、镍电池、铅电池、锂电池和金属空气电池等；根据容量的大小和输出功率不同，可分为能量型、功率型和能量/功率型动力电池。

（1）能量型动力电池　能量型动力电池通常有较大的容量，能够提供比较持久的能源供给，常用于纯电动汽车、中度或重度混合动力电动汽车。这种电池的总能量在整车的能源配置中占有较大的比例，不仅可以吸收部分车辆制动回馈能量，而且可以提高车辆纯电动模式运行时的续驶里程，降低污染物的总排放。

（2）功率型动力电池　功率型动力电池的容量通常较小，可以对电动汽车进行瞬间大功率供电，主要用于轻度混合动力电动汽车。在电动汽车中，主要用于吸收制动回馈的能量，同时为车辆起步、加速工况提供瞬间的附加能量。

（3）能量/功率型动力电池　能量/功率型动力电池的能量密度高，同时在电池荷电状态（SOC）低时能提供较大功率，而在 SOC 高时能接受大功率充电，即要求电池兼具高能量和大功率的特性，主要用于插电式混合动力汽车。

二、铅酸电池

铅酸电池自 1859 年发明以来，已经有 100 多年的历史。1881 年，世界第一辆电动三轮车使用的就是铅酸电池。铅酸电池是最成熟的电动汽车动力电池，被广泛地应用在传统燃油汽车的起动电源中。铅酸电池由于技术成熟、可靠性好、原材料便宜，比功率也基本上能满足电动汽车的动力性要求，因此在电动汽车上也得到了广泛的应用。但其存在两个缺点：一是比能量低，电池的质量和体积大，一次充电行驶里程较短；二是循环寿命短，深充电深放电的循环次数仅为几百次。随着铅酸电池技术的发展，适合电动汽车使用的各种新型铅酸电池不断出现，其性能得到了不断提升。目前，铅酸电池作为电动汽车的动力电池，其主要发展方向是提高比能量，延长循环使用寿命。

1. 工作原理

铅酸电池的化学反应方程式为

$$PbO + H_2SO_4 \rightleftharpoons PbSO_4 + H_2O \tag{4-1}$$

充电时，铅板分别和直流电源的正、负极相连。充电时的总反应方程式为

$$2PbSO_4 + 2H_2O \rightleftharpoons Pb + PbO_2 + 2H_2SO_4 \tag{4-2}$$

即当电池充电时，随着电流通过，$PbSO_4$ 在阴极上变成蓬松的金属 Pb，在阳极上变成黑褐色的 PbO_2，而在电解液中生成 H_2SO_4，如图 4-2 所示。

放电时的总反应方程式为

$$Pb + PbO_2 + 2H_2SO_4 \rightleftharpoons 2PbSO_4 + 2H_2O \tag{4-3}$$

即当电池放电时，阴极上的金属 Pb 和阳极上的 PbO_2 与 H_2SO_4 反应生成难以溶解的 $PbSO_4$，阳极失去电子，阴极得到电子，从

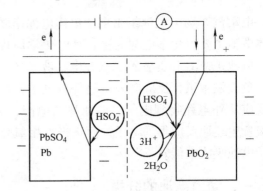

图 4-2 铅酸电池放电过程

而形成电流回路。随着电池端电压的升高，水开始被电解，且端电压越高，水的电解越剧烈，此时充入的大部分电荷参加水电解，生成的活性物质减少。因此，当单体电池的端电压较高时，水的电解不可忽视。

2. 电池特点

铅酸电池的内阻小，可输出大电流，因而常作为发动机的起动电源。铅酸电池作为电动汽车的动力电池，具有单体电压高（2.0V）、价格低廉、尺寸和结构灵活、高倍率放电性能良好、高低温性能良好（−40～60℃）、电能效率高（60%）、易于浮充和荷电状态容易确定等优点。但也存在比能量低、使用寿命短、充电时间长等缺点，特别是铅属于重金属，如果处理不当，则会对环境造成污染。

3. 电池结构

单体铅酸电池由正极板、负极板、封料、隔板、壳体和加液盖等部分组成，如图 4-3 所示。正、负极成组焊接；负极一般都是平板状结构，把铅膏填充在板栅上制成涂膏式极板；正极板除平板状涂膏式极板外，还有排管状极板。涂膏式极板是铅酸电池中使用最为广泛的极板形式，具有活性物质的实际面积比表面积大、可大电流放电、活性物质的利用率高、质量较小、制造工艺简单、价格低廉等优点，但极板的强度较低，充放电过程中活性物质易脱落，寿命较短。排管式正极板的板栅为柱形，铅膏被填入套在每个柱芯上的玻璃丝管中，由于用玻璃丝纤维织成的多孔管来固定正极活性物质，所以具有活性物质不易脱落、利用率

高、寿命长等优点，但其电阻较大，不能大电流放电。

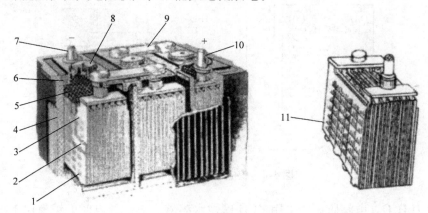

图 4-3　铅酸电池的结构

1—负极板　2—隔板　3—正极板　4—壳体　5—护板　6—封料　7—负极柱
8—加液盖　9—接线板　10—正极柱　11—极板组

铅酸电池分为免维护和阀控密封两种形式。

（1）免维护铅酸电池　由正极板、负极板、隔膜、电解液、安全阀、通气塞、外壳等部分组成。正、负极板均采用涂浆式极板，活性材料涂在特制的铅钙合金骨架上，具有很强的耐酸性和高导电性。隔板采用超细玻璃丝纤维制成，全部电解液注入极板和隔膜之中，电池内没有流动的电解液。顶盖上装有内装陶瓷过滤器的通气塞，可以防止酸雾从蓄电池中溢出。正、负极接线端子用铅合金制成，顶盖用沥青封口，具有全密封结构。免维护铅酸电池由于其结构上的优势，电解液的消耗量非常小，在使用寿命内基本不需要补充蒸馏水。它具有耐振、耐高温、体积小、自放电率小等优点，使用寿命为普通铅酸电池的 2 倍。

（2）阀控密封式铅酸电池　由正极板、负极板、隔板、外壳、电解液、安全阀和接线端子等部分组成。正、负极板采用特种合金浇注成形，隔板采用超细玻璃纤维制成。电池在结构上采用过盈配合、贫液设计工艺技术，槽盖采用 ABS 树脂注射成型，电池充放电化学反应在密封的电池壳体内进行。阀控密封式铅酸电池在使用期间不用对电池进行加酸、加水维护，电池的密封结构确保不会漏酸和排酸雾。电池盖上设有安全溢气阀，当电池内部气压升高到一定值时，安全阀会自动打开排出气体，然后自动关闭，以防止外界空气进入电池内部。

三、镍氢电池

镍氢电池是 20 世纪 90 年代研发的新型电池，其正极活性物质由镍制成，负极活性物质主要由储氢合金制成，属于一种碱性电池。镍氢电池具有高比能量、高比功率、适合大电流放电、循环寿命长、无污染等优点。

1. 工作原理

镍氢电池的工作原理如图 4-4 所示。

镍氢电池正极活性物质放电时为 $NiOOH$，充电时为 $Ni(OH)_2$；负极活性物质放电时为

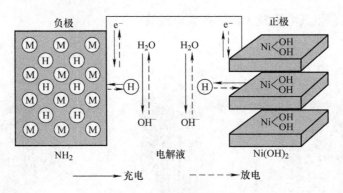

图 4-4 镍氢电池的工作原理

H_2，充电时为 H_2O。电解质一般采用 KOH 碱性水溶液。充、放电时，镍氢电池的总化学反应方程式为

$$M + Ni(OH)_2 \Longleftrightarrow MH_x + NiOOH \qquad (4-4)$$

充电时，负极产生的氢离子存储在储氢合金中，正极由 $Ni(OH)_2$ 和 OH^- 反应生成 $NiOOH$ 和 H_2O，同时释放电子；放电时，负极储氢合金释放氢离子生成 H_2O，同时释放电子，正极由 $NiOOH$ 生成 $Ni(OH)_2$ 和 OH^-。

2. 电池特点

镍氢单体电池的标称电压为 1.2V，比能量为 55 ~ 70W·h/kg，比功率为 160 ~ 500W/kg，快速充电使电池容量从 40% 到 80% 所用的时间为 15min，工作温度为 -30 ~ 50℃，深度放电循环使用寿命超过 1000 次。

镍氢电池的比能量和比功率均高于铅酸电池和镍镉电池，循环使用寿命较高，快速充电和深度放电性能好，充放电效率高，无记忆效应，无重金属污染，全密封免维护，耐过充电和过放电能力强，使用温度范围宽，使用安全可靠。但镍氢电池的成本较高，价格为相同容量铅酸电池的 5 ~ 8 倍，单体电池电压低（1.2V），自放电损耗大，对环境温度敏感，电池组热管理任务重。

3. 电池结构

单体镍氢电池主要由正极、负极、极板、隔板和电解液等部分组成，电池正极 $Ni(OH)_2$ 和负极储氢合金之间有隔膜。电解质为氢氧化钾，在金属铂的催化作用下，完成电池充电和放电的可逆反应。

镍氢电池按形状可分为圆柱形、方形等，按正极制造工艺可分为烧结式和泡沫式。镍氢电池的内部结构如图 4-5 所示，主要包括正负极板、正负极集电体、正负极接线柱、绝缘环等部分。当镍氢电池过充电时，壳体内的气体压力逐渐上升，当压力超过一定数值后，正极接线柱内置的排气阀打开泄压，以免镍氢电池因内部压力过大而发生爆炸。

四、锂离子电池

锂离子电池是一种高性能充电电池，1990 年由日本索尼公司首先推向市场。锂离子电池与其他电池相比具有电压高、比能量高、循环寿命长、无记忆效应、无污染、充电快、自

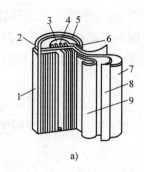
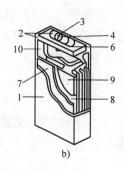

图4-5 镍氢电池的内部结构

a）圆柱形 b）方形

1—负极接线柱 2—绝缘垫圈 3—正极接线柱 4—安全阀 5—密封板 6—绝缘环

7—负极板 8—隔膜 9—正极板 10—绝缘层

放电率低、工作温度范围宽和安全可靠等众多优点，已经成为当前电动汽车较为理想的动力电池。若混合动力汽车采用锂离子电池，则可比采用镍氢电池的质量降低40%~50%，体积减小20%~30%。随着成本的快速降低和性能的大幅提升，锂离子电池受到了市场的青睐，众多公司都开始加大对锂离子电池的研发和应用研究。我国在锂离子电池方面的研究目前已处于国际领先水平，已将锂离子电池作为电动汽车动力电池的重要发展对象。

1. 工作原理

锂离子电池正极材料采用锂化合物 $LiCoO_2$、$LiNiO_2$、$LiMn_2O_4$，负极采用锂碳层间化合物 Li_xC_6，电解液为有机溶液。

锂离子电池的工作原理如图4-6所示。充电时，锂离子从正极材料晶格中脱出，通过电解液和隔膜嵌入负极中；放电时，锂离子从负极材料中脱出，通过电解液和隔膜嵌入正极材料晶格中。在整个充放电过程中，锂离子往返于正负极之间。

以 $LiCoO_2$ 为正极材料、石墨为负极材料的锂离子电池，正负极的电化学反应方程式为

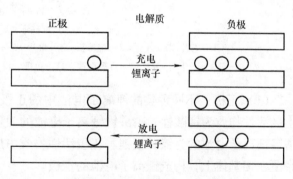

图4-6 锂离子电池的工作原理

$$LiCoO_2 \rightarrow Li_{1-x}CoO_2 + xLi^+ + xe^- \tag{4-5}$$

$$6C + xLi^+ + xe^- \rightarrow Li_xC_6 \tag{4-6}$$

总反应方程式为

$$LiCoO_2 + 6C \rightarrow Li_{1-x}CoO_2 + Li_xC_6 \tag{4-7}$$

锂离子电池的充放电过程是通过锂离子而非金属锂实现，因此从根本上解决了由于锂枝晶的产生而带来的电池循环寿命和安全性的问题。

2. 电池特点

锂离子电池具有工作电压高（3.6V）、比能量高（150W·h/kg）、循环寿命长（1000

次）、自放电率低、充电速度快、工作温度范围宽、安全性好、无记忆性、无污染、结构形式多样化等优点。但是，锂离子电池的成本，特别是正极材料的成本高，电解质体系提纯困难；电池内阻较大，放电电流不能过大，否则会使电池温度过高而影响其寿命；必须有特殊的保护电路，以防止电池过充电。

3. 电池结构

锂离子电池按照外形可分为方形和圆柱形，如图 4-7 所示。锂离子电池由正极、负极、隔膜、电解液和安全阀等组成。

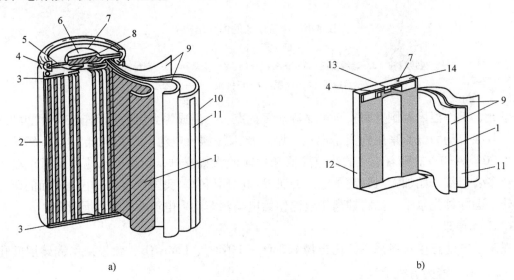

图 4-7　锂离子电池的结构

a）圆柱形　b）方形

1—正极　2—外壳　3—绝缘板　4—垫片　5—PTC 元件　6—正极接线柱　7—排气孔

8—安全阀　9—隔膜　10—负极引线　11—负极　12—铝壳（正极）　13—负极终端　14—密封板

（1）正极　不同种类的锂离子电池中的正极活性物质有所不同，如锰酸锂离子电池的正极活性物质为锰酸锂，磷酸铁锂离子电池的为磷酸铁锂，镍钴锂离子电池的为镍钴锂，镍钴锰锂离子电池的为镍钴锰锂。正极活性物质中加入导电剂、树脂黏合剂，并以薄层的形式涂覆在铝基体上，构成锂离子电池的正极。

（2）负极　负极活性物质是由碳材料与黏合剂的混合物，再加上有机溶剂调和成糊状，并以薄层的形式涂覆在铜基体上，构成锂离子电池的负极。

（3）隔膜　隔膜主要用于关闭或阻断锂离子在正负极之间往返的通道，一般用聚乙烯或聚丙烯材料制成。当电池在工作中出现温度异常上升的情况时，隔膜上的细孔关闭以阻断锂离子的通道，使电池停止充放电反应。隔膜可以有效防止因外部短路产生的过大电流而导致电池异常发热的现象。电池异常发热只要出现一次，就无法再正常使用。

（4）电解液　电解液的成分是以混合溶剂为主的有机电解液，为使其充分被锂盐所溶解，一般采用高电容率且与锂离子相容性好的溶剂。电解液不能阻碍离子移动，其沸点高、黏度低、凝固点低，在锂离子电池的工作温度范围内呈液态。电解液对活性物质的化学稳定性好，要适应充放电反应过程中发生的剧烈氧化还原反应。由于使用单一溶剂难以满足上述严苛的条件，因此电解液一般会混合不同性质的几种溶剂共同使用。

（5）安全阀　为了保证锂离子电池的使用安全性，一般对电池的外部电路加以控制，或在电池内部设置异常电流切断装置。但在使用过程中，仍有可能出现由其他原因导致的电池内压异常上升的情况，此时安全阀打开泄压，以防止电池破裂。安全阀为一次性破裂膜，其作为电池最后的保护装置，一旦进入工作状态，就会使电池处于保护状态而停止工作，无法进行修复。

方形锂离子电池的结构与圆柱形锂离子电池的相同，其极片也呈卷绕形状，电池上部也有特殊加工的安全阀。但与圆柱形锂离子电池不同的是，其正极柱为金属/陶瓷或者金属/玻璃绝缘子，能够实现正极与壳体之间的绝缘。

4. 典型锂离子电池

锂离子电池种类不同，正负极和电解质的材料与工艺也不同，其性能也有所差异。目前，常用的锂离子电池的正极材料有钴酸锂（$LiCoO_2$）、镍酸锂（$LiNiO_2$）和锰酸锂（$LiMn_2O_4$），以及近年来出现的磷酸铁锂（$LiFePO_4$）。下面主要对比这几种锂离子电池的特点及工作特性。

（1）钴酸锂电池　钴酸锂电池具有结构稳定、生产工艺简单、制备容易、综合性能突出等优点，但安全性差、成本高，被广泛用于中小型电池中。

钴酸锂电池的工作电压较高，额定电压为3.7V，充放电电压平稳，适合大电流充放电，比能量和电导率高。钴酸锂电池的最小放电率为$1C$，而最大放电率可达$30C$，随着放电倍率的增加，放电初期电压下降速度较快且不平稳。电池的循环寿命比较长，经过100次循环后，电池容量保持率还能维持在95%左右。但钴酸锂电池的抗过充电性能较差，在电池达到充电截止电压4.2V左右后，其正极材料中的Li^+仍有剩余。若发生过充电的情况，则正极材料中的锂离子将会继续脱嵌游向负极，而此时负极材料中能容纳锂离子的位置已满，锂离子只能以金属的形式在负极表面析出，聚结成锂枝晶，可能造成电池内部短路。

（2）锰酸锂电池　锰酸锂电池正极活性材料的合成性能好、结构稳定、安全性好、成本低，是目前很有发展前景的锂离子正极材料之一，但其循环性能和电化学稳定性较差，极大限制了其产业化发展。通过掺杂强 M—O 键（加强八面体稳定性），以及离子半径与锰离子相近的金属离子，能显著改善锰酸锂电池的循环性能。

锰酸锂电池的工作电压高，额定电压为3.7V，最高电压可达4.2V，$1C$ 放电平均电压在3.8V左右，$10C$ 放电平均电压在3.5V左右。锰酸锂电池放电率为$0.5C \sim 20C$。随着放电率的增加，放电初期电压下降速率加快，主要是由于随着放电电流的增加，电池欧姆压降升高所致。锰酸锂电池的低温性能好，在$10C$下的放电环境温度范围可达 $-10 \sim 55℃$，在低温放电时电压有所降低。但锰酸锂电池高温循环性能差，极片压实密度较低，只能达到$3g/cm^3$，电池的比容量低，一般只有$105mA \cdot h/g$ 左右。

（3）镍钴锰酸锂三元电池　镍钴锰酸锂三元电池常简称为三元电池，其融合了钴酸锂和锰酸锂电池的优点，在各种功率的动力电池上都有应用。但钴元素是一种贵金属，价格波动大，其作为三元电池的重要材料，对电池价格的影响较大。随着性能更加优异的磷酸铁锂电池技术的发展，三元电池将逐渐被磷酸铁锂电池所替代。

三元电池放电性能较好，放电率为 $0.5C \sim 20C$；电池的循环寿命高，$10C$ 放电循环寿命可达到 500 次以上；高低温性能优越，放电温度范围为 $-10 \sim 55℃$，但低温放电时放电电压较低，低温放电性能较差；极片压实密度高，可以达到 $3.4g/cm^3$，电池的比能量大。但三元电池的电压平台低，$1C$ 放电平均电压在 $3.66V$ 左右，$10C$ 放电平均电压在 $3.45V$ 左右，且电池安全性较差、成本较高。

（4）磷酸铁锂电池 磷酸铁锂电池的正极物质为橄榄石结构的磷酸铁锂（$LiFePO_4$），对环境无污染。磷酸铁锂电池凭借其优越的性能和较低的价格，在电动汽车动力电池中得到了广泛的应用，故常被称为"磷酸铁锂动力电池"。由于不同生产厂家所采用的正负极材料及电解质的质量和工艺不同，其性能上会有差异，相同型号的标准电池，其容量也有差别。磷酸铁锂电池的容量差别较大，从小型电池的几毫安到大型电池的几百毫安。

磷酸铁锂电池的标称电压为 $3.2V$，充电终止电压为 $3.6V$，放电终止电压为 $2.0V$。磷酸铁锂电池的输出效率高，放电特性好，放电率为 $0.5C \sim 10C$，标准放电电流为 $2C \sim 5C$，连续大电流放电可达 $10C$，瞬间脉冲放电可达 $20C$。而无论放电率如何变化，放电电压均比较平稳，输出电压在 $2.7 \sim 3V$ 范围内基本保持不变，只有接近终止放电电压时才开始迅速下降，且过放电到 $0V$ 仍无损坏。电池的高温性能好，当外部温度为 65℃时，其内部温度达到 95℃，电池放电结束时温度能达到 160℃，而仍可保持电池的结构完好。但它在低温环境下放电特性较差，输出能量和电压都显著降低。电池的循环寿命高，若以 $1C$ 充电率充电，以 $2C$ 放电率放电，当循环寿命超过 500 次后，其放电容量仍基本保持不变。电池充电电流大，可实现快速充电。电池的安全性好，即使电池内部或外部受到损坏，也不会燃烧或爆炸。

第三节 动力电池的性能

一、动力电池的性能参数

1. 电压

电池的电压是指其正极与负极之间的电位差，单位为 V，是表示电池性能与状态的重要参数之一。电压包括开路电压、放电电压和充电电压等。开路电压是电池未向外电路输出电流时的端电压；放电电压是电池向外电路输出电流时的端电压；充电电压是电源对电池进行充电时的端电压。

2. 内阻

内阻是指电池的内部阻值，单位为 Ω，主要与极板的材质、结构和装配工艺有关，同时也受电解质的影响。

3. 容量

电池的容量是指在允许放电的范围内所能输出的电量，单位为 A·h，用来表示电池的放电能力，包括理论容量、i 小时率放电容量、额定容量和实际容量等。

1）理论容量是假定电池中的活性物质全部参加反应时所产生的电量。理论容量是电池容量的极限值，可根据法拉第定律计算。

2）i 小时率放电容量是指在恒电流放电条件下，用 i 小时把充满电的电池放电到终止电压，此时所能释放的电量，通常用 C_i 表示。例如，汽车起动电池常用 C_{20} 表示，电动汽车动力电池常用 C_3 表示。

3）额定容量是指在规定条件下，充满电的电池可输出的电量，一般为制造厂商标明的安时（A·h）容量，是衡量电池质量的重要指标。我国国家标准规定，使用 C_3 放电率容量来定义电动汽车动力电池的额定容量。

4）实际容量是指充满电的电池在一定条件下所能输出的电量，可用放电电流和放电时间的乘积计算。一般电池的实际容量小于理论容量，且放电电流和温度不同时，实际容量也有差别。

4. 能量

电池能量是指在规定放电条件下，电池所输出的电能，单位为 W·h 或 kW·h，表示电池的供电能力，是反映电池综合性能的重要参数。

1）标称能量是指在额定放电条件下，电池所输出的电能，可用额定容量与额定电压的乘积计算。

2）实际能量是指在一定放电条件下，电池实际输出的电能，可用实际容量与平均电压的乘积计算。

3）能量密度是指电池单位质量或体积所输出的电能，包括质量能量密度（即比能量）和体积能量密度，单位分别为 kW·h/kg 和 kW·h/L。

5. 功率

电池功率是指在规定的放电条件下，电池在单位时间内输出的电能，单位为 kW。电池单位质量的输出功率称为质量功率密度（即比功率），单位为 kW/kg；电池单位体积的输出功率称为体积功率密度，单位为 kW/L。

6. 荷电状态

电池的荷电状态（SOC）是指电池剩余容量占额定容量的百分比，常用来描述电池在充放电过程中的电量状态。

7. 放电深度

放电深度（DOD）是指电池已经释放的电量占电池额定容量的百分比，常用来描述电池在放电过程中所达到的深度。

8. 循环寿命

电池的循环寿命是指以电池充电一次和放电一次为一个循环，在一定放电条件下，当电池容量降低到某一规定的限值时，电池所能承受的充放电循环次数。

二、铅酸电池的特性

1. 充电特性

铅酸电池的充电特性如图 4-8 所示。当电池开始充电时，其端电压迅速上升；当曲线达到 B 点后，电池的端电压基本保持稳定；当曲线达到 C 点、电池容量达到 90% 左右时，电池的端电压再次迅速上升；当曲线超过 D 点后，电池处于过充电状态，其两极开始析出气体。铅酸电池的放电性能与充电化学反应过程中 PbO 生成 $PbSO_4$ 的速度有关。

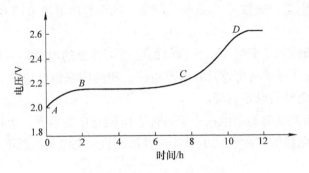

图 4-8　铅酸电池的充电特性

2. 放电特性

铅酸电池的放电特性如图 4-9 所示。铅酸电池的放电特性与充电特性相反，当电池开始放电时，其端电压随着放电电流的增大而快速下降；当曲线达到 B 点后，端电压随放电电流的增大基本保持稳定状态；当曲线达到 C 点后，电池的端电压迅速下降，直至达到电池所规定的终止电压；当曲线达到 D 点后，电池处于过放电状态，可能发生损坏。铅酸电池的放电特性与电池中 $PbSO_4$ 在化学反应中生成 Pb 的速度有关。铅酸电池的开路电压与电解液 H_2SO_4 的浓度有关，电池在放电过程中 H_2SO_4 的密度会逐渐减小，而当 H_2SO_4 的密度下降到 $1.2g/cm^3$ 时电池就必须充电。

3. 温度的影响

环境温度对铅酸电池的充放电特性和 SOC 都有影响，如图 4-10 所示。铅酸电池在充放电过程中存在电化学极化和浓差极化的现象，特别是电池大电流放电时受浓差极化的影响很大。若铅酸电池的充放电温度较低，则在开始充电时，极板即会出现严重的浓差极化现象，使电池的充电效率显著降低，充电容量减少。同样，铅酸电池在低温下放电时，极板上的 Pb 极易变成小尺寸的晶粒而堵塞极板孔，负极的活性物质利用率低，使电池的放电性能显

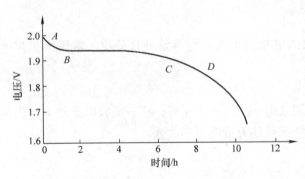

图 4-9　铅酸电池的放电特性

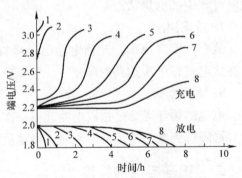

图 4-10　温度对铅酸电池特性的影响

1——30℃　2——25℃　3——15℃　4——5℃
5—5℃　6—15℃　7—25℃　8—33℃

著降低，放电容量减少。因此，铅酸电池的低温充放电性能差，作为动力电池在冬季使用不够理想。

三、镍氢电池的特性

1. 充电特性

镍氢电池的充电特性如图4-11所示。镍氢电池在充电起始阶段，电池端电压迅速上升；随着充电容量的上升，电池端电压上升缓慢；当充电接近结束时，电池端电压有所下降；当停止充电后，电池内部的极化作用消失，电池端电压降至开路电压。充电电流越大，电池端电压越高，充电效率就越低。单体镍氢电池的开路电压为1.35V。

2. 放电特性

镍氢电池的放电特性如图4-12所示。镍氢电池在放电初始阶段，电池端电压迅速下降，随着放电容量的减小，端电压下降缓慢；当接近放电结束时，电池端电压又开始迅速降低。放电电流越大，电池端电压越低，放电时间也越短，电池的放电容量也相应减小。单体镍氢电池放电过程中平均电压为1.2V。

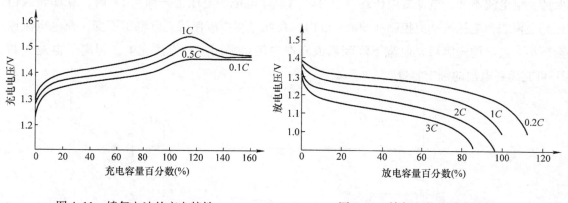

图4-11　镍氢电池的充电特性　　　　　图4-12　镍氢电池的放电特性

3. 温度的影响

镍氢电池在不同环境温度下的电池容量和在−18℃、不同放电率下的放电曲线如图4-13所示。当温度过高时，电池的充电效率下降，易造成电池充电容量减小。当温度降低时，电池端电压也会降低，放电时间缩短，电池放电容量也会减小，同时，低温环境下随着放电率的增加，电池端电压迅速降低。因此镍氢电池低温下的放电特性不理想，这主要是由电解液的热力学性质决定的。

四、锂离子电池的特性

1. 充电特性

典型锂离子电池的充电特性如图4-14所示。单体锂离子电池的充电电压必须严格控制在4.1V，充电电流限制在1C以下。若充电电压超过4.5V，则可能造成锂离子电池的永久

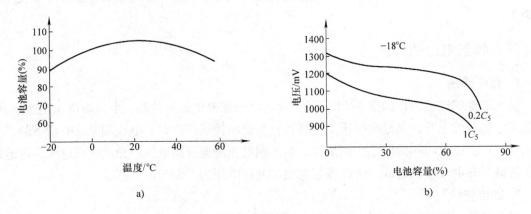

图 4-13　温度对镍氢电池特性的影响

a）不同环境温度下的电池容量曲线　b）低温下的放电特性

性损坏。锂离子电池充电初始采用恒流模式，采用 $1C$（$500mA$）速率充电，在此过程中应保持充电电流不变，电池端电压逐渐上升。当单体电池的电压上升到 4.1V 时，立即转入恒压充电模式，电压波动应控制在 50mV 以内，在此过程中应保持充电电压不变，充电电流逐渐减小。当电池充满后，电流下降到涓流充电电流。采用这种方法充电，锂离子电池大约 2h 可充满到电池的额定容量。

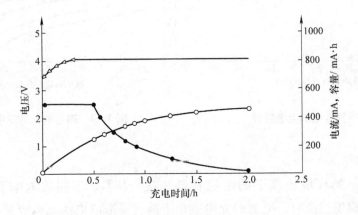

图 4-14　锂离子电池的充电特性

2. 放电特性

当环境温度为 25℃ 时，典型锂离子电池的放电特性如图 4-15 所示。典型锂离子电池的放电电流通常不超过 $3C$。放电时单体电池的电压不得低于 2.2V，否则会造成电池的永久性损坏。采用 $0.2C$ 的放电速率，且单体电池电压下降到 2.7V 时，可释放电量为电池的额定容量；若采用 $1C$ 的放电速率，则能够释放的电量为额定容量的 90% 左右。

锂离子电池较为容易显示剩余电量，由于其工作电压随着时间逐渐下降，因此可通过测量电压来计算剩余电量，而镍镉电池、镍氢电池则保持一定的电压值，直到接近放电结束才急速下降。锂离子电池放电时电压为4.1V，放电终止电压为2.5V。阳极若采用洁净度较低的焦炭，则放电过程中电压的下降较为明显；阳极若采用洁净度较高的石墨，则放电电压比较平稳。

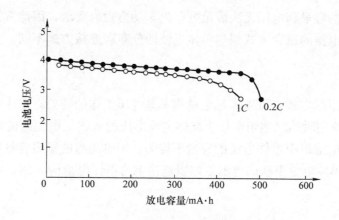

图4-15　锂离子电池的放电特性

3. 温度的影响

环境温度对锂离子电池放电容量的影响如图4-16所示。采用0.2C的放电速率，当环境温度为25℃时，可释放出的电量能达到额定容量；当环境温度为-10℃时，电池容量下降约5%；当环境温度下降到-20℃时，电池容量下降约20%。一般情况下，锂离子电池的工作环境温度为-20~60℃。

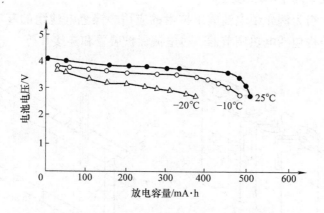

图4-16　温度对锂离子电池特性的影响

第四节　动力电池系统

一、动力电池成组技术

单体动力电池的容量和电压无法满足电动汽车动力性的要求，因此常将单体电池组合成电池组使用。动力电池的组合方式根据单体电池的分布和连接方式不同，主要分为串联、并联和串并结合三种。

1. 串联

单体电池通过串联方式，可以满足电动汽车高电压工作的需要。单体电池均相同，因此 n 个单体电池串联使用时的电池组电压为单体电池电压的 n 倍。电池组的额定容量为单体电池的额定容量，若电池组中单体电池的容量不均匀，则电池组的额定容量取决于单体电池中容量最低者。n 个单体电池串联的电池组内阻理论上为单体电池的 n 倍，但通常都稍大于这一数值。

2. 并联

单体电池通过并联方式，可以满足电动汽车大电流的工作需要。n 个单体电池并联的电池组容量为单体电池容量的 n 倍。电池组的标称电压为单体电池的标称电压，若电池组中单体电池的电压不均匀，则电池组的额定电压取决于单体电池中电压最低者。n 个单体电池并联组成的电池组内阻理论上为单体电池的 $1/n$，但通常都大于这一数值。

3. 串并结合

单体电池串并结合方式，可以使电池组同时满足高电压和大电流的工作需求。在实际应用中，采用先串后并还是先并后串的组合方式，取决于电池的实际需求，但一般情况下，电池并联方式的可靠性要高于串联方式。

下面以镍氢电池组为例介绍电池成组技术的应用。镍氢电池组的基本结构如图 4-17 所示。电池组的基本结构包括电热调节器、过电流保护装置和连接片等。

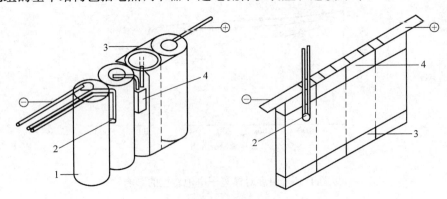

图 4-17　镍氢电池组的基本结构

1—单体电池　2—电热调节器　3—外壳　4—过电流保护装置

镍氢单体电池结构一般采用圆形卷绕或者方形平板设计，每个电池外部都具有独立的电池壳体。当组装成镍氢动力电池组时，要保证每个单体电池的容量和电阻相互匹配，防止因单体电池之间的不平衡而造成动力电池组整体性能的降低。在设计和组装电池组时，还要考虑单体电池在充放电时的膨胀和收缩，以及外包装的绝缘特性和电池组的冷却系统。根据单体电池的排列方式不同，电池组可分为 F 形和 L 形排列两种。在 F 形排列中，单体电池沿着径向并排地排列在一起，彼此采用镍条或钢片串联组成电池组，并用热塑性材料外壳加以固定。在 L 形排列中，单体电池沿着轴向直接串联组成电池组，并用热塑性材料外壳进行固定。

二、动力电池组不一致性

电动汽车用动力电池具有性能好、成本低、寿命长和安全性高等特点，但即使是由性能最好的电池组合而成的动力电池组，也可能产生由于单体电池的不一致性而导致电池组整体性能、寿命和安全性降低的问题。

电池组的不一致性是指同一规格型号的单体电池组合而成的电池组，其电压、荷电量、容量、衰退率、内阻变化率、寿命、子放电率等参数与单体电池存在的差异。电动汽车动力电池组长期在动态负载下工作，各单体电池通风散热条件不同，环境温度对单体电池性能的影响有所差别；单体电池的子放电率、充放电率会随着循环工作次数的增加发生性能衰减；单体电池过充电和过放电等因素显著增加了电池组的不一致性。根据使用过程中电池组不一致性的产生原因及其对电池组性能的影响，可以把电池组不一致性分为容量不一致、电压不一致和温度不一致三种。

1. 容量不一致

电池组在出厂前通过分选试验可以保证单体电池的初始容量基本相同，而在实际工作过程中，可以通过对单体电池进行充放电来调整其初始容量，使单体电池容量的差异保持最小。实际容量不一致性是指电池在放电过程中所剩余的电量不等而造成的电池组容量不一致。电池组的剩余电量 C 可表示为

$$C = C_0 + \int I_b(t)\,\mathrm{d}t \tag{4-8}$$

从式（4-8）中可以看出，电池组实际容量的不一致性主要与电池组初始容量 C_0 和放电电流 I_b 有关。

锂离子电池的初始容量受循环寿命的影响规律如图 4-18 所示。从图中可以看出，电池循环工作次数对电池初始容量的影响非常显著，越接近电池循环寿命，电池的初始容量下降越大，实际容量的不一致性就越明显。同时，随着电池循环次数的增加，电池的内阻逐渐增大，充电过程中恒压时间增长，电池在释放相同容量时的电压也有所下降。例如，当电池释放 40A·h 电量时，循环工作 10 次的电池电压为 3.7V，而循环工作 600 次的电池电压则降到 3.4V。另外，电池的初始容量还与电池的衰减特性有关，受到电池存储温度、电池荷电状态等因素的影响，如 SOC 为 100% 的电池在 40℃环境下保存 1 年后容量可衰减 30%。

电池组实际放电容量的不一致性还与电池放电电流有关。电池组串联时，由于工作电流相等，故可认为单体电池的影响相同；电池组并联时，单体电池的内阻差异可能导致放电电流不同，造成电池组容量的不一致。所以，实际使用过程中电池组的容量不一致是电池初始

容量不一致和放电电流不一致综合影响的结果。

2. 电压不一致

电压不一致是电池组不一致性最为直观、最容易测量的表现形式，包括开路电压不一致和工作电压不一致两种。

在不同放电深度下，测量电池组中单体电池的电压，可以得到静态单体电池不一致性的数据。某电动汽车在行驶前后电池电压的不一致性如图 4-19 所示。

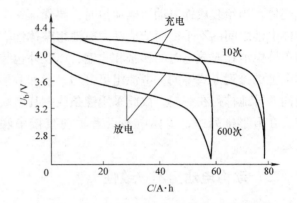

图 4-18 锂离子电池循环寿命对容量的影响

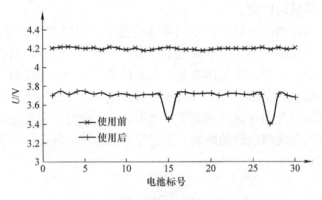

图 4-19 电池电压不一致性

从图 4-19 中可以看出，在汽车行驶前电池处于充满状态，电池电压不一致性并不明显。但在电动汽车行驶一段时间后，电池电压出现了明显的不一致性。例如，在图中所示的动力电池组中，使用后单体电池的最高电压为 3.72V，而最低电压仅为 3.4V，电压差为 0.32V。若电池组继续放电，则电压较低的单体电池会因没有电能释放而发生永久性损坏。若损坏的电池没有被及时发现和处理，继续和其他正常的电池一起使用，其将成为电池组的负载，进而导致整个电池组寿命降低。所以，在电池组不一致性明显增加的深放电阶段，不能再继续使电池组持续放电，进而使电动汽车的续驶里程减少。

电池静态开路电压在某种程度上是电池 SOC 的表现，由于电池 SOC 在一定范围内与电池开路电压呈线性关系，所以开路电压不一致也就体现了电池容量的不一致。电压不一致主要与电池初始容量不一致以及电池内阻不一致有关，电池内阻不一致使电池组中每个单体电池在放电过程中的热损失不同，进而会影响单体电池的容量差异，导致电池组开路电压的不一致性。

3. 温度不一致

电池组温度的不一致性主要与电池组的设计特点，以及各单体电池的工作环境有关。温度对锂离子电池充放电容量的影响如图 4-20 所示。

当两个单体电池串联充电时，单体电池温度随着电流减小而降低，说明串联电池组在相

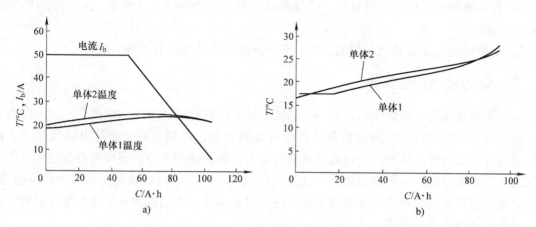

图4-20　电池充放电温度特性

a）充电　b）放电

同条件下的温度差异受电池内阻不一致性的影响较大，并且电流越大，差异性越明显。当电池组采用恒流放电模式放电时，电池温度变化规律与电压特性一致。在整个放电过程中，电池温度随放电量增加而不断上升，尤其是在电池接近100%深度放电时温度上升速度加快，电池电压变化拐点也是温度变化拐点，表明电池在放电后期的内阻急剧增大，导致发热量显著增加。

各单体电池所处环境难免存在差异，如在电池的组装中，位于中间位置的电池与周边电池的工作环境不同，尤其是在环境温度较高时，若不采取任何措施，在电量充足的情况下，电池组周边和中心的温度差可达10℃，可能会造成中间电池与周边电池的衰退速度不一致。高温可能导致中间位置的电池充电效率下降，放电容量降低，使单体电池的一致性下降，从而影响电池组的使用性能和寿命。因此，电池组的设计要保证电池组内温度均匀，单体电池的衰减程度一致，尤其是大型电池组一般需配备温度管理系统，使电池组尽量保持在常温环境下工作。

通过对动力电池的试验和应用研究，可以从电池组的使用和成组等方面避免电池不一致性的进一步扩大，保证电池组寿命逐步趋于单体电池的使用寿命。

1）在单体电池的制造过程中，提高工艺水平，保证电池质量，尤其是保持初始电压的一致性。同一批次的电池出厂前，对单体电池的电压、内阻等电池相关数据进行参数相关性分析，筛选相关性良好的电池来保证同批次电池的性能尽可能一致。在动力电池成组时，务必保证电池组中采用同一类型、规格和型号的单体电池。

2）在电池组使用过程中，检测单体电池参数，尤其是动态和静态下的电压变化情况，掌握电池组中单体电池不一致性的发展规律，对极端参数电池进行及时调整或更换，以保证电池组参数的不一致性不随使用时间而增大。

3）在电池组维护过程中，对测量容量偏低的电池进行单独维护性充电，使其性能得到恢复。间隔一定时间对电池组进行小电流维护性充电，促进电池组自身的均衡和性能的恢复。避免电池过充电，尽量防止电池深放电。

4）保证电池组的使用环境良好，尽量保证恒温、减小振动，避免水、尘土等污染电池极柱。

5）研发电池组能量管理和均衡系统，对电池组的充放电进行智能管理。

三、动力电池管理系统

在电动汽车动力电池的使用过程中，必须保证电池在合理的电压、电流和温度范围内工作，所以需要对电动汽车上的动力电池进行有效的管理，特别是对于镍氢电池和锂离子电池，若没有有效的管理系统，不仅会显著缩短动力电池的使用寿命，还可能会引起火灾等严重安全事故。而电池组一般是由多个电池模块组成的，一个电池模块又包含多个单体电池。因此，电动汽车均具有动力电池管理系统，用于对电池组、电池模块和单体电池的控制、安全、监测和接口等进行管理。

1. 电池管理系统的功能和组成

电池管理系统（Battery Management System，BMS），主要包括热管理和控制系统，以及电池组与整车的接口设备，每个电池模块也有相对独立的热管理和控制设备。电池管理系统作为电池组热管理和 SOC 估计等技术的应用平台，对于电池组的安全、优化使用和整车能量管理策略的执行都是至关重要的。电池管理系统的功能框图如图 4-21 所示。电池管理系统的主要功能包括数据采集与显示、状态估计、能量管理、安全管理、热管理和数据通信等。

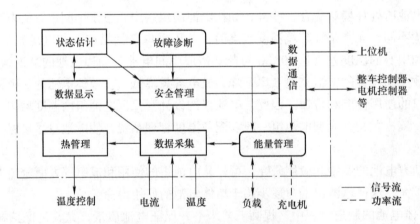

图 4-21　电池管理系统的功能框图

（1）数据采集与显示　在电池管理系统中，数据采集是对电池进行有效管理和控制的基础，根据电池电压、电流和温度的动态变化特征，采样频率通常不低于 1Hz。锂离子电池的安全性要求高，对电压非常敏感，因此电池管理系统需要分别对每个单体电池的电压进行采集，同时还要监测每个单体电池的温度；镍氢电池和铅酸电池对电压和温度的采集精度要求不高，为了简化 BMS 的结构，仅对电池模块的电压和温度进行成组采集。

（2）状态估计　电池荷电状态（SOC）的估计是电池管理系统的关键，也是电池管理系统开发的难点。传统 SOC 估计算法包括开路电压法、内阻法和安时法等，近年来又相继研发出模糊逻辑模型算法、自适应神经模糊推断模型算法、卡尔曼滤波估计模型算法、线性模型算法和阻抗光谱算法等。目前，常使用安时法与其他算法的混合算法，如安时 – 内阻法、安时 – 普克特（Peukert）方程法、安时 – 开路电压法等，这些混合算法精度更高，同时还考虑了对电池的温度补偿、自放电和老化等多方面因素。

（3）能量管理　电池管理系统的能量管理是指对电池充放电进行控制，即根据电池荷电状态（SOC）、健康状态（SOH）和温度来限定电池的充放电电流，确定相应的控制算法逻辑并对电池充放电进行控制，其中还包括对电池单体或模块进行电量均衡控制。

（4）安全管理　电池管理系统的安全管理是指对电池进行过电压和过电流控制、过放电控制、高温控制等，并能在汽车发生碰撞事故时关闭电池。电池安全管理可以与能量管理、热管理系统相结合来完成。安全管理系统最重要的是及时、准确地掌握电池各项状态信息，并在异常状态出现时及时发出报警信号或断开电路，以防止意外事故的发生。

（5）热管理　电动汽车用动力电池组在工作时都会有发热现象，而不同电池的发热程度有所差异，有的电池采用自然通风即可满足电池组的散热要求，但有的电池则必须采取强制通风冷却才能保证电池组正常工作。动力电池组各电池模块的布置位置不同，各处的散热条件、环境温度也不同，而电池工作温度的差异和变化会使电池的荷电状态、开路电压、内阻和容量等参数发生变化，进而对电池的充放电性能和使用寿命产生影响，这也是引起电池不一致问题的主要原因。为了保证每个电池都有良好的散热条件，电动汽车的动力电池组必须配有电池热管理系统，使各个电池的工作环境温度尽量保持一致。

电池管理系统中热管理的主要功能是使电池工作在适当的温度范围内，从而减小各电池模块之间的温度差异。热管理系统需要根据电池组的位置和形状，进行通风管道、风扇和温度传感器的设计，通过空气在电池组内部的流动来实现对电池的冷却。

（6）数据通信　数据通信是电池管理系统的重要组成部分，目前主要采用 CAN 总线实现数据传输。数据通信系统一般采用双 CAN 网络，包括其内部各模块之间通信的内部 CAN 网络，以及与整车通信的外部 CAN 网络。电池管理系统的每个部分都有通信接口，可将电池数据信息传输到计算机上进行分析处理。

2. 电池管理系统技术

电动汽车除了要采用性能优良的动力电池外，电池管理系统对电池组的性能优化和整车能量管理策略的执行，以及电动汽车性能的提升都具有重要意义，所以现代电动汽车上都安装了电池管理系统。电池管理系统通过传感器、微处理器控制单元（ECU）和输入/输出（I/O）接口实现对电池电压、电流和温度等工作状态的监控，估计动力电池荷电状态（SOC）和汽车的续驶里程，避免出现过放电、过充电、温度过高和单体电池不一致现象，最大限度地提高电池组的存储能力和循环寿命。电池管理系统技术方案如图 4-22 所示。

电池管理系统一般可采用集中式和分布式两种方案。集中式电池管理方案对电池组中每个电池的端电压、电流和温度进行采集，并利用微处理器对电池参数进行分析计算，以此来确定电池的荷电状态，并记录电池的历史数据以备分析。在集中式电池管理系统中，由于对电池端电压、电流的测量分时进行，而且动力电池呈分布式的布置使信号从电池到微处理器间存在一定距离，因此可能会受到车内功率器件、高压且大电流动力线产生的电磁干扰，导致数据测量精度下降，从而在估计电池的参数时难以准确反映电池的实际工作状态。同时，

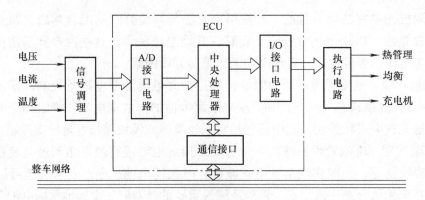

图 4-22　电池管理系统技术方案

集中式电池管理方案的可扩展性和可移植性差，不同的电池组结构和数量都会使电池管理系统发生显著变化，严重影响了其在电动汽车上的通用性。

相比较而言，分布式电池管理方案更具优势。分布式电池管理系统的单体电池检测模块和电池的综合管理单元分开，电池综合管理单元为每个单体电池检测模块分配一个物理地址，以此来识别电池的工作位置。单体电池检测模块置于电池的工作环境中，实时采集数据，并通过串行总线将数据传输到电池综合管理单元中；电池综合管理单元根据采集到的数据对电池参数进行计算，估计此时电池的荷电状态等状态信息，并通过 CAN 总线与整车CAN 网络进行数据通信。分布式电池管理系统的电池检测模块分散布置，各模块间利用总线进行通信，可保证对电池电压和电流的同步测量，且模块数量可以随电池数量的变化而变化，系统的可扩展性和通用性强。

（1）电池电压采集方法　单体电池的电压采集是动力电池组电池管理系统中的重要环节，其性能和精度直接决定了系统对电池状态信息判断的准确程度，并影响后续的控制策略能否有效实施。单体电池电压采集技术是整个电池组管理系统的核心技术之一，主要包括继电器阵列法、恒流源法、隔离运放采集法、压频转换电路采集法和线性光耦合器放大电路采集法等。

1）继电器阵列法。继电器阵列法的电池电压采集系统由端电压传感器、继电器阵列、A/D 转换器、光耦合器、多路模拟开关等组成。测量单体电池的端电压时，单片机发出的控制信号，通过多路模拟开关、光耦合器和继电器驱动电路选通相应的继电器，并将信号传输到 A/D 转换器。通常开关器件的电阻都较小，配合分压电路后由开关器件电阻所引起的误差几乎可以忽略，而且整个电路结构简单，只有分压电阻、A/D 转换器和电压基准的精度影响最终采集精度，再加上电阻和芯片的误差都很小，因此继电器阵列法适用于单体电池电压较高且对精度要求也较高的测量过程。

2）恒流源法。采用恒流源电路进行电池电压采集，在不使用转换电阻的前提下，将电池端电压转化为与之呈线性关系的电流信号，以此来提高系统的抗干扰能力。在串联电池组中，由于电池端电压间有电压差，故要求恒流源电路具有很好的共模抑制能力，在设计过程中多选用集成运算放大器来实现。

3）隔离运放采集法。隔离运算放大器是一种能够对模拟信号进行电气隔离的电子元件，广泛用作工业过程控制中的隔离器和各种电源设备的隔离介质。隔离运算放大器的输入和输出电路单独供电，并以隔离层划分，信号经输入部分调制处理后，经过隔离层再由输出部分实现解调。隔离运算放大器非常适合应用于单体电池电压采集电路中，其能将输入的电池端电压信号与电路隔离，从而避免了外部干扰，使系统采集精度和可靠性得到提高。隔离运算放大器采集电路虽然性能优越，但较高的价格限制了其广泛应用。

4）压频转换电路采集法。压频转换电路采用压频变换器将电压信号转换为频率信号，具有精度较高、线性和积分输入等特点。电压信号被直接转换为频率信号，不需要进行A/D转换即可直接进入单片机的计数器端口进行处理。为了配合压频转换电路对单体电池电压的采集，可设计相应的选通电路和运算放大电路实现多路采集的功能。这种方法所涉及的元件比较少，但是压控振荡器中含有电容，而电容的较大相对误差增加了所采集信号的相对误差。

5）线性光耦合器放大电路采集法。线性光耦合器放大电路采集单体电池的电压信号，经过运算放大器处理后被转化为电流信号，并流经线性光耦合器隔离后，输出与电流信号呈线性关系的电流，再由运算放大器转化为电压值后实现 A/D 转换。线性光耦合器的两端需要使用独立电源，因此其放大电路不仅具有很强的隔离能力和抗干扰能力，还使模拟信号在传输过程中保持了较好的线性度，因此可以与继电器阵列或选通电路配合使用，应用于多路采集系统中。但其电路相对复杂，影响精度的因素较多。

（2）电池温度采集方法

1）热敏电阻采集法。热敏电阻采集法利用热敏电阻的阻值随温度变化的特性，用一个定值电阻和热敏电阻串联组成分压器，从而把温度信号转化为电压信号，再通过 A/D 转换得到温度数据。但是，热敏电阻的线性度不好，而且制造误差较大。

2）热电偶采集法。热电偶采集法利用双金属体在不同温度产生不同的热电动势，并通过查表得到相应的温度值。由于热电动势的值仅与材料有关，所以热电偶的准确度很高。但是，由于毫伏级的热电动势信号需要进行放大，所以外部电路比较复杂。一般金属的熔点都比较高，所以热电偶采集法多用于高温测量。

3）集成温度传感器采集法。由于温度测量的广泛应用，所以很多半导体厂商都推出了集成温度传感器。虽然大多数集成温度传感器都是热敏电阻式传感器，但是通过出厂时的准确校正，其精度可以与热电偶媲美，而且直接输出的数字量很适合在数字系统中使用。

第五节 其他车载能量源

一、锌空气电池

锌空气电池也称为锌氧空气电池，具有体积小、电荷容量大、质量小、工作温度范围广、无腐蚀、工作安全可靠等优点。锌空气电池是以空气中的氧气为正极活性物质、以金属锌为负极活性物质的一种化学电池。负极活性物质封装在电池内部，而正极活性物质来自电池外部空气中的氧，理论上有无限容量，具有燃料电池的典型特征。锌空气电池总的电化学

反应方程为

$$2Zn + O_2 \rightarrow 2ZnO$$

典型方形锌空气电池的基本结构如图 4-23 所示。锌空气电池中，电池负极是将锌粉混入凝胶化的氢氧化钾电解质中，并安装在金属或者塑料托盘中；电池正极则是一个薄层的气体扩散电极，正极和隔膜黏结于托盘的边缘，包含活性层和阻挡层。电池正极活性层与电解质直接接触，采用高比表面积的碳和金属氧化物催化剂，并用聚四氟乙烯黏合在一起；阻挡层与空气相接触，由聚四氟乙烯黏结碳组成，高密度聚四氟乙烯能阻挡电解质从电池负极中渗出。方形锌空气电池可以实现中等放电率和高容量的设计，而电池的厚度决定了负极的容量。

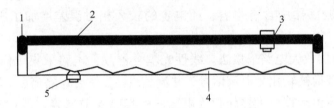

图 4-23　锌空气电池的基本结构

1—密封片　2—正极　3—正极端子　4—负极　5—负极端子

锌空气电池具有以下主要特点：

1）容量大。由于作为正极活性物质的氧来源于空气，不受电池体积大小的影响，只要空气电极正常工作，正极的容量是无限的，电池容量只取决于负极锌的容量。

2）比能量高。由于采用空气电极，其理论比能量比一般金属氧化物正极高很多，锌空气电池的理论比能量为 1350W·h/kg，实际比能量也可达到 220～340W·h/kg，高于锂离子电池，是铅酸电池的 5～8 倍，是镍氢电池的 3 倍。

3）工作电压平稳。因放电时负极催化剂本身不发生变化，锌电极的放电电压很稳定，放电时电池电压变化很小，电池性能稳定。

4）内阻较小，大电流放电和脉冲放电性能好。

5）安全性好。锌空气电池与燃料电池相比，由于用金属锌替代了燃料电池中的氢，因此没有燃烧和爆炸的危险，比燃料电池更加安全可靠。

6）价格低廉。由于锌空气电池的正极活性物质是空气中的氧，而负极锌的资源非常丰富，因此电池成本低廉。

7）不含有毒物质，对环境无污染。锌空气电池原料的收集和制造过程对环境无污染，负极放电的产物氧化锌可以通过电解的方式再生得到金属锌，整个过程形成了一个绿色的封闭循环，既节约资源又利于环保。

目前，锌空气电池之所以没有得到广泛应用，主要是因为电池的密封问题没有得到解决。锌空气电池在放电时需要外界空气中的氧气进入电池，所以电池不能完全密封，需留有空隙。如果空气电极透气膜密封不好，电池就很容易发生爬碱漏液的情况，电解液会因蒸发而干涸，或因吸潮而变稀，外界的 CO_2 也会进入电池内部而使电解液碳酸盐化，将严重影响锌空气电池的性能和质量。

二、太阳能电池

太阳能电池利用太阳光和材料相互作用直接产生电能，是对环境无污染的可再生清洁能源。太阳能储量极其丰富，太阳每年向地面输送的能量高达 3×10^{21} J，相当于世界年耗能的1.5 万倍。太阳能电池利用人类可持续使用的太阳能资源，是解决世界范围内能源危机和环境问题的重要途径。

太阳能电池的发电原理，是基于半导体的光生伏特效应，将太阳辐射能直接转换为电能。太阳能电池的发电原理如图 4-24 所示。在晶体中，电子的数目总是与电荷数相一致，所以 P 型硅和 N 型硅是电中性的。如果将 P 型硅或 N 型硅放在阳光下照射，则光的能量通过电子从化学键中被释放，由此产生电子 – 空穴对，但在很短的时间内电子又被捕获，即电子和空穴复合。P 型材料和 N 型材料相接时，将在晶体中 P 型和 N 型材料之间形成界面，即 PN 结。此时，在界面层 N 型材料中的自由电子和 P 型材料中的空穴相对应。由于正、负电荷之间的吸引力，在界面层附近，N 型材料中的电子扩散到 P 型材料中，而空穴扩散到 N 型材料中与自由电子复合。这样，在界面层周围形成了一个无电荷区域。通过界面层周围的电荷交换形成两个带电区，即通过电子的迁移，在 N 型材料区形成一个正电荷区，在 P 型材料区形成一个负电荷区。在 PN 结的内静电场作用下，N 区的空穴向 P 区运动，而 P 区的电子向 N 区运动，最后在太阳能电池受光面有大量负电荷电子积累，而在电池背光面有大量正电荷空穴积累。如果在电池上下表面引出金属电极，并用导线连接负载，在负载上就会有电流通过。只要太阳光不断照射，负载上就会一直有电流通过。

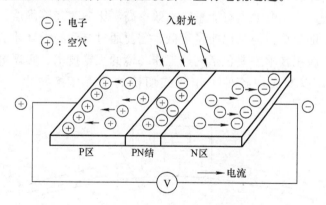

图 4-24　太阳能电池的发电原理

单晶硅太阳能电池的转换效率最高，可达到 15% ~ 17%，技术也最为成熟。但由于单晶硅价格高，大幅度降低成本很困难。为了节省硅材料，目前研发出了多晶硅薄膜电池和非晶硅薄膜电池。多晶硅薄膜太阳能电池与单晶硅太阳能电池相比，转换效率较低，为 12% ~ 14%，但其成本低廉，成为目前太阳能电池市场的主流。非晶硅薄膜太阳能电池的转换效率更低，仅为 6% ~ 10%，但其成本低廉，重量轻，便于大规模生产，具有极大的发展潜力。但由于非晶硅材料的光衰退效应，导致电池的稳定性不高，直接影响了其广泛应用。如果能进一步解决稳定性问题，提高转换效率，则非晶硅薄膜电池无疑是太阳能电池的未来发展方向。

硫化镉、碲化镉多晶薄膜太阳能电池的效率较非晶硅薄膜太阳能电池的高，成本较单晶硅太阳能电池的低，而且易于大规模生产。但由于镉有剧毒，会对环境造成污染，因此并不能作为晶体硅太阳能电池最理想的替代产品。砷化镓化合物材料具有十分理想的光学带隙、较高的吸收效率，转换效率达到28%，抗辐照能力强，对热不敏感，适合制造高效单体电池。但砷化镓材料的价格昂贵，这在很大程度上限制了砷化镓太阳能电池的普及。铜铟硒薄膜太阳能电池适合进行光电转换，不存在光衰退问题，转换效率和多晶硅一样，具有价格低廉、性能良好和工艺简单等优点，将成为今后太阳能电池的重要发展方向。但由于铟和硒都是稀有元素，资源较少，因此此类电池的发展又必然会受到限制。

太阳能单体电池的电压约为0.5V，而电流的大小与太阳光照射的强度和太阳能电池的面积成正比。将多个太阳能电池排列组合形成太阳能电池板，可产生实际应用所需的高电压和大电流。但太阳能电池的转换效率较低，需要通过新材料和新技术的使用进一步提高太阳能电池的性能。太阳能电池在电动汽车上应用时，还需要为太阳能电池配置电池组、电机、控制器和自动阳光跟踪系统等。太阳能电动汽车若在车顶安装单晶硅太阳能电池板，则转换效率可达到15%，电压为166～175V，电流为2.3～2.5A、功率为360～380W。若每天按照8h的日照时间，太阳能电池板可为电动汽车提供2.5～3kW·h的电能，电动汽车可行驶40～60km，最高车速可达到60～80km/h。

三、飞轮电池

飞轮电池是将高速旋转的飞轮作为存储机械能量的介质，利用电机和能量控制系统实现能量转换的储能装置。飞轮电池具有能量转换效率高、比功率高等优点，适合作为混合动力电动汽车的辅助车载能量源，但其比能量较低，需要通过合理的设计才能满足电动汽车的使用要求。飞轮电池的应用技术主要包括高速工作环境的飞轮技术、实现电能和机械能相互转化的高效电机技术，以及实现各种工作模式切换的功率变换技术。飞轮电池的结构如图4-25所示。

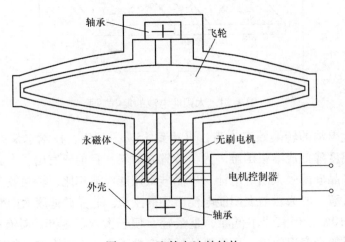

图4-25　飞轮电池的结构

飞轮电池装置主要由转子系统、电机、输入/输出电路和真空室组成。飞轮转子对强度的要求较高，一般可选用超强玻璃纤维或碳纤维增强环氧树脂基复合材料，也可采用铝合金或者优质钢材制作飞轮，形状有单层圆柱、多层圆柱、纺锤状、伞状、实心圆盘、轮辐状等形式。飞轮的支承主要有超导磁悬浮、电磁悬浮、永磁悬浮和机械支承几种。电机从系统结构及降低功耗的角度出发，一般采用永磁同步互逆式双向电机，电机的功耗还取决于电枢电阻、涡流电流和磁滞损耗等。输入/输出电路是飞轮电池系统的控制元件，用于实现电能与机械能的相互转换。真空室主要为飞轮提供真空环境，降低风阻，屏蔽事故，真空度一般可达 10.5Pa 量级。

飞轮电池通过电机实现机械能和电能之间的能量转换，具体工作过程可分为三个阶段：飞轮充电阶段，外部电源通过输入电路给电机供电，此时电机作为电动机使用，将机械能转换为电能，飞轮转速升高，存储能量；能量保持阶段，飞轮无负载空转，以最小能耗运行；飞轮放电阶段，飞轮给电机施加转矩，此时电机作为发电机使用，通过输出电路向负载供电，将电能转换为机械能，飞轮转速降低，释放能量。利用电机的四象限工作原理，电机既作为发电机又作为电动机，不仅提高了电池的效率，还减小了飞轮的尺寸，提高了飞轮电池的能量密度。

飞轮存储的能量 E 为

$$E = \frac{1}{2}J\omega^2 \tag{4-9}$$

式中，J 为飞轮的转动惯量；ω 为飞轮的角速度。

可见，飞轮存储的能量分别与其转速的二次方和转动惯量成正比，也就是说，大直径、小轴向尺寸的低速飞轮和小直径、大轴向尺寸的高速飞轮可以存储相同的能量。飞轮转速越高、质量越大，存储的能量越多，但受飞轮结构和转子材料强度的限制，飞轮转速不能无限提高。

飞轮电池具有储能效率和能量转换效率高的独特优势，在比功率方面与化学电池相比有很大潜力，且飞轮电池的寿命与放电电流大小无关，受外界温度影响小。但飞轮电池装置的比能量低，由于转子的高速旋转，在结构破坏时能量的释放难以控制，所以存在较大的安全隐患。目前，飞轮电池应用技术不太成熟，成本较高，影响了其在市场上的竞争力。

四、超级电容器

超级电容器又名电化学电容器，是一种电荷的存储装置。超级电容器的比能量高、功率释放能力强、清洁无污染，寿命长达上百万次。电容器能够存储大量电荷，具有快速、大电流过放电的特性，可以为电动汽车的起步和加速提供大电流，能高效存储电动汽车制动回馈能量，弥补动力电池的不足，延长电池的寿命。超级电容器的结构如图 4-26 所示。

超级电容器是由两个彼此绝缘的平板所形成的金属电容板组成的，在两块电容板之间用绝缘材料隔开。其电极可采用碳纤维复合材料、碳纤维上涂导电聚合物或金属箔上包裹金属氧化物等形式。其介质有三类：固体介质、液体介质和绝缘层。双电层介质在电容器的两个电极上施加电压时，在靠近电极的电介质界面上产生与电极所携带电荷极性相反的电荷，并被束缚在介质界面上，形成电容器的两个电极。两个电极之间的距离非常小，只有几纳米。

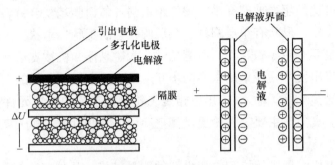

图 4-26 超级电容器的结构

而活性炭多孔化电极能获得极大的电极表面积，可达 $200m^2/g$，因而这种结构的超级电容器具有极大的电容量，并可以存储很大的静电能量。就储能而言，超级电容器的这一特性介于传统电容器与电池之间。当两个电极板间的电动势低于电解液的氧化还原电极电位时，电解液界面上的电荷不会脱离电解液，超级电容器处于正常工作状态；如果两端电压超过电解液的氧化还原电极电位，那么电解液将分离而处于非正常状态。随着超级电容器的放电，正、负极板上的电荷被外电路释放，电解液界面上的电荷相应减少。因此，超级电容器的充放电过程始终是物理过程，没有化学反应，因此与化学电池相比性能十分稳定。

超级电容器极板上所存储的电量 q 与电压成正比，超级电容器的电容量 C 为

$$C = \varepsilon \frac{A}{d} \tag{4-10}$$

式中，ε 为电介质的介电常数；A 为电极表面积；d 为电容器间隙距离。

电容器的电容量取决于电容板的面积，且与面积的大小成正比，而与电容板的厚度无关。超级电容器的容量还与电容板的间隙成反比。当对超级电容器进行充电时，电容上的电压增高，电容获得能量，电场能增大；当对电容器进行放电时，电容上的电压降低，电容释放能量，电场能量减小。超级电容器中存储的电量 E 为

$$E = C \frac{U^2}{2} \tag{4-11}$$

式中，U 为超级电容器的电压。

超级电容器的充放电性能好，电容量超过 3000F，充放电效率超过 90%，工作温度范围为 $-40 \sim 70℃$，比功率大于 1kW/kg，工作电压达几百伏，放电电流高达几千安培，循环寿命高达 10 万次以上，作为电动汽车的辅助车载储能装置有较好的应用前景。超级电容器与其他车载储能装置相比，具有如下特点：

1）超级电容器以静电方式存储能量，在充放电过程中没有任何化学反应，不需要高速旋转的飞轮，不存在对环境的污染，无任何噪声，结构简单，质量小，体积小，是一种非常理想的储能器。

2）在电动汽车停车时，由外接电源向超级电容器充电存储电能；在电动汽车行驶时，超级电容器释放能量向驱动电机提供电能。但超级电容器的比能量很低、自放电率较高，难以单独用作电动汽车的能量源，常与动力电池组配合使用。

3）电动汽车在起步和加速工况下，短时间内需要大电流放电，采用超级电容器可以极

大减轻动力电池组的负荷，延长动力电池组的循环寿命；同时，超级电容器可接受大电流充电，电动汽车制动回馈能量存储效率高。超级电容器能够实现快速充电，在极短的时间内即可完成充电。

4）超级电容器要进一步提高容量，还必须改进电容板的材料。对超级电容器放电的控制，需要进一步突破智能化控制技术。将超级电容器与强力微波等无线充电技术结合起来，将会促进电动汽车车载电源的跨越式发展。

第六节　典型电动汽车动力电池系统

一、镍氢动力电池系统

丰田普锐斯电动汽车采用油电混合动力系统，电池组采用的是高输出能量的镍氢电池，具有能量密度高、质量小、寿命长等特点，无须利用外界电源进行充电，使用期限内也无须对电池进行更换。全新的电极材料与单体电池之间的连接结构，减小了电池的内阻。该车的动力电池可利用车辆减速时的再生制动能量，以及发动机行驶时产生的剩余能量进行充电，使电池荷电状态保持稳定，不会出现放电过多或过充电的现象，延长了电池的循环寿命。丰田普锐斯的动力驱动系统如图 4-27 所示。

图 4-27　丰田普锐斯的动力驱动系统
1—发动机　2—控制器　3—电机　4—动力电池

镍氢电池、电池 ECU 以及系统主继电器封装在一个箱体内，并安装在后排座椅之后的行李舱中。镍氢电池组由多个镍氢电池模块组成，每个电池模块由 6 个 1.2V 的单体电池串联而成，单体电池内部的电极板由多孔的金属镍氢合金构成。旧款的普锐斯电动汽车将 38 个电池模块串联在两个电池箱体中，因此，镍氢电池组总计由 228 个单体电池组成，额定电压为 273.6V。新款的普锐斯电动汽车将电池组的电池模块减少到 28 个，额定电压降为 201.6V。

动力电池管理系统能够检测电池的充放电电流，并根据要求对电池进行充放电，使得电池电量能够保持在一定水平；检测充放电时电池产生的热量，以调整冷却风扇，使电池保持在一定温度范围内；监控电池的温度和电压，如果出现故障，即限制或停止电池充放电，从而起到对电池的保护作用。动力电池系统的主继电器根据镍氢电池管理系统发出的指令，来控制高压电路的连接或断开，通过 2 个正极继电器和 1 个负极继电器来确保电池的正常工作。

动力电池管理系统通过镍氢电池内部的 3 个温度传感器和 1 个进气管温度传感器来检测电池的温度。基于电池的温度数据，电池管理系统调整冷却风扇的工作周期，以保证电池的温度维持在规定的范围内。当汽车空调处于制冷状态或电池温度处于开始冷却的状态时，电池的冷却风扇关闭。

二、磷酸铁锂动力电池系统

锂离子动力电池凭借其独特的优势，在电动汽车动力电池组中得到了广泛应用，已经成为当前电动汽车动力电池的首选。某纯电动客车的磷酸铁锂动力电池组如图4-28所示。

图4-28　某纯电动客车的磷酸铁锂动力电池组

该纯电动客车采用了国内生产的两种类型的动力电池组，包括锰酸锂电池和磷酸铁锂电池。动力电池组性能参数对比见表4-1。

表4-1　动力电池组性能参数对比

电　池　组		锰酸锂电池	磷酸铁锂电池
总电压/V		388	396
总容量/A·h		360	360
放电率		$0.2C \sim 0.3C$	$0.2C \sim 0.4C$
放电深度（%）		$60 \sim 70$	85
工作温度/℃		$-15 \sim 50$	$-20 \sim 50$
单体额定电压/V		3.6	3.2
单体额定容量/A·h		90	120
充电	恒流充电电流/A/电压/V	120/423	120/446
	恒压充电单体电压/V	4.2	3.6
	最大充电电流/A	375	375
	环境温度/℃	$0 \sim 45$	$10 \sim 15$
放电	放电电流/A	250	250
	最大电流/A	450	450
	工作电压/V	357	347
	工作温度/℃	$-15 \sim 55$	$-20 \sim 55$
	单体电压差/mV	150	100

动力电池技术随着电动汽车的广泛应用而得到飞速发展，从简单的单体电池串并联开始，实现了高压、大容量电池组，继而发展到模块化封装、集成化应用阶段。为了满足纯电

动客车的应用要求，在动力电池封装技术的基础上，又实现了快速更换电池技术，同时兼顾了电池的模块化封装，功能更加完善。纯电动客车采用的电池箱，具有电池模块化封装、管理系统和安全防护系统集成、可快速更换等优点，同时具备防水、防火、防尘等功能。动力电池箱由内、外箱体两部分组成，外箱体固定在车架上，内箱体由外箱体内部的滚轮支承，并通过电磁锁锁止固定在外箱体上。自动快速插接结构可有效实现插头和插孔之间的快速插接、分离和防振功能，锁止和解锁机构可实现整体电池组的安全锁止和快速拆卸，滑道和导向滚轮可实现电池组与车体的快速分离。为保证电池充放电使用安全，实现对电池使用的有效管理，电池箱可采用双层式结构，在中间层布置电池管理系统、快速熔断器、手动检测机构、通风风扇、快换系统吸盘等部件。在车辆发生碰撞时，电池箱也可起到对电池的保护作用。

第七节　电动汽车充电系统

电动汽车通过充电设备从供电电源获取电能，并以一定方式传递给动力电池，从而实现供电电源与动力电池之间的能量传递。根据不同的分类方式，可以将充电设备分为多种类型。根据安装位置不同，可以将充电设备分为车载充电机和地面充电机；根据连接方式不同，可以将充电设备分为传导式充电机和感应式充电机。

电动汽车通过充电设备为动力电池补充电能。为了提高电动汽车的使用效率和方便性，除采用动力电池车载充电的方式外，还可以采用快速更换电池的方案为电动汽车补充电能。电动汽车的充电可以通过车载充电机完成，也可以通过地面充电机进行，充电机的功能就是有效地完成对电动汽车动力电池的电能补给。

一、常规充电

常规充电又称车载充电。车载充电机是可以直接安装在电动汽车上，采用地面交流电网电源对动力电池进行充电的装置。使用车载充电机时，只需将其插头插接到民用交流电源插座上或专用充电桩上即可进行充电，因此也称其为交流充电机。与地面充电机相比，车载充电机省去了地面电池调度系统和充电站监控系统，并可利用地面已有的供电系统提供充电机电源，非常适合用户在家附近为电动汽车充电，用户只需安装一个专用的充电电源插座即可（图4-29），而且夜间充电电费较低，但充电机容量受到限制。

图4-29　电动汽车常规充电

车载充电机还能够对电池进行容量测试，对电网进行谐波抑制、无功率补偿和负载平衡等。当前实际使用的车载充电机基本以交流电为输入电源，所以充电机的功率转换单元实质上是一个 AC/DC 变换器。

常规充电一般采用小电流的恒压或恒流充电，电流一般在 15A 左右，可以是直流电或者两相、三相交流电。视电池组容量大小，充电时间为 5~8h，甚至 10~12h。

常规充电模式的缺点非常明显，即充电时间较长，但其对充电的要求并不高，充电器及其安装成本较低；可充分利用电力低谷时段进行充电，以降低充电成本；比较重要的优点是可对电池进行深度充电，提升电池充放电效率，延长电池寿命。因充电时间较长，可大大满足白天运作、晚上休息的车辆的充电要求。

常规充电模式的主要缺点是充电时间过长，难以满足车辆紧急运行的需求。

二、快速充电

快速充电又称地面充电。地面充电机是指安装于固定地点、具备电源输出接口、可通过直流输出端直接对动力电池进行充电的装置，一般也称为直流充电机。地面充电机可以提供高达上百瓦的供电能力，可以实现电动汽车的快速充电。

地面充电机以三相交流电为输入电源，采用高频隔离型桥式 DC/DC 变换器，根据预先设定的充电过程参数对电动汽车动力电池组进行充电。地面充电机的示例如图 4-30 所示。

图 4-30　地面充电机的示例

地面充电机主要由输入整流装置，DC/DC 变换器，驱动脉冲生成、调节及保护系统，单片机控制系统和人机接口等组成。

1）输入整流装置对三相交流电进行整流，经过滤波后形成稳定的直流母线电压，并提供给 DC/DC 变换器。

2）DC/DC 变换器在控制系统的控制下，采用脉宽调制（PWM）技术，提供恒定电流输出或恒定电压输出，满足电池组的充电要求。

3）驱动脉冲生成、调节及保护系统为充电机的底层控制系统，直接控制 DC/DC 变换器完成功率变换，并提供完善的保护功能。

4）单片机控制系统是充电机的顶层控制系统，接收人工输入或其他设备的控制指令，控制驱动脉冲生成系统的起动与停止信号，从而控制充电机的起停，并可将充电机运行数据显示或传输到上层监控计算机。

快速充电模式实质上为应急充电模式，其目的是在短时间内给电动汽车充电。快速充电的充电电流较大，一般可以达到150~400A，可为电动汽车提供短时充电服务，充电时间一般在2h以内。快速充电具有充电时间短的优点，电池无记忆性，可以大容量充电，在10~15min内就能使电池电量达到80%以上，可以达到传统燃油车加油的时间水平，因此，快速充电场地无须配备大面积停车场。但相对于常规充电，快速充电也存在一些缺点：充电机的充电效率低，安装成本较高；由于采用快速充电，充电电流大，对充电安全性提出了更高的要求，并需要设计相应的计量收费设备；快速充电一般适合在专门的充电桩或充电站进行。

三、传导式与感应式充电

传导式充电方式，是将充电机直接连接到电动汽车上，两者存在实际的物理连接。这种充电方式结构简单、能量传递效率高且造价低，是目前电动汽车主要的充电方式。

感应式充电是指利用电磁感应耦合方式向电动汽车传输电能，即无线充电。感应式充电没有实际的物理连接，充电机分为地面部分和车载部分，利用高频变压器将公用电网与电动汽车隔离。高压变频器的一侧绕组安装在地面充电机上，将50Hz的市电变换为高频电，通过安装在车载充电机的一侧绕组将电能传动到电动汽车上，在整流电路的作用下，将高频电流变换为直流电充入动力电池中。感应式充电使充电机与电动汽车之间无任何传导式充电所需的插头和插座，使得充电更加安全可靠。但是由于变压器的损耗，感应式充电的效率要低于传导式充电。将感应式充电机的变压器一次绕组埋设在一段路面之下，而二次绕组装在电动汽车车体上，当电动汽车从这段路面驶过时，就可以在电磁感应的作用下为电动汽车充电，这种方式称为移动式感应充电。

无线充电模式即无须通过电缆来传递能量，而是采用电磁感应、电场耦合、磁共振和无线电波等方式进行能量的传递。采用无线充电模式，首先需要在车上安装车载感应充电机。车辆的受电部分与供电部分没有机械连接，但需要受电体与供电体对接较为准确。某电动汽车感应充电设备如图4-31所示。

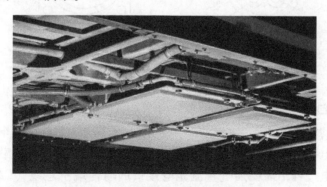

图4-31　某电动汽车感应充电设备

受到技术成熟度和基础设备的限制，无线充电技术暂时还无法大规模推广应用。业内主流的无线充电技术主要采用电磁感应和磁共振方式传递电能。磁共振方式的充电效率更高，而且电磁辐射强度更低，比手机通话时的电磁辐射强度要小。更重要的是，送电线圈与受电线圈无须完全对齐，这一点是电磁感应方式所不及的。

无线充电模式未来的应用前景无法估量，未来可能实现边走边充电，电能可能来自于路面铺装的供电系统，或者来自于汽车上接收的电磁波能量。

四、充电接口

目前，国外电动汽车充电接口标准主要分为三大体系：国际电工委员会（IEC）、美国汽车工程师学会（SAE）以及日本电动汽车协会（JEVS）。电动汽车充电接口对于国内充电站的建设和电动汽车的发展具有重要影响，统一充电接口是保证电动汽车安全性和通用性的基础，对电动汽车的大规模应用有重要的意义。我国于 2006 年发布了《电动汽车传导充电用插头、插座、车辆耦合器和车辆插孔通用要求》（GB/T 20234—2006），规定充电电流为 AC 16A、AC 32A、AC 250A 和 DC 400A 的连接分类方式。2016 年开始实施的《电动汽车传导充电用连接装置　第 1 部分：通用要求》（GB/T 20234.1—2015）中，规定交流额定电压不超过 690V，额定电流不超过 250A；直流额定电压不超过 1000V，额定电流不超过 400A。

1. 交流充电接口

考虑民用充电设施的安全性、能源供给端的合理规划及乘用车辆的实际能源补给需求等问题，采用额定电流不超过 32A 的单向交流供电方式。在端子件物理尺寸上，选择外圆柱面为 ϕ6mm 的端子芯件，一方面是因为较大的功率端子符合长周期寿命要求，另一方面是因为增大端子芯件直径可以有效降低连接器在插合后的温升，从而显著提高使用的安全性。

交流充电接口是为具有车载充电机的乘用电动汽车提供能源补给的接口，一般包含 7 个端子，充电接口插头和插座的布置如图 4-32 所示。

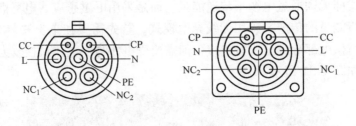

图 4-32　交流充电接口

2. 直流充电接口

为了实现对电动汽车的快速电能补给，可利用非车载充电机将交流电转换成直流电，通过直流充电接口对电动汽车进行充电。一般情况下，直流充电接口的承载电流远高于交流充电接口，同时在充电过程中需要通过直流充电接口的通信端子总线（CAN）连接车载电池管理系统（BMS）与非车载充电机的控制器，完成对充电过程的控制及其他相关信息的交互。此外，由于电动汽车充电过程中需要外部提供低压直流电源，以供其内部电气控制及环境控制设备使用，因此采用直流充电的车辆需要充电设施提供辅助电源。

直流充电接口包含 9 个端子，充电接口插头和插座的布置方式如图 4-33 所示。

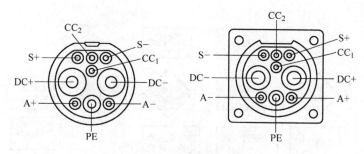

图 4-33　直流充电接口

五、快速更换电池

快速更换电池又称换电或机械充电，通常是指通过直接更换电池组来达到充电的目的。电动汽车可以通过在充电站更换电池来实现电能的快速补给，由于电池组质量较大，电池更换作业对专业性操作的要求高，需要专业人员配备专门设备完成电池的更换、充电和维护，如图 4-34 所示。

图 4-34　电动汽车更换电池

快速更换电池多在充电站完成。待换电的电动汽车驶入电池更换区，先进行故障诊断并出具故障诊断报告，然后对整个动力电池组进行更换，最后驶离电池更换区。更换下来的动力电池组按照有无故障就地分离，故障电池送入维护车间，无故障电池送入充电区。动力电池在充电区充满电后就地编组，并对缺少电池的动力电池组进行补齐。故障电池在到达维护车间后，还需要进行筛选、维护、充电和装箱等操作。整个换电过程可以划分为四个部分：电池更换、电池充电、电池维护和电池编组，如图 4-35 所示。

1. 电池更换

待换电的车辆向调度室提出电池更换请求，调度室安排停车位置，通知电池更换库准备更换的电池，并运送到电池更换区，准备卸载设备。

车辆根据调度指令停在指定电池更换区的准确位置，准备更换电池。

更换电池前，车载监控装置对故障记录进行查阅，确定车辆电池在使用过程中是否有故障。若存在故障记录，则记录故障信息，然后清除故障记录。

断开整车的高低压供电后对电池进行卸载，将故障电池与无故障电池进行分类，然后将

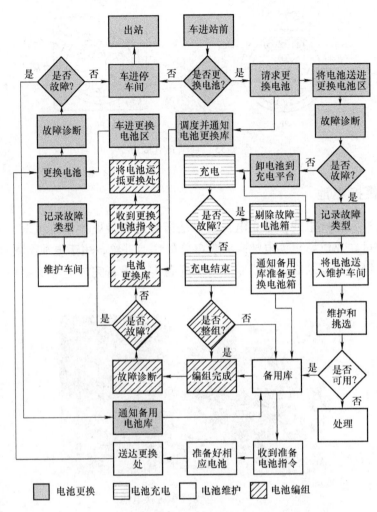

图 4-35　电池更换流程

已经准备好的电池装车。

接通整车的高低压供电，再进行一次故障诊断，确保电池更换后整车运行正常，最后将车辆驶离电池更换区。

将故障电池及其故障信息送入电池维护车间，无故障电池直接送充电区进行充电。

2. 电池充电

充电系统是整个充电站的核心，其必须能满足多种形式的充电需求，提供方便、安全和快捷的充电服务。

电池充电系统的结构可设计为单箱充电或整组充电。单箱充电需要充电机对每箱电池分别进行充电，并与单箱电池管理单元通信，完成充电控制。采用这种方式有利于提高电池组的一致性，延长电池组的使用寿命，但充电机数量多，电池组与充电机的连接和通信网络复杂，成本较高。整组充电是将单箱电池串联，通过一台充电机对整组电池进行充电，所有电池管理单元通过电池管理主机与充电机进行通信，完成充电控制。采用这种方式需要的充电机数量少，电池连接和通信网络简单，成本较低，但是电池组的一致性较差、使用寿命较低。

3. 电池维护

电池维护的主要功能是对电池组中的故障电池进行维护和挑选，并对不能再使用的电池进行妥善处理，对可用的电池进行必要的维护并充满电后，以单体电池的形式送入备用电池库进行编组。

4. 电池编组

电池编组在充电平台和备用电池库中完成。在充电平台中，电池充电结束后就地编组，不足的电池箱从备用电池库中补齐，利用充电平台诊断电池及其管理系统，确保送往电池更换库的电池及其管理系统无故障，最后送入电池更换库。当备用电池库的电池数量达到整车所需电池数量时，对电池箱进行编组，诊断无故障后送入电池更换库。电池编组完成后，以整车为单位准备电池，编组完毕的电池组可直接更换到电动汽车上。

电动汽车用户可以租用充满电的动力电池组，这样有利于提高车辆使用效率，以及用户使用的便捷性。对更换下来的动力电池组可利用低谷时段进行充电，以降低充电成本，提高电动汽车运行的经济性，有利于解决充电时间、续驶里程、电池质量和价格等方面的问题。更换电池可以及时发现电池组中单体电池出现的问题，提高电池的一致性，延长电池的使用寿命。

但是，电池与电动汽车的标准化问题仍需解决，电动汽车的设计，充电站的建设、运营和管理，以及电池的流通管理等仍制约着快速换电方式的发展。

换电方式集成了常规充电模式和快速充电模式的优点。换电充电模式最大的限制是各厂商需要统一电池规格、大小等标准，并且无法保证每个电池组的性能一致，从而制约了其发展。

思考题与习题

4-1 简述铅酸电池的工作原理。

4-2 简述铅酸电池的充放电特性。

4-3 简述锂离子电池的工作原理。

4-4 简述锂离子电池的充放电特性。

4-5 简述目前电动汽车上常用锂离子电池的种类。

4-6 电动汽车的充电方式有哪些？

第五章 仪表及指示系统

第一节 概 述

汽车仪表用于显示车辆运行及动力系统运转的状况，以便驾驶人随时了解各系统的工作情况，保证汽车安全而可靠地行驶，如车速表及动力电池电量指示表。汽车指示系统则是当汽车的某一系统处于不良或者特殊状态时，通过亮显提醒驾驶人注意或采取适当措施，保证行车安全的装置。汽车仪表板上安装有许多指示灯，由于多数指示灯在正常情况下不工作，无须经常确认，对目视性要求低，所以被现代汽车广泛采用。

随着汽车技术的发展，仪表及指示系统的外观布置由简单变得精致，功能由单一变得复杂。仪表及指示系统应满足工作可靠、显示数据清晰准确以及具有良好的抗振性和耐冲击等要求。

汽车仪表按其安装方式不同，可分为独立式和组合式两种。独立式仪表是将各种仪表单独安装在仪表板上；组合式仪表则是将各种仪表和指示装置封装在一个壳体内，具有结构紧凑、美观和便于观察等特点，在现代汽车上应用广泛。

仪表及指示系统的显示有机械式、电气式和数字式三种基本形式。机械式和电气式在早期汽车中使用较多，如机械式里程表和电容充放电式发动机转速表。现代汽车较多使用数字式显示方式。

一、仪表系统

电动汽车的车载仪表板是为驾驶人提供所需汽车运行参数、故障和里程等信息的关键显示装置。这些参数传递的准确性与可靠性，将直接关系到车辆行驶安全。电动汽车仪表系统主要包括如下装置：

（1）荷电状态表 用于显示动力电池的剩余工作容量，用符号"SOC"表示，显示蓄电池剩余电量与总容量的百分比。SOC与动力电池的放电率、工作环境温度和老化程度有关。当SOC降低至影响车辆的行驶时，车辆仪表应通过一个明显的信号（如声或光信号）提示驾驶人。

（2）可行驶里程表 用于显示可行驶里程。

（3）电压表 用于显示动力电池的电压。在仪表的标度盘上应标示出恰当的工作电压范围。

（4）电流表 用于显示流过动力电池的电流。在仪表的标度盘上应规定准确的零位，对于具有再生制动功能的车辆，在标度盘零位的两个方向上都应标示出正常工作电流范围。

（5）驱动系统瞬时功率表　用于指示或显示车辆驱动系统输出的瞬时功率。应同时指示或显示车辆驱动系统的可用剩余功率。

（6）制动能量回收系统瞬时功率表　用于指示或显示车载储能系统回收的瞬时电功率，在具有制动能量回收系统的电动汽车上使用。

（7）转速表　用于显示电机的即时转速。

（8）车速表　与传统汽车一致，用于显示汽车的车速。

（9）里程表　记录并显示汽车行驶过的距离。

图 5-1 所示为典型的电动汽车仪表。

图 5-1　电动汽车仪表

二、指示系统

指示系统主要用于指示汽车某些故障的报警信息。对于电动汽车来说，报警及信号指示装置用于告知驾驶人有关电驱动系统和动力电池正确操作条件的信息，习惯上称作报警指示灯。指示灯的各种灯光必须醒目，以便容易引起驾驶人的注意。指示灯的灯光为红色时，表示危险的故障和重要的提醒；指示灯的灯光为黄色时，表示警告；指示灯的灯光为其他颜色，如绿色、蓝色或白色时，则表示正常指示或者确认使用指示。电动汽车上常用的指示灯见表 5-1。

表 5-1　电动汽车常用指示灯

序号	图　形	名　　称
1		车门及行李舱指示灯
2		车门及行李舱状态指示灯
3		驾驶人座椅安全带指示灯
4		前排乘员座椅安全带指示灯
5		安全气囊故障指示灯
6		前排安全气囊开关状态指示灯

（续）

序号	图　形	名　称
7		DC 系统警告灯
8		小灯指示灯
9		前雾灯指示灯
10		远光指示灯
11		转向信号指示灯
12		后雾灯指示灯
13		电机冷却液温度过高指示灯
14		动力系统故障指示灯
15		制动系统故障警告灯
16	P/S	EHPS 故障警告灯
17	ABS	制动防抱死系统故障警告灯
18		动力电池充电连接指示灯
19		动力电池电量低警告灯
20	OK	运行准备就绪指示灯
21		动力电池故障警告灯
22		动力电池过热警告灯
23		电机过热警告灯
24		胎压系统警告灯
25		智能钥匙系统警告灯
26		防盗指示灯
27	SPORT	运动模式指示灯
28		定速巡航主显示指示灯
29		倒车雷达开关状态指示灯
30		主警告指示灯
31		ESC 故障警告灯

与电动汽车紧密相关的指示灯信号简要说明如下：

（1）运行准备就绪指示灯（OK 指示灯）　指示灯亮，表示整车控制器已经准备就绪，踩下加速踏板即可向驱动系统供电。

（2）动力电池充电连接指示灯　当充电器向动力电池充电时，指示灯点亮，表示当前处于充电状态，不可行车。

（3）动力系统故障警告灯　指示电机系统故障。如果电机系统有故障，其控制器会向整车控制器发送故障码，此时指示灯点亮。此故障灯往往与其他故障灯一同亮起。如果这个故障灯单独亮起，则表示系统总线通信出现故障，须及时维修。

（4）动力电池电量低警告灯　当动力电池剩余电量低于某个值（如30%）时，该指示灯亮起，表示动力电池电量不足。

（5）动力电池故障警告灯　此故障的故障点在电池包，一般是由电池包内部单体故障、电池包被撞、电池包内部线路接触不良引起的。此灯亮起时，大部分情况下整车高压断开，车辆无法行驶；少数情况下车辆可以缓慢行驶，但不能加速。

（6）动力电池过热指示灯　表示动力电池过热，此时最好不要继续行驶，应该靠边停车，等待动力电池冷却，待故障灯熄灭后再行驶。

第二节　组合仪表系统的构成

电动汽车组合仪表的显示内容包括仪表信息和指示信息，图5-2所示为电动汽车主要仪表电路信号输入输出示意图。指示灯和警告灯电路分为控制负极和控制正极两种，如图5-3和图5-4所示。

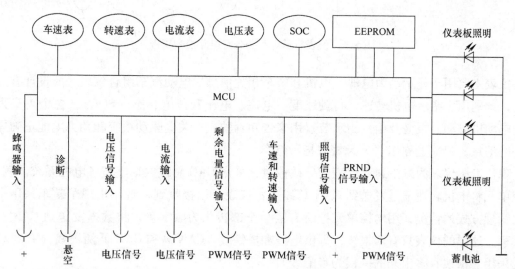

图 5-2　电动汽车主要仪表电路信号输入输出示意图

数字式仪表和指示系统通常是由传感器信号的输入/输出接口电路、主控制中央处理器电路、显示电路等构成的。

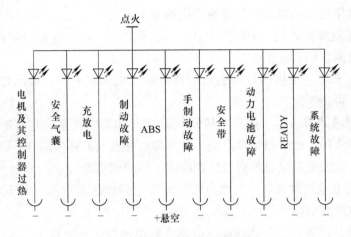

图 5-3　仪表指示灯和警告灯电路控制负极

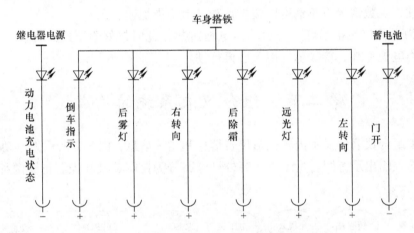

图 5-4　仪表指示灯和警告灯电路控制正极

　　仪表主要用于显示动力电池、电机和整车相关信息。电动汽车组合仪表一般设计有五个表头，分别用于指示电机转速、行驶速度、电流、电压和荷电状态（SOC），各个表头采用步进电动机驱动。报警及信号指示装置用来告知驾驶人有关电驱动系统和动力电池正确操作条件的信息，习惯上称作"××警告指示灯"。

　　现代汽车仪表为减少通入仪表的导线数量，采用 CAN 总线共享整车各电控系统。例如，电控单元将电机转速信号发送到 CAN 总线上，仪表可以接收到。近年出现了整车采用全数字化管理方式的情况，用电控单元把所有信号全部转化为数字量，将数据发送到 CAN 总线上共享。这样的仪表只有四根线，即供电线和搭铁线、CAN 高和 CAN 低两根线（有的 CAN 总线采用三根线，多出来的一根为唤醒线）。

　　组合仪表的硬件电路主要由电源电路、模拟输入信号电路、数字输入信号电路、诊断功能电路和掉电保护电路组成。

　　（1）电源电路　仪表板电源电压的波动将引起电路中电流的变化，从而造成仪表的指示误差。为了避免这种误差，仪表板内安装了稳压器，用以保持仪表工作电压的恒定。

（2）模拟输入信号电路　模拟输入信号包括电机和电机控制器温度信号、冷却液温度信号、气压传感器信号、电压表电压信号等信号。

（3）数字信号输入电路　数字信号包括车速信号、ABS故障信号、安全气囊故障信号、能量回馈信号等。开关信号有停车灯开关信号、左转向灯开关信号、右转向灯开关信号、远光灯开关信号、档位信号、安全带开关信号、车门开关信号、制动片故障信号、驻车制动开关信号、前雾灯开关信号、冷却液液位信号、气压不足信号等。

（4）诊断功能电路　提供CAN总线通信接口。

（5）掉电保护电路　用于在掉电时及时记录汽车行驶里程等数据。使用掉电保护电路，在掉电时可以维持一段时间的电压，保证单片机完成里程数据的保存，并调整指针位置使其回零。为了在掉电的时候也可以及时地保存里程数据，在电源输入端加一个电解电容，当外部电源断开时，该电容可以维持单片机电源工作足够长的时间，使单片机可以完成外部中断的服务程序。

第三节　组合仪表的显示与控制

一、组合仪表显示方式

从目前应用于各种汽车上的数字式仪表来看，组合仪表的显示方式大致可以分为两种类型：LCD（液晶显示器）与指针混合显示式和全LCD显示式。

LCD与指针混合显示式仪表的显示精度高、信息刷新速度快，使用LCD进行分时显示，可使仪表板得到简化且能显示大量信息。采用全LCD显示的好处是，只要仪表有足够的存储空间和高分辨率，LCD的图形造型自由度会很高，驾驶人可以手动选择仪表的常规显示内容。大多数系统还能在汽车有潜在危险时，让平时不显示的信息自动显示出来并发出警报，以提醒驾驶人注意。

二、仪表驱动与控制

仪表多采用8位或16位单片机，包括多路大电流输出的步进电动机的驱动控制和十字交叉线圈的驱动控制，可直接驱动LCD显示，带有在线可编程Flash ROM、SRAM存储器，具有低电压CPU复位检测功能、CAN通道、多通道8位/10位A/D转换器、多路8位/16位输入捕捉通道等。

图5-5所示的微型步进电动机是两相永磁步进电动机，由线圈、线圈铁心、引脚、定子和转子等组成。转子的步进角度为600°，电动机内部有传动比为180:1的减速齿轮机构，通过齿轮减速来降低转速，并在输出的指针轴上得到$(1/3)°$的分辨率。为了减少成本，目前使用单片机的PWM端口直接模拟实现微型步进电动机驱动。微型步进电动机已经成为主流的方案。通常使用两个PWM端口和两个I/O接口来驱动一台步进电动机。PWM方式虽然模拟了微步驱动，但是驱动的效果仍然要比专用驱动芯片的效果差一些。两线圈通电后，在两定子铁心上形成不同的磁极，推动转子转动，这种转动经多级减速机构传至指针轴，带动

指针转动。转子的减速方式也可采用丝杠齿轮减速机构带动指针转动。

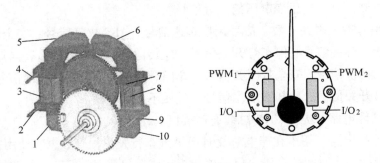

图5-5　微型步进电动机的结构

1、10—线圈铁心　2、4、7、9—销　3、8—线圈　5—定子　6—转子

精确的步进电动机驱动电路如图5-6所示。两相线圈中的每一相由两个反相器控制，微控制器只需控制四个反相器的输入端，即可实现线圈L_1、L_2中的电流正反向通过，从而在铁心内产生不同的磁极，带动转子转动，经多级减速机构输入到指针轴上。

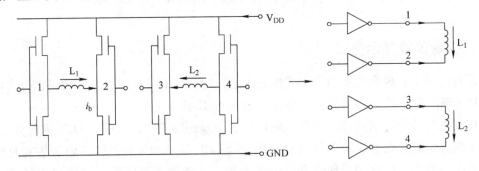

图5-6　精确的步进电动机驱动电路

三、仪表液晶显示装置

目前，数字仪表的显示装置主要有发光二极管显示装置（LED）、真空荧光显示器（VFD）及液晶显示器（LCD），汽车仪表系统广泛采用的是液晶显示器。

液晶是"液态晶体"的简称，它是一种有机化合物，在一定的温度范围内具有液体的流动性，同时又具有晶体的某些特性。液晶显示与发光二极管和真空荧光显示不同，它并不是自身发光，而是在其他光源的激发下，在阻止和允许光线通过这两种状态之间进行转换。

液晶显示器利用偏振光的特性成像，其基本结构如图5-7所示。液晶被封装在两块有透明电极膜的玻璃板之间，两玻璃板的外侧是两块偏光轴互相垂直的偏光板（偏振滤波片）。经特殊研磨处理的玻璃板表面可使液晶分子强制性地同方向配置，且前后玻璃板呈90°配置，液晶分子的方向则以90°螺旋状排列，如图5-8a所示。

当光源的光线从一侧射入时，通过偏光板的光成为直线光进入液晶层，经液晶分子90°螺旋状的偏转后到达另一侧的玻璃板，偏光板使与其偏光轴垂直的光线不能通过而变暗。当在两玻璃板之间加上一个电压时，在电场力的作用下，液晶分子的长轴方向转变为与玻璃板

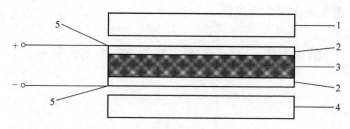

图 5-7　液晶显示器的基本结构
1、4—偏光板　2—玻璃板　3—液晶　5—玻璃板表面的透明导体（电极）

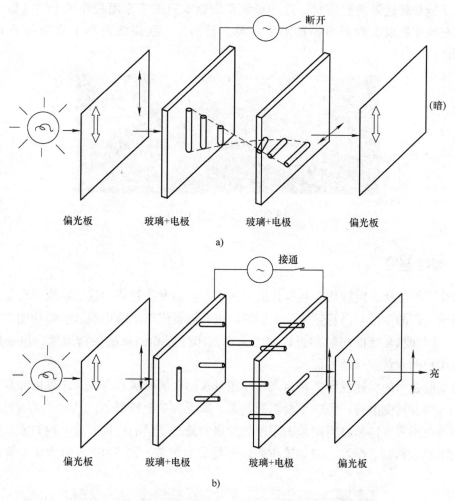

图 5-8　液晶显示器的基本原理
a）玻璃板间不加电压　b）玻璃板间加电压

表面互相垂直（图 5-8b），此时，从一侧偏光板进入的光线就不会再引起旋转，光线通过另一侧的偏光板而呈明亮状态。这样，通过控制玻璃板上透明笔画电极的通断电，就可显示数字、字母或图形。

　　液晶显示器的显示面积大，能耗低，显示清晰且不受阳光直射的影响，通过滤光镜还可显示不同的颜色，因此其应用极为广泛。

第四节　未来的仪表及指示系统

一、HUD

HUD（Heads Up Display）即抬头数字显示仪，也被称为风窗玻璃仪表显示系统或平视显示系统。它可以把重要的信息映射在风窗玻璃的全息半镜上，使驾驶人不必低头，就能看清胎压、车速和转速等重要信息。这种显示系统原本只用于军用战斗机上，飞行员不必低头，就能在风窗玻璃上看到所需的重要信息。目前，一些高级汽车上也配备了HUD，如图5-9所示。

图5-9　汽车上的HUD

二、智能座舱

电动化、智能化、网联化、共享化成为汽车行业的发展趋势，这已经成为行业共识。这些趋势将给人们的生活与出行带来极大变革，也会导致汽车座舱形态、座舱功能、交互方式发生变化。因而汽车智能座舱的设计成为未来汽车发展和创新的关键因素，也是打造差异化、吸引用户的非常重要的方面。

自动驾驶技术的快速发展，将为汽车座舱带来彻底的颠覆。首先，车联网和高度自动驾驶以及无人驾驶高度融合，将产生全新的业态，即无人车出行服务。其次，无人驾驶解放了用户，车内联网服务体验将得到最大限度的发展和最多场景的应用，在车内与家人视频、看电影、玩游戏、购物、学习、参加工作会议都将成为可能。图5-10所示为未来智能座舱概念模型。

图5-10　智能座舱概念模型

 思考题与习题

5-1 电动汽车常用仪表有哪些？各有什么作用？

5-2 电动汽车上有哪些指示装置？各有什么作用？

5-3 组合仪表硬件电路的构成有哪些？

第六章 照明及信号系统

第一节 概　述

为了保证行驶安全，现代汽车装备了多种照明与信号设备。照明及信号系统不但要符合交通法规的要求，还要满足运行安全的要求。

按照安装位置和功用，汽车照明系统包括前照灯、雾灯、牌照灯、仪表灯、顶灯、工作灯等；信号系统包括转向信号灯、危险警告信号灯、制动灯、示廓灯等，如图6-1所示。

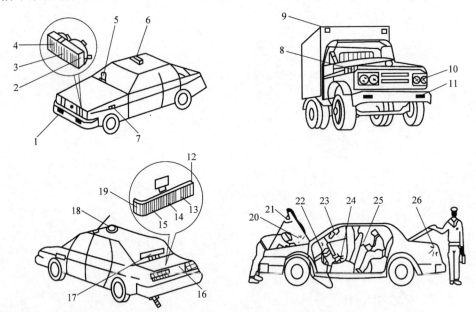

图6-1　汽车照明及信号系统

1—前转向灯　2—前示位灯　3、10—前照灯　4、11—前雾灯　5—出租车空车灯　6—出租车标志灯　7—转向示宽灯　8—转向示位组合灯　9—示廓灯　12—倒车灯　13—后雾灯　14—后示位灯　15—制动灯　16—牌照灯　17—制动灯　18—高位制动灯　19—后转向灯　20—发动机罩下灯　21—工作灯　22—仪表照明灯及危险警告信号灯　23—顶灯　24—门灯　25—阅读灯　26—行李舱灯

1. 照明灯

（1）前照灯　前照灯用于夜间行车道路的照明，是照亮汽车前方道路的主要灯具。前照灯有四灯制和两灯制，功率一般为 40 ~ 60W。照明设备能提供车前道路 100m 以上明亮均匀的照明，在会车时，不应对迎面来车的驾驶人造成眩目。随着车速的不断提高，要求道路

照明的距离也相应增加，现在有些车的照明距离已达到200m以上。

（2）雾灯　雾灯用于雨雪天气行车时的道路照明，有前雾灯和后雾灯两种。前雾灯装于汽车前部比前照灯稍低的位置。交通管理部门规定，为保证雾天高速行驶的汽车向后方车辆或行人提示本车的位置信息，运行车辆应在车辆后部加装功率较大的后雾灯，以降低交通事故的发生率。雾灯的光色为黄色、橙色或红色。

（3）仪表照明灯　仪表照明灯用于仪表照明，以便驾驶人获取行车信息和进行正确操作。仪表照明灯数量依车型而定。

（4）顶灯　顶灯用于车内照明，有些车辆的顶灯还有门灯的作用，即当车门关闭不严时灯会亮，以提醒驾驶人注意。

（5）牌照灯　牌照灯安装在汽车尾部的牌照上方，用于夜间照亮汽车牌照。其他行驶车辆驾驶人和行人在一定距离内应能看清车辆的牌号。

（6）工作灯　工作灯用于在排除汽车故障或检修时提供照明。

2. 信号灯

（1）转向信号灯　在汽车转弯时，转向信号灯发出明暗交替的闪光信号，以提示汽车向左或向右转向行驶，使前后车辆、行人等知其行驶方向。转向灯一般有四只或六只，光色为橙色。

（2）危险警告信号灯　危险警告信号灯用于在车辆遇到紧急危险情况时，同时点亮前后左右转向灯以发出警告信号，提醒其他车辆避让。

（3）制动灯　制动灯用于指示车辆正在制动或减速。制动灯安装在车尾两侧，两制动灯应与汽车的纵轴线对称并在同一高度上。制动灯光色为红光，应保证白天距离100m以外可见。

（4）示廓灯　示廓灯安装在汽车前、后、左、右侧的边缘，用于在夜间行驶时指示汽车宽度。

（5）倒车灯　倒车灯安装在汽车尾部，光色为白色。用于照亮汽车后方路面，并提醒后面车辆或行人本车正在倒车。

第二节　前　照　灯

前照灯装于汽车头部两侧，用于夜间或其他外界光线较弱时行车道路的照明。为了保证夜间行车安全，世界各国一般都以法律的形式规定了车辆前照灯的照明标准。其基本内容如下：

1）前照灯应保证夜间车前100m以内路面上有明亮而均匀的照明，使驾驶人能看清车前的路面情况。

2）前照灯应具有防眩目的装置，以确保夜间两车迎面相遇时，不使对方驾驶人因眩目而造成事故。

前照灯光色为白色。其远光发光强度要求为：二灯制不小于15000cd（坎德拉），四灯制不小于12000cd。新注册车远光发光强度为：二灯制不小于18000cd，四灯制不小于 15000cd。

　　随着车辆高速化的发展，有些国家开始试行三光束系统，包括高速远光、高速近光和近光。在高速公路上行驶时，用高速远光；在无迎面来车的道路上行驶或在高速公路上会车时，用高速近光；在有迎面来车和市区运行时，使用近光。

一、前照灯的结构

　　汽车前照灯的光学系统由灯泡、反射镜和配光镜三部分组成。

1. 灯泡

　　汽车前照灯使用的灯泡有白炽灯泡、卤钨灯泡、新型高亮度弧光灯和 LED 车灯等。

　　（1）白炽灯泡　白炽灯泡的灯丝用钨丝制成，如图 6-2 所示。制造时，为了增加灯泡的使用寿命，在灯泡内充入惰性气体，以减少钨丝的蒸发，提高灯丝的温度，增加发光效率。

　　（2）卤钨灯泡　卤钨灯泡是在灯泡内充入的惰性气体中渗入某种卤族元素（如碘、氯、氟、溴等），利用卤钨再生循环反应的原理，即从灯丝上蒸发出来的气态钨与卤素反应生成一种挥发性的卤化钨，它扩散到灯丝附近的高温区后受热分解，使钨重新回到灯丝上，被释放出来的卤素继续扩散参与下一次循环反应，如此周而复始地循环下去，从而防止了钨的蒸发和灯泡的发黑现象。卤钨灯泡的尺寸较小，灯泡壳用耐高温、机械强度较高的石英玻璃制成，在相同功率下，卤钨灯泡的亮度为白炽灯泡的 1.5 倍，寿命更长。卤钨灯泡的结构如图 6-3 所示。

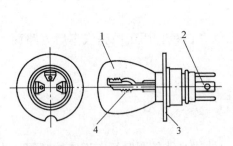

图 6-2　白炽灯泡
1—玻璃泡　2—插片　3—插头凸缘　4—灯丝

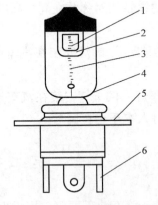

图 6-3　卤钨灯泡
1—近光灯丝　2—配光屏　3—远光灯丝
4—泡壳　5—定焦盘　6—插片

　　（3）新型高亮度弧光灯　这种灯泡里没有传统的灯丝，取而代之的是装在石英管内的两个电极。管内充有氙及微量金属或金属卤化物，当电极上有足够高的引弧电压时（5000～12000V），气体开始电离而导电。此时气体原子处于激发状态，由于电子发生能级跃迁而开始发光。0.1s 后，电极间蒸发了少量水银蒸气，电源立即转入水银蒸气弧光放电，待温度上升后再转入卤化物弧光灯工作。点燃达到灯泡正常工作温度后，维持电弧放电的功率很低（约为 35W），故可节约 40% 的电能。

（4）LED 车灯 LED 车灯是指采用发光二极管作为光源的车灯。LED 车灯具有亮度高、功耗低、寿命长的特点。LED 车灯是冷光源，消耗的功率不超过 1W，比传统光源节能 70% 以上。此外，其光谱中没有紫外线和红外线，既没有热量，也没有辐射，眩光小，而且废弃物可回收，不含汞元素，没有污染，可以安全触摸，属于典型的绿色照明光源。LED 灯体内没有松动的部分，不存在灯丝发光易烧损和热沉积等缺点。在恰当的电流和电压下，LED 车灯的使用寿命可达 6 万～10 万小时，比传统光源的寿命长 10 倍以上，即在整个汽车使用期内将不用更换灯具。

但是，LED 车灯成本高，LED 前照灯普及困难，散热性不好，容易造成光衰，从而影响了车灯的使用寿命。

2. 反射镜

反射镜的作用是最大限度地将灯泡发出的光线聚合成强光束，以增加照射距离。

反射镜的表面形状呈旋转抛物面，一般由 0.6～0.8mm 厚的薄钢板冲压而成，或由玻璃、塑料等制成。其内表面镀银、铝或铬，然后经抛光处理。真空镀铝反射镜的反射系数可以达到 94% 以上。灯丝位于反射镜的焦点处，其大部分光线经反射后，成为平行光束射向远方，如图 6-4 所示。无反射镜的灯泡，其光度只能照清周围 6m 左右的距离；而经反射镜反射后的平行光束可照清远方 100m 以上的距离。光线经反射镜后，尚有少量的散射光线，其中向上的完全无用，向侧方和下方的光线则有助于照明 5～10m 范围的路面和路缘。

3. 配光镜

配光镜又称散光玻璃，是由透光玻璃压制而成，是很多块特殊棱镜和透镜的组合体。其外形一般为圆形和矩形，如图 6-5 所示。配光镜的作用是将反射镜反射出的平行光束进行折射，使车前的路面有良好而均匀的照明。近年来车上已开始使用塑料配光镜，不但重量轻，而且耐冲击性能好。

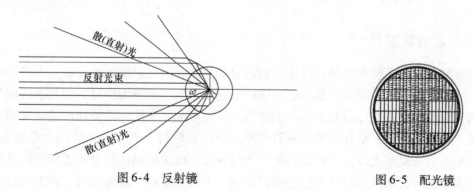

图 6-4 反射镜　　　　　　　　　　　　　　图 6-5 配光镜

二、前照灯的分类

前照灯按光学组件的结构不同，可分为可拆式、半封闭式和全封闭式三种。

1. 可拆式前照灯

可拆式前照灯由于反射镜和配光镜分别安装，因此气密性差，反射镜易受潮气和灰尘污染而降低反射能力，严重影响照明效果，目前已很少采用。

2. 半封闭式前照灯

半封闭式前照灯的结构如图 6-6 所示，其配光镜靠卷曲反射镜边缘上的齿而紧固在反射镜上，二者之间垫有橡皮密封圈，灯泡只能从反射镜后端装入。当需要更换损坏的配光镜时，应撬开发射镜外缘的齿，待装上新的配光镜后，再将齿复原。

这种灯具减少了对光学组件的影响因素，维修方便，因此得到广泛使用。

3. 全封闭式前照灯

全封闭式前照灯将反射镜和配光镜熔焊为一个整体，形成灯泡外壳，灯丝焊在反射镜底座上，如图 6-7 所示。反射镜的反射面经真空镀铝，灯内充以惰性气体与卤素。这种结构的优点是密封性能好，反射镜不会受到大气的污染，反射效率高、使用寿命长。但灯丝烧坏后，需更换整个灯组，成本较高。

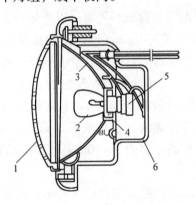

图 6-6　半封闭式前照灯

1—配光镜　2—灯泡　3—反射镜
4—插座　5—接线盒　6—灯壳

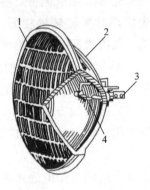

图 6-7　全封闭式前照灯

1—配光镜　2—反射镜
3—接头　4—灯丝

三、前照灯防眩目

人的眼睛被强光突然照射时，视神经会因受到刺激而失去对眼睛的控制，人将本能地闭上眼睛，或只能看到亮光而看不见暗处物体——这种生理现象称为眩目。如果夜间两车迎面相会，对方驾驶人因前照灯的光束而产生眩目，将会影响正常的驾驶操作而造成交通安全事故。因此，前照灯必须采取有效的防眩目措施。为防止眩目，汽车上采用远光灯和近光灯。在无迎面来车时采用远光灯，使前照灯照射距离较远，以满足高速行驶的道路照明需要；在会车时则由驾驶人切换为近光灯，使前照灯光线水平向下照射，避免光线直射对方驾驶人的眼睛。为避免对面来车驾驶人眩目，要求光束倾向路面右侧。因此，前照灯发出的光线应满足一定的分布及配光要求。

前照灯配光常见标准有 SAE 标准和 ECE 标准，我国 GB 4599—2007《汽车用灯丝灯泡前照灯》所规定的配光标准与 ECE 标准一致。两种配光标准的远光基本相同，区别在于近光的照射位置和防眩目的方法。其配光特性应满足的要求是远光具有良好照明，近光具有足够照明且不眩目。

1. SAE 配光方式

SAE 配光方式也称美国配光方式，如图 6-8 所示。远光灯灯丝位于反射镜焦点处，所发出光线经反射沿光学轴线平行射向远方；近光灯灯丝位于焦点之上，所发出的光线经反射后，大部分向下倾斜，从而下部较亮而上部较暗，所形成的光形分布是水平方向宽，垂直方向窄。若等照度曲线左右对称，不偏向一边，上下扩展不太宽，则是好的配光特性。SAE 配光方式的近光照射在屏幕上的光斑没有明显的明暗截止线。

2. ECE 配光方式

ECE 配光方式也称欧洲配光方式，如图 6-9 所示。其远光配光方式与 SAE 配光方式相同，但近光灯灯丝位于反射镜焦点之前，且在灯丝下设一遮光屏。这样，近光光线只落在反射镜上半部分而向下倾斜反射，照到屏幕上时，可看到明显的明暗截止线和明暗截止线转角点的光斑。

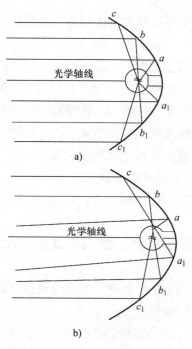

图 6-8　SAE 配光方式

a）远光　b）近光

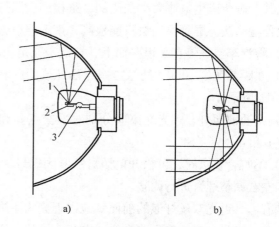

图 6-9　ECE 配光方式

a）近光灯丝下装有配光屏的工作情况　b）远光灯丝工作情况

1—近光灯丝　2—配光屏　3—远光灯丝

ECE 近光配光方式包括两种非对称近光光型，如图 6-10 所示。一种称为 L 形配光方式，在配光屏幕上，其明暗截止线的水平部分在 $V-V$ 线，即汽车纵向中心平面在屏幕上投影线的左半边，右半边为与前照灯基准中心高度水平线 $h-h$ 成 15°角向上偏斜；另一种称为 Z 形配光方式，其明暗截止线的左半部分在 $h-h$ 线下 250mm 处，右半部分则与水平线成 45°角向上倾斜，直至与 $h-h$ 线重合后成为水平线，明暗截止线在屏幕上呈 Z 字形。我国前照灯的近光灯采用 Z 形配光方式，其配光性能在 GB 4599—2007《汽车用灯丝灯泡前照灯》中做了具体规定。

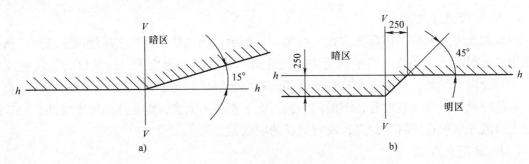

图 6-10　ECE 近光配光方式

a）L 形配光　b）Z 形配光

四、前照灯的检测与调整

前照灯光束调整不当或失调将严重影响行车安全、运输效率以及驾驶人的疲劳程度。前照灯的检测与调整，是汽车安全检验项目之一。

前照灯的检测是对前照灯光束的照射方向和照射距离（发光强度）进行检测。目前的检测方法有两种，分别为仪器检测法和屏幕检测法。前照灯检测仪的类型很多，但基本检测原理类似。一般均采用可把所吸收的光能转变为电流的光电池作为传感器，按照前照灯主光束照在其上时所产生电流大小和比例，来检测前照灯的发光强度和光束偏斜量。汽车检测站多用仪器检测法。屏幕检测法只能检测光束的照射方向或位置，检测方法和要求如下：

1）将汽车空载停在平坦路面上，按规定充足轮胎气压，并擦净前透镜。

2）在距前照灯 10m 远处悬挂一屏幕（或用白墙壁），使屏幕与被检车辆中心轴线垂直，如图 6-11 所示。

3）接通前照灯，远光光束应分别对准交点 a 和 b，近光明暗截止线的转折点应分别对准交点 c 和 d。

4）不符合要求时，可松开前照灯的紧固螺母，扳动前照灯进行调整，或通过前照灯的上下、左右调整螺钉进行调整。

装有远、近光双丝灯泡的前照灯应以近光为主进行调整。因为质量合格的灯泡，近光调整合格后，远光光束一般也能合格；若仍不合格，则应更换灯泡。

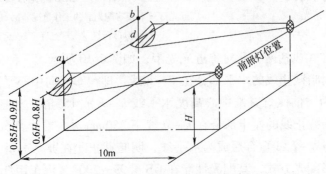

图 6-11　前照灯的屏幕检测法

H—被检车辆前照灯基准中心距地面的高度

第三节　先进的汽车照明系统

一、随动转向前照灯

夜间汽车在弯道上行驶时，由于传统的前照灯无法及时调节照明角度，常常会在弯道内侧出现"盲区"，极大地威胁着驾驶人夜间的行车安全。

随动转向前照灯即自动转向前照灯，全称为汽车自适应前照灯系统（Adaptive Front – Lighting System，AFS）或者智能前照灯系统。AFS 能够根据汽车转向盘角度、车辆偏转率和行驶速度，不断对前照灯进行动态调节，适应当前的转向角，保持灯光方向与汽车的当前行驶方向一致，以确保对前方道路提供最佳照明，并为驾驶人提供最佳可见度，从而显著提高了在黑暗中驾驶的安全性，如图 6-12 所示。

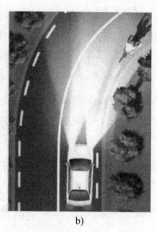

a)　　　　　　　　　　b)

图 6-12　汽车随动转向示意
a) 无随动转向前照灯　b) 有随动转向前照灯

1. 随动转向前照灯的工作原理

当车辆进入弯道或其他特殊道路状况时，由于转向盘角度和速度发生变化，角度传感器和速度传感器传输到电控单元的信号就会相应发生变化。电控单元检测到这些信号后，判断车辆进入了哪种弯道，发出相应指令给前照灯的操控单元，由操控单元来改变前照灯的照射位置。

2. 随动转向前照灯系统的分类

（1）静态系统　通过悬架系统传感器的信号和 ABS 的速度信号来判断车辆处于静止状态还是匀速状态。一旦车辆行驶状况发生变化，静态系统将自动调整前照灯的角度。

（2）动态系统　当车辆刚刚起动时，自动驾驶系统的动态系统和静态系统的控制功能基本相同。然而，当汽车进入不稳定的工作状态时，动态系统的信号处理速度会立即加快，可以在毫秒之间调整好光角，拓宽驾驶人的视野。

二、自动感应前照灯

为了减少安全隐患，提高夜间的行车安全性，一些车辆在前照灯电路中采用了自动变光系统。

自动感应前照灯可以自动控制灯光的开启和关闭，例如，车辆白天突然进入隧道时，自动感应前照灯系统会感知光线的变化，从而自动调节灯光的亮度，照亮前面的道路，进而提高行车的安全性。夜晚会车时，自动感应前照灯会自动切换远、近光灯，车辆熄火后延时十几秒后自动关灯。

自动感应前照灯是在普通前照灯电路中加装一个光敏元件，当外界亮度发生变化时，该光敏元件将产生信号发送给车身控制系统，控制前照灯的开关以及远、近灯光的切换。

三、LED 低照明度灯

汽车低照明度灯一般采用 LED 灯，主要应用于仪表盘、操作开关、阅读灯、示宽灯、牌照灯、顶灯、门锁灯等。随着 LED 技术的不断进步，LED 已取代传统光源组合应用到背光照明中。从仪表盘到整个娱乐、导航、行程计算以及信息中心控制显示等，LED 几乎无处不在。LED 灯用于 LCD 背光照明主要有以下三种方式：

1）LED 灯直接安装在 LCD 散射膜的后面。

2）边缘光 LCD 背光照明，即将背光 LED 组合成条状安装在 LCD 的四周、上下或左右两侧。

3）将 LED 发出的光导入光纤束中，光纤束的散射膜后面构成一个平坦的薄片，通过不同的方法将光从薄片中取出作为 LCD 的背光照明。当多个 LED 一同用于汽车仪表盘照明或娱乐系统控制时，其颜色和亮度的一致性很重要，应确保被照区域的亮度均匀一致，不应有任何阴影。

第四节 信 号 系 统

一、转向灯系统

转向灯系统主要由转向灯、闪光器、转向灯开关等组成。转向灯的闪烁由闪光器控制，闪光器有主要有电热式、电容式及晶体管式三种类型。其中，电热式闪光器结构简单、制造成本低，但闪光频率不够稳定、使用寿命短，已被淘汰；电容式闪光器闪光频率稳定；晶体管式闪光器具有性能稳定、可靠性高等优点，得到了广泛应用。

1. 电容式闪光器

根据衔铁线圈接法不同，电容式闪光器分为电流型和电压型。其中，闪光器衔铁线圈与转向信号灯串联的为电流型，而衔铁线圈与转向信号灯并联的为电压型。

根据触点数量的不同，电容式闪光器可分为单触点式和双触点式两种。

电容式闪光器利用电容器的充电和放电来控制转向信号灯闪烁。下面以单触点电流型电容式闪光器为例，说明其工作过程。

如图6-13所示，当车辆右转弯时，转向信号灯开关8接通，右转向信号灯和指示灯10串入电路中。此时的电路回路为：蓄电池正极→电源开关11→接线柱B→串联线圈3→触点1→接线柱L→转向信号灯开关8→右转向信号灯和指示灯10→搭铁→蓄电池负极。并联线圈4、电解电容器7及灭弧电阻5被触点1短路，电流通过串联线圈3产生的电磁吸力超过弹簧片2的作用力，触点1被打开，转向信号灯变暗。

触点1被打开后，蓄电池开始向电容器7充电，此时的电路回路为：蓄电池正极→电源开关11→接线柱B→串联线圈3→并联线圈4→电解电容器7→转向信号灯开关8→右转向信号灯和指示灯10→搭铁→蓄电池负极。由于线圈4中电阻较大，充电电流小，转向信号灯仍为暗的状态。由于充电电流通过串联线圈3和并联线圈4产生的电磁吸力方向相同，触点1继续打开。随着电容器的充电，电容器两端的电压逐渐升高而充电电流逐渐减小，导致串联线圈3和并联线圈4的电磁吸力减

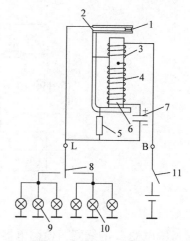

图6-13　电容式闪光器

1—触点　2—弹簧片　3—串联线圈
4—并联线圈　5—灭弧电阻　6—铁心
7—电解电容器　8—转向信号灯开关
9—左转向信号灯和指示灯　10—右转向信号
灯和指示灯　11—电源开关

小而使触点1闭合。触点1闭合后，右转向信号灯和指示灯10变亮。此时的电流方向为：蓄电池正极→接线柱B→串联线圈3→触点1→接线柱L→转向信号灯开关8→右转向信号灯和指示灯10→搭铁→蓄电池负极。由于电容器放电，在线圈4中产生的磁场方向与线圈3中的磁场方向相反，使电磁吸力减小，故触点仍保持闭合，右转向信号灯和指示灯10继续发亮。随着电容器的放电，电容器两端的电压逐渐下降，其放电电流减小，并联线圈4的退磁作用减弱，串联线圈3的电磁吸力增加，触点1被打开，灯光变暗。如此反复，继电器的触点不断开闭，使转向信号灯和指示灯闪烁。灭弧电阻5通过与触点并联来减小触点火花，达到延长触点寿命的目的。

2. 晶体管式闪光器

晶体管式闪光器又称电子闪光器，它具有闪光频率稳定，灯光亮暗分明、清晰，无发热元器件，节约电能，工作可靠，使用寿命长等优点。

晶体管式闪光器分为有触点式和无触点式两种。有触点式闪光器工作时，继电器触点可以发出有节奏的响声，借以判断工作是否正常，所以使用较多。

有触点式晶体管闪光器的电路如图6-14所示，它主要由晶体管开关电路和继电器等组成。晶体管开关电路是由晶体管、电阻和电容器等组成的自励振荡电路。继电器的触点 S_1 为常闭触点，与自励振荡电路中的 R_2、R_3 和 C 并联。

当车辆向左转弯时，接通电源开关 SW 和转向灯开关 S_2，电路回路为：蓄电池正极→线柱B→R_1→继电器的常闭触点 S_1→接线柱S→转向灯开关 S_2→搭铁→蓄电池负极，左转信号灯亮。当电流流过 R_1 时，在 R_1 上产生电压降，晶体管 VT 因正向偏压而导通，集电极电流

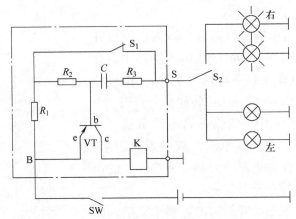

图6-14　有触点式晶体管闪光器的电路

I_c通过继电器 K 的线圈，使继电器常闭触点 S_1 立即断开，左转信号灯熄灭。

在晶体管导通的同时，其基极电流向电容器充电，电路回路为：蓄电池正极→电源开关 SW→接线柱 B→VT 的发射极 e、基极 b→电容 C→R_3→接线柱 S→转向灯开关 S_2→左转信号灯→搭铁→蓄电池负极。在充电过程中，随着电容器中电荷的积累，充电电流 I 逐渐减小，晶体管 VT 的集电极电流也随之减小，当此电流不足以维持衔铁的吸合而释放时，继电器的常闭触点又重新闭合，转向信号灯再次发亮。这时电容 C 通过电阻 R_2、继电器的常闭触点 S_1、电阻 R_3 放电。放电电流在 R_2 上产生的电压降为晶体管 VT 提供反向偏压，加速了晶体管 VT 的截止。当放电电流接近零时，R_1 上的电压降又为晶体管 VT 提供正向偏压而使其导通。这样，电容 C 不断地充电和放电，晶体管 VT 不断地导通与截止，控制继电器的触点反复闭合与断开，使转向信号灯发出一明一暗的闪光。

二、危险警告信号灯系统

危险警告信号灯由危险警告信号灯开关操纵，用于向其他车辆和行人发出警告。危险警告信号装置通常与转向信号装置共用一个闪光器，也有个别汽车另设专门的危险警告用闪光器。与转向信号装置共用闪光器的危险警告信号灯电路如图6-15所示。

当驾驶人按下危险警告信号灯开关时，两边的转向灯电路同时接通。在闪光器的控制下，两侧的转向灯同时闪烁，发出危险警告信号。危险警告信号灯开关除了两个连接转向灯电路的触点外，还有一个与点火开关并联的触点（转向灯电路不经点火开关控制的无此触点），用于将闪光

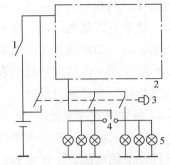

图6-15　危险警告信号灯电路
1—点火开关　2—闪光器
3—危险警告信号灯开关　4—转向开关
5—转向灯及转向指示灯

器直接与蓄电池连接，以使危险警告信号灯在点火开关关闭（停车）时也可使用。

三、制动灯系统

制动信号装置由制动灯、制动灯开关及连接电路组成。除了车尾处的制动灯外，有的汽

车还装有高位制动灯，以使制动信号更加醒目。控制制动灯的开关有液压式、气压式及机械式等类型。小型轿车通常使用机械式开关，一般安装于制动踏板下方。当踩下制动踏板时，制动开关内的活动触点将两个接线柱接通，使制动灯亮；当松开制动踏板后，制动灯电路断开。

四、喇叭

喇叭是汽车的音响信号装置。在汽车行驶过程中，驾驶人根据需要和规定发出必要的音响信号，警告行人和引起其他车辆注意，以保证交通安全。

汽车喇叭由振动机构和电路断续机构两部分组成。汽车喇叭按声音动力分为气喇叭和电喇叭两种；按其外形分为筒形、螺旋形和盆形三种；按发声频率分为高音喇叭和低音喇叭两种。

气喇叭多用于商用车，乘用车、电动汽车多采用电喇叭，通常使用的电喇叭根据工作方式不同分为机械式和电子式两种。其中，电子喇叭又分为有触点式和无触点式两种。有触点式电子喇叭利用触点的闭合与断开控制电磁线圈中励磁电流的通断，从而使铁心（或衔铁）以一定频率做上下移动，并带动金属膜片振动而产生声音。无触点式电子喇叭利用电路来控制电磁线圈中励磁电流的通断，使铁心以一定频率移动，并带动金属膜片振动而产生音响。无触点式电子喇叭因克服了触点式电子喇叭的触点烧蚀、氧化而使喇叭变音的缺点，从而更加耐用。而且它的音色和音量比触点式电子喇叭容易调整，因此在现代汽车上使用广泛。

无触点式电子喇叭由电子电路和扬声器组成，典型的电路原理如图 6-16 所示。电子喇叭的电子电路由振荡电路和功率放大电路两部分组成。晶体管 VT_1、VT_2、VT_3 和电容 C_1、C_2 及电阻 $R_1 \sim R_9$ 组成多谐振荡电路，VT_3、VT_4、VT_5 组成功率放大电路。

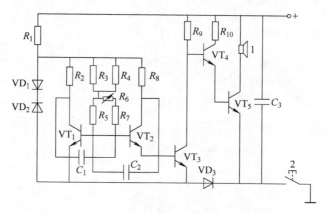

图 6-16　无触点式电子喇叭电路原理
1—喇叭　2—喇叭按钮

其工作原理是：按下喇叭按钮，电路通电，多谐振荡电路通过 C_1、C_2 正反馈电路形成反馈过程，使 VT_1 迅速饱和导通，而 VT_2 迅速截止，VT_3 也截止，电路进入暂时稳态。此时，C_1 充电使 VT_2 的基极电位升高，VT_2 开始导通，VT_3 也随之导通。然后，C_2 通电使 VT_1 导通，VT_1 迅速饱和导通后，VT_2、VT_3 迅速截止，如此反复形成振荡。此振荡电流信号经 VT_4、

VT$_5$的直流放大，控制喇叭线圈电流的通断，从而使喇叭发出声响。

电容 C_3 是喇叭的电源滤波电容，以防止其他电路瞬变电压的干扰。可变电阻 R_6 用于调节喇叭的音量。

思考题与习题

6-1 对前照灯的基本要求是什么？前照灯由哪几部分组成？

6-2 前照灯的防眩目措施有哪些？

6-3 简述晶体管式闪光器的工作原理。

第七章　汽车附属电器设备

随着人们对汽车的安全性能、舒适性能和实用性能要求的不断提高，汽车附属电器设备的应用也越来越多。汽车附属电器设备主要有电动刮水器及清洗器、电动车窗、电动后视镜、电动座椅及中央控制门锁等。

第一节　电动刮水器及清洗器

电动刮水器的作用是清除风窗玻璃上的雨水、雪或尘土，保证汽车在雨天或雪天行驶时，驾驶人有良好的视线，从而确保行车安全。一般汽车的前风窗玻璃上装有两个刮水片，有些汽车的后窗玻璃上也装有一个刮水片。汽车上采用的刮水器根据动力不同，分为真空式、气动式和电动式三种。目前在汽车上广泛采用的是电动刮水器。为了使驾驶人有良好的视线，应及时清除风窗玻璃上的尘土和污物，有些汽车上还装有风窗玻璃洗涤器和后窗玻璃除霜装置等清洗设备。

一、电动刮水器的基本结构

电动刮水器由微型直流电动机和一套传动机构组成，如图7-1所示。电动机11转动时，通过蜗杆机构减速后，与蜗轮偏心连接的拉杆8做往复运动，通过拉杆3、7和摆杆2、4、6带动左、右刮片1、5做往复摆动，刮片上的橡胶刷便刷去风窗玻璃上的雨水、雪或灰尘。

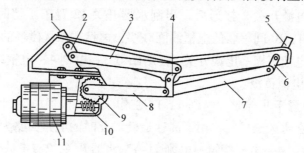

图 7-1　电动刮水器

1、5—刮片　2、4、6—摆杆　3、7、8—拉杆　9—蜗轮　10—蜗杆　11—电动机

二、电动刮水器的变速工作原理

刮水电动机为微型直流电动机，有励磁式和永磁式两种。永磁式刮水电动机与励磁式刮水电动机的结构基本相同，只是永磁式刮水电动机的磁场由永久磁铁产生。汽车风窗玻璃刮

水器的电动机一般采用永磁式三刷电动机，其上装有三只电刷。永磁式三刷电动机的磁极为铁氧体永久磁铁。铁氧体具有陶瓷的脆、硬和不耐冲击的特点，但它不易退磁且价廉，所以在汽车上得到了广泛使用。

图7-2所示为某三刷电动机的变速原理。当刮水器开关拨至低速档时，电源电压"＋"与"－"电刷之间形成两条对称的并联支路，一条支路由线圈1、2、3、4串联组成，另一条支路由线圈5、6、7、8串联组成。由于各线圈中反向电动势的方向相同，互相叠加，相当于四对线圈串联，电动机以较低转速稳定旋转。当刮水器开关拨至高速档时，电源电压加在"－"电刷与偏置电刷之间，从图中可以看出，电枢绕组的一条支路由五个线圈1、2、3、4、8串联组成，另一条支路由三个线圈5、6、7串联组成，其中线圈8与线圈1、2、3、4的反电动势方向相反，互相抵消后，相当于只有三对线圈串联，因而只有转速升高，才能使反电动势达到与运转阻力矩相应的值，形成新的平衡，故此时转速较高。

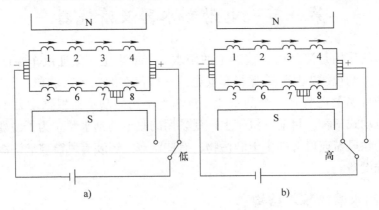

图7-2　某三刷电动机的变速原理

三、刮水器的控制电路

如图7-3所示，电源开关2接通后，当刮水器开关12置于Ⅰ档时，电刷4、10工作，电动机通电，因电刷4、10间串联的电枢线圈较多，电枢在永久磁场的作用下低速运转。此时的电路回路为：蓄电池正极→电源开关2→熔断器3→电刷4→电枢绕组→电刷10→刮水器开关12→搭铁→蓄电池负极。

当刮水器开关12置于Ⅱ档时，电刷4、11工作，电动机通电，因电刷4、11间串联的电枢线圈较少，电枢在永久磁场的作用下高速运转。此时的电路回路为：蓄电池正极→电源开关2→熔断器3→电刷4→电枢绕组→电刷11→刮水器开关12→搭铁→蓄电池负极。

当刮水器开关12置于0档时，如果刮水片没有停到适当位置，则自动复位触片7与滑片9接触，维持刮水器电动机电路接通，以低速运行，电路回路为：蓄电池正极→电源开关2→熔断器3→电刷4→电枢绕组→电刷10→刮水器开关12→触片7→滑片9→搭铁→蓄电池负极。当刮水片摆到适当位置后，触片7与滑片9脱开，切断电动机的搭铁线，电动机断电，发电机减速运行，为了使其尽快停止，通过滑片8将触片6、7短接，使电枢通过滑片8和触片6、7构成回路形成电流，产生制动作用，使刮水片停在适当位置，电流方向为：

电枢绕组"＋"→电刷4→触片6→滑片8→触片7→刮水器开关12→电刷10→电枢绕组
"－"。

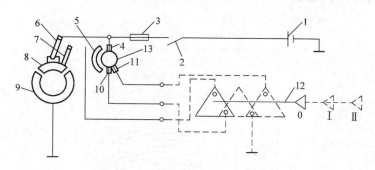

图 7-3 永磁式双速刮水器控制电路

1—蓄电池 2—电源开关 3—熔断器 4、10、11—电刷 5—永久磁铁
6、7—自动复位触片 8、9—自动复位滑片 12—刮水器开关 13—电枢

当汽车在小雨或小雪天气中行驶时，如果按上述刮水器速度进行刮拭，风窗玻璃上的微量水分和灰尘就会形成一个发黏的表面，不仅不能将风窗玻璃刮拭干净，反而会使玻璃模糊不清，留下污斑，影响驾驶人的视线。因此，现代汽车上一般都增设了电子间歇式刮水系统。在遇到上述情况时，打开间歇开关，使刮水器按一定周期自动停止和刮拭，即每刮水一次停止 2～12s，这样可使驾驶人获得良好的视野。刮水系统的间歇功能主要靠间歇控制器来实现，一般采用无稳态方波发生器、互补间歇振动电路、集成电路、电子间隙振荡电路等方法控制间歇时间。

四、风窗玻璃洗涤器

风窗玻璃洗涤器是将清洁的水或洗涤液喷射到风窗玻璃上，清除风窗玻璃上的尘土和污物，它主要由洗涤电动机、洗涤泵、储液罐、喷嘴和水管等组成，如图 7-4 所示。其中储液罐一般是容积为 1.5～2L 的塑料箱，洗涤泵是一种微型电动离心泵，通过它将储液罐中的洗涤液输向喷嘴，经 2～4 个喷嘴的挤压作用，将洗涤液分成细小的射流喷向风窗玻璃，配合刮水器起到清洁风窗玻璃的作用。洗涤电动机一般采用永磁式电动机，接通洗涤器开关时，电动机旋转，通过联轴器驱动泵轴和洗涤泵转子一同旋转，转子将储液罐中的洗涤液泵入出水软管，经水管到达风窗玻璃前端的喷嘴并喷向风窗玻璃。

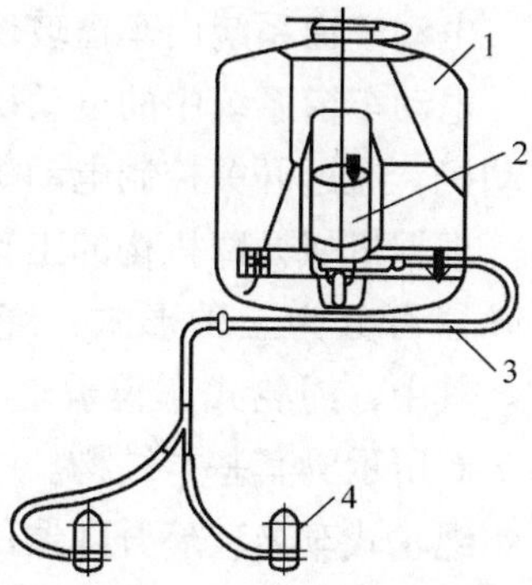

五、风窗玻璃除霜装置

在冬季，风窗玻璃上易结冰霜，用刮水器是无法清除的，目前最有效的办法是将玻璃加热进行除霜。在装有空调或暖风装置的汽车上，通过风道将热风吹向前面或侧面的风窗玻璃即可避免结冰，而后窗玻璃常利用电热丝加热的方法来除霜，

图 7-4 风窗玻璃洗涤器
1—储液罐 2—洗涤电动机与洗涤泵
3—水管 4—喷嘴

如图 7-5 所示。在后窗玻璃的内表面上锁有数条导电膜，形成电热丝，通电加热后，即可防止结霜。这种装置的耗电量为 30~50W，故在轿车上应用广泛。

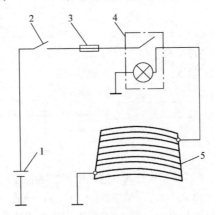

图 7-5 后窗玻璃除霜装置

1—蓄电池 2—点火开关 3—熔断器 4—除霜器开关及指示灯 5—除霜器（电热丝）

第二节 电动辅助装置

一、电动车窗

现代汽车对车窗的舒适性和便捷性要求越来越高，电动车窗已经越来越多地成为汽车的通用配置。电动车窗使驾驶人或乘客坐在座位上即可利用开关自动升降门窗玻璃，操作简便并有利于行车安全。

1. 电动车窗的组成

电动车窗系统由车窗玻璃、车窗玻璃升降器、电动机和控制开关等组成。

电动车窗系统中的电动机一般使用双向永磁或串联式绕组电动机，每个车窗安装有一个电动机，通过开关控制电动机的电流方向，从而实现车窗的升降。

根据机械升降机构的工作原理不同，车窗玻璃升降器可分为三种形式：绳轮式、叉臂式和软轴式。其中，绳轮式车窗玻璃升降器使用较为广泛，图 7-6 所示为其基本结构。

绳轮式车窗玻璃升降器的电动机输出部分是一个塑料绳轮，绳轮上绕有钢丝绳，钢丝绳上装有滑块。电动机驱动绳轮带动钢丝绳卷绕，钢丝绳上的滑块带动车窗玻璃沿导轨做上下运动。

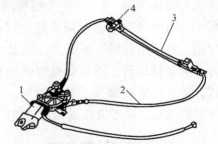

图 7-6 绳轮式车窗玻璃升降器的基本结构

1—蜗杆机构和电动机 2—绳索
3—玻璃升降导轨 4—夹持器滑块

2. 电动车窗的工作原理

图 7-7 所示为四车门汽车的电动车窗控制电路，除具有驾驶座主开关外，还包括各个车门开关、乘客门窗电动机以及前驱动器（包括

开关、电动机）等。该控制电路可以实现手动控制和自动控制。

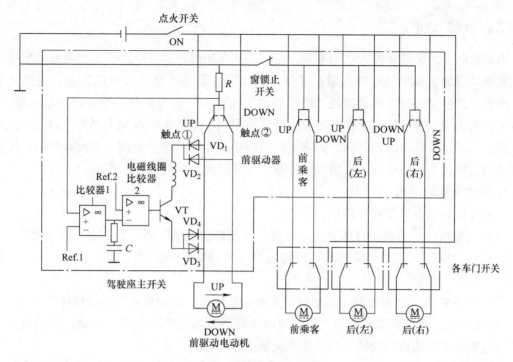

图 7-7　电动车窗控制电路

（1）手动控制　当把手动旋钮推向车辆前方时，门窗玻璃即上升。此时，触点 1 与 UP（向上）侧相连，触点 2 处于原来的状态，电动机按 UP 箭头方向通过电流，门窗玻璃上升且关闭；当手离开旋钮时，利用自身的回复力，开关回到中立位置。若把手动旋钮推向车辆后方，则触点 1 保持原位不动，而触点 2 与 DOWN（向下）侧相连，电动机通过的电流按 DOWN 箭头所示的方向流动，电动机反转，以实现门窗玻璃向下移动，直至下降到底。

（2）自动控制　当把自动旋钮向车辆前方按下时，触点 1 与 UP 侧相连，电动机按 UP 箭头方向通过电流，门窗玻璃上升；与此同时，电阻 R 上的电压降低，此电压加于比较器 1 的一端，它与参考电压 Ref. 1 进行比较。Ref. 1 的电压值设定为电动机锁止时的电压，通常为比较器 1 的低电位端（"−"端）；而比较器 2 的参考电压 Ref. 2 通常设定为小于比较器 1 的输出电压，且为高电位端（"＋"端）。所以比较器 2 的输出为高电位，使晶体管 VT 正向具有偏流而导通，电磁线圈中通过较大的电流。其电路回路为：蓄电池的"＋"极→点火开关→UP→触点 1→二极管 VD_1→电磁线圈→晶体管 VT→二极管 VD_4→触点 2→电阻 R→搭铁→蓄电池"−"极。当门窗玻璃上升至终点位置时，在电动机中有锁止电流流动，电阻 R 上的压降增大，当此电压超过参考电压 Ref. 1 时，比较器 1 的输出由低电位转变为高电位。此时电容器 C 开始充电，当电容器 C 两端的电压上升至超过比较器 2 的参考电压 Ref. 2 时，比较器 2 输出低电位，晶体管 VT 立即截止，电磁线圈中的电流被切断，自动旋钮自动回复到中立位置，触点 1 搭铁，电动机停转。

门窗玻璃自动下降时的工作情况与上述情况相反，操作时只需将自动旋钮压向车辆后方即可。

二、电动天窗

汽车的电动天窗通常称为电动车顶，是移动式车顶的一种。电动天窗能够有效地使车内空气流通，增加新鲜空气的进入量；可以开阔视野以及满足移动摄影的需求；辅助调节温度，减少空调使用时间，降低油耗；使车厢内光线明亮，亲近自然。按开闭能量来源不同，天窗可分为手动天窗和电动天窗。一般大型客车采用手动天窗，有向上平升、斜升和关闭三种状态。小轿车多采用电动天窗，依靠电动机的动力完成天窗的开闭，有滑移开启、倾斜开启和关闭三种状态。由于电动天窗操作方便、功能强大，故深受大众喜爱。

1. 电动天窗的结构

电动天窗一般由以下部分组成：

（1）天窗组件　天窗组件包括天窗框架、天窗玻璃、遮阳板、导流槽、排水槽等。

（2）滑动机构　电动天窗的滑动机构主要由导向块、导向销、连杆、托架和前后枕座等构成。

（3）驱动机构　电动天窗的驱动机构主要由电动机、传动机构和滑动螺杆等组成。

1）电动机。通过传动装置为天窗的开闭提供动力。电动机能双向转动，即通过改变电流的方向来改变电动机的旋转方向，实现天窗的开闭。

2）传动机构。传动机构主要由蜗杆传动机构、中间齿轮传动机构（主动中间齿轮、过渡中间齿轮）和驱动齿轮等组成。齿轮传动机构接受电动的动力，改变旋转方向，并在减速增矩后将动力传给滑动螺杆，实现天窗的开闭；同时又将动力传给凸轮，使凸轮顶动限位开关进行开闭。主动中间齿轮与蜗轮固装在同一根轴上，并与蜗轮同步转动；过渡中间齿轮与驱动齿轮固装在同一输出轴上，被主动中间齿轮驱动，使驱动齿轮带动天窗开闭。

（4）控制系统　控制系统 ECU 是一个数字控制电路，并设有定时器、蜂鸣器和继电器等，其作用是接受开关输入的信息，通过数字电路进行逻辑运算，确定继电器的动作，以控制天窗开闭。

2. 电动天窗的控制电路

电动天窗的控制电路如图 7-8 所示。

（1）天窗开启　将天窗控制开关 SA_1 拨至 OPEN 侧，此时天窗控制继电器 1 触点搭铁，天窗控制继电器 6－5 触点和 4－11 触点接通，电路回路为：蓄电池正极→120A 熔断器→40A 熔断器→POWER CB 30A 熔断器→电动天窗电源主继电器 2、4 触点间的闭合触点→天窗控制继电器 6、5 触点→电动机组件 6 触点→天窗电动机 M→电动机组件 3 触点→天窗控制继电器 4、11 触点→搭铁→蓄电池负极。天窗电动机 M 中的电流从左流向右，电动机 M 正向转动，使天窗滑移开启。

（2）天窗半开　将天窗控制开关 SA_2 拨至 UP 侧，此时天窗控制继电器 3 触点搭铁，天窗控制继电器 6－4 触点和 5－11 触点接通，电路回路为：蓄电池正极→120A 熔断器→40A 熔断器→POWER CB 30A 熔断器→电动天窗电源主继电器 2、4 触点间的闭合触点→天窗控制继电器 6、4 触点→电动机组件 3 触点→天窗电动机 M→电动机组件 6 触点→天窗控制继

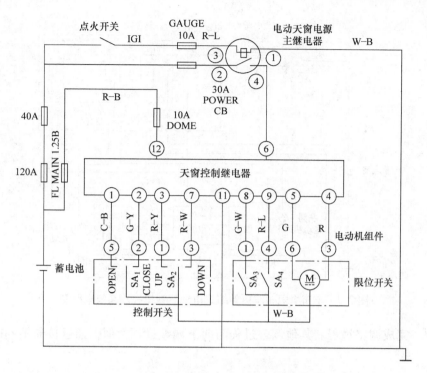

图 7-8　电动天窗的控制电路

电器 5、11 触点→搭铁→蓄电池负极。天窗电动机 M 中的电流从右流向左，电动机 M 反向转动，使天窗倾斜开启。

三、电动后视镜

1. 电动后视镜的作用和组成

电动后视镜可使驾驶人在车内通过调节开关调整后视镜，使后视镜的调节更加方便。

电动后视镜由控制开关、永磁电动机、传动机构等组成。每个后视镜都装有两套驱动装置（即一个电动机和一套传动机构），分别用于后视镜的上下及左右调整。有的后视镜还有伸缩功能，由伸缩开关控制伸缩电动机工作，使整个后视镜回转、伸出或缩回。

2. 电动后视镜的控制电路

图 7-9 所示为丰田皇冠轿车可伸缩式电动后视镜控制系统电路图。

该电动后视镜的调整开关又称为电动镜开关，内有左/右调整开关和控制开关。左/右调整开关为左/右后视镜的选择开关，选择左后视镜时开关扳向左侧，接通触点 7 和 8；选择右后视镜时开关扳向右侧，接通触点 5 和 6。控制开关中有三组开关，分别为左/右转动开关、上/下转动开关和左上/右下配套开关。

若需调整左后视镜向下转动，应将左/右调整开关扳向左侧，控制开关中左上/右下配套开关接通右下触点，上/下转动开关接通向下触点。电路回路为：蓄电池正极→点火开关→控制开关右下触点→触点 2→左后视镜电动机触点→左后视镜上下调整电动机→触点 2→电动镜开关触点 7 左调整开关→控制开关向下触点→触点 3→蓄电池负极。左后视镜上下调整

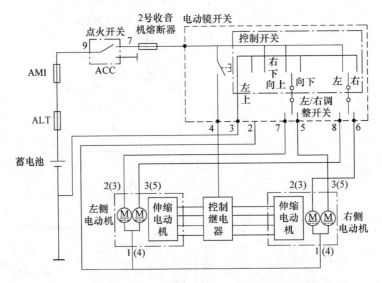

图 7-9　丰田皇冠轿车可伸缩式电动后视镜控制系统电路图

电动机运转，完成调整过程。其他调整过程与向下调整过程类似，通过接通不同的开关即可完成。

四、电动座椅

1. 电动座椅的组成及分类

电动座椅的主要功能是为驾驶人及乘员提供便于操作、舒适而又安全的驾驶位置。

电动座椅一般由双向电动机、控制计算机、传动装置和座椅调节器等组成。电动座椅按调节自由度数目不同，有双方向、四方向、六方向和八方向调节之分。双方向调节的电动座椅只能进行前后方向的调节；四方向调节的电动座椅具有前后及升降调节功能；六方向调节的电动座椅具有前后调节、后端上下调节、前端上下调节功能；八方向调节的电动座椅具有前后调节、后端上下调节、前端上下调节、靠背倾斜角度调节功能。

电动座椅前后方向的调节量一般为 100 ~ 160mm，座位前部与后部的上下调节量为 30 ~ 50mm。全程移动所需时间为 8 ~ 10s。

2. 电动座椅的控制电路

现在很多乘用车驾驶人的电动座椅是八方向调节的电动座椅。图 7-10 所示为八方向调节的电动座椅的控制电路。

（1）前部上下调节　按下前部上下调节开关的向上按钮时，电路回路为：蓄电池正极→B_1→前部上下调节向上触点→电动机 3→搭铁点 E_1→蓄电池负极。座椅前部向上升。

按下前部上下调节开关的向下按钮时，电路回路为：蓄电池正极→B_1→前部上下调节向下触点→电动机 3→搭铁点 E_1→蓄电池负极。座椅前部向下降。

（2）前后调节　按下前后调节开关的向后按钮时，电路回路为：蓄电池正极→B_1→前后调节开关向后触点→电动机 4→搭铁点 E_1→蓄电池负极。座椅向后移动。

按下前后调节开关的向前按钮时，电路回路为：蓄电池正极→B_1→前后调节开关向前

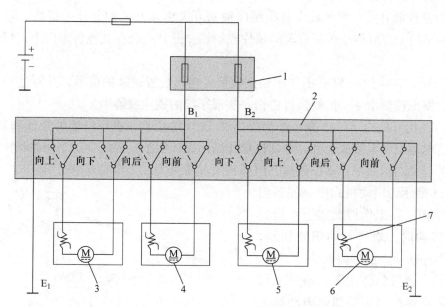

图7-10　八方向调节的电动座椅的控制电路

1—熔断器　2—电动座椅调节开关　3—前部上下调节电动机

4—前后调节电动机　5—后部上下调节电动机　6—靠背倾斜角度调节电动机　7—带有可调电阻的位置传感器

触点→电动机4→搭铁点 E_1 →蓄电池负极。座椅向前移动。

（3）后部上下调节　按下后部上下调节开关的向上按钮时，电路回路为：蓄电池正极→ B_2 →后部上下调节向上触点→电动机5→搭铁点 E_2 →蓄电池负极。座椅后部向上升。

按下后部上下调节开关的向下按钮时，电路回路为：蓄电池正极→ B_2 →后部上下调节向下触点→电动机5→搭铁点 E_2 →蓄电池负极。座椅后部向下降。

（4）靠背倾斜角度调节　按下靠背倾斜角度调节开关的向前按钮时，电路回路为：蓄电池正极→ B_2 →靠背倾斜角度调节开关向前触点→电动机6→搭铁点 E_2 →蓄电池负极。靠背倾斜角度向前。

按下靠背倾斜角度调节开关的向后按钮时，电路回路为：蓄电池正极→ B_2 →靠背倾斜角度调节开关向后触点→电动机6→搭铁点 E_2 →蓄电池负极。靠背倾斜角度向后。

五、汽车中央控制门锁

随着人们对汽车安全性和方便性要求的不断提高，大多数轿车配置了汽车中央控制门锁。中央控制门锁系统实现了驾驶人对门锁的集中控制，其功用是：当锁住驾驶人侧车门时，其他所有车门（包括后车门或行李舱门等）都能同时自动锁住；当解锁驾驶人侧车门时，其他车门能同时解锁；另外，为了方便和安全，乘客仍可利用各车门的机械式弹簧锁开关车门。

1. 中央控制门锁系统的组成

现代汽车的中央控制门锁系统采用了电子控制单元（ECU），该系统包括三个部分：门锁控制开关、门锁ECU和门锁执行机构。

（1）门锁控制开关　大多数中央控制门锁的开关由总开关和分开关组成，总开关装在驾驶人侧的车门上，可将全车所有车门锁住或解锁；分开关装在其他各车门上，可单独控制一个车门。

（2）门锁 ECU　门锁 ECU 的作用是接收信号输入装置送来的信号，并对这些信号进行处理，然后发出控制指令，控制执行机构，实现车门的锁住或解锁。

（3）门锁执行机构　门锁执行机构受门锁 ECU 的控制，执行门锁的锁住和解锁任务。执行机构有电动机和电磁铁两种。电动机操作的门锁体积小、耗电少、工作时噪声小；而电磁铁操作的门锁结构简单、动作敏捷，但体积大、质量大、工作时有撞击声。

图 7-11 所示为电动机式中央控制门锁的传动结构，其工作情况如下：当门锁电动机转动时，蜗杆带动蜗轮转动，继而推动锁杆摆动，使车门锁住或解锁；然后，在回位弹簧的作用下，蜗轮返回原位，以防止操纵门锁按钮时电动机工作。有些电动门锁不用蜗杆蜗轮传动，而是采用齿轮齿条或螺杆螺母传动机构。

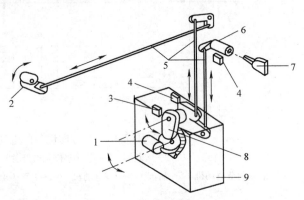

图 7-11　门锁传动机构
1—门锁电动机　2—门锁按钮（车厢内）　3—位置开关
4—门锁开关　5—连接杆　6—门钥匙孔
7—钥匙　8—锁杆　9—门锁总成

2. 中央控制门锁系统的工作原理

（1）用门锁控制开关锁住和解锁

1）锁住。如图 7-12 所示，当将驾驶人侧或乘员侧门锁控制开关 15 推向锁住（LOCK）位置时，防盗和门锁 ECU 20 的 16 号端子与搭铁接通，即开关 15 向 ECU 输入一个锁住请求信号，此信号经过反相器 A、或门 A、锁门定时器，使晶体管 VT_1（起开关作用）导通，从而使继电器 No.1 通电。电路回路为：蓄电池 1→易熔线 3→顶灯熔断器 6→ECU 的 24 号端子→继电器 No.1 电磁线圈→晶体管 VT_1→搭铁。

继电器 No.1 通电使其触点闭合，接通门锁电动机电路。电路回路为：蓄电池 1→易熔线 2、4→断路器 5→ECU 的 8 号端子→继电器 No.1 接通的触点→ECU 的 4 号端子→门锁电动机 21、22、23 和 24→ECU 的 3 号端子→继电器 No.2 搭铁触点→搭铁→蓄电池负极。门锁电动机转动，将四个门锁全部锁上。

2）解锁。当将驾驶人侧或乘员侧门锁控制开关 15 推向解锁（UNLOCK）位置时，防盗和门锁 ECU20 的 17 号端子与搭铁接通，即开关 15 向 ECU 输入一个开锁请求信号，此信号经过反相器 B、或门 B、开锁定时器，使晶体管 VT_2（起开关作用）导通，从而使继电器 No.2 通电。电路回路为：蓄电池 1→易熔线 3→熔断器 6→ECU 的 24 号端子→继电器 No.2→晶体管 VT_2→搭铁。

继电器 No.2 通电使其触点闭合，接通门锁电动机电路。电路回路为：蓄电池 1→易熔线 2、4→断路器 5→ECU 的 8 号端子→继电器 No.2 接通的触点→ECU 的 3 号端子→门锁电动机 21、22、23 和 24→ECU 的 4 号端子→继电器 No.1 搭铁触点→搭铁→蓄电池负极。门锁电动机反向转动，将四个门锁全部开锁。

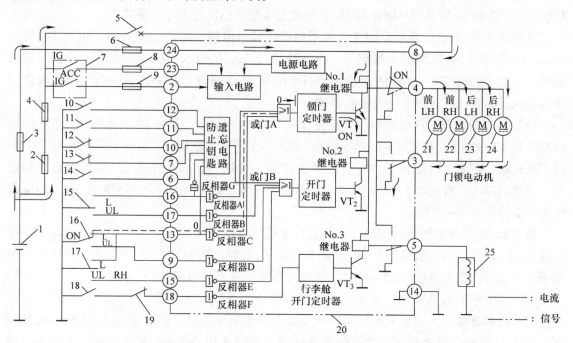

图 7-12　门锁控制电路

1—蓄电池　2—易熔线 ALT　3—易熔线 MAIN　4—易熔线 AMI　5—断路器　6—顶灯（DOME）熔断器

7—点火开关　8—点烟器（CIG）熔断器　9—ECU 熔断器　10—左前门锁开关　11—右前门锁开关

12—左前位置开关　13—右前位置开关　14—钥匙开锁警告开关　15—门锁控制开关

16—左前钥匙控制开关　17—右前钥匙控制开关　18—行李舱门锁开关　19—行李舱门锁主开关

20—防盗和门锁 ECU　21—左前门锁电动机　22—右前门锁电动机　23—左后门锁电动机

24—右后门锁电动机　25—行李舱门锁电磁线圈

（2）用钥匙锁住和解锁

1）锁住。如图 7-12 所示，当将钥匙插入驾驶人侧或乘员侧门锁锁芯内并向锁住方向转动时，钥匙控制开关 16 向锁住（LOCK）侧接通，防盗和门锁 ECU 20 的 13 号端子与搭铁接通，即开关 16 向 ECU 输入一个锁住请求信号，此信号经过反相器 C、或门 A、锁门定时器，使晶体管 VT_1（起开关作用）导通，从而使继电器 No.1 通电。电路回路为：蓄电池 1→易熔线 3→熔断器 6→ECU 的 24 号端子→继电器 No.1 的电磁线圈→晶体管 VT_1→搭铁。

继电器 No.1 通电使其触点闭合，接通门锁电动机电路。电路回路为：蓄电池 1→易熔线 2、4→断路器 5→ECU 的 8 号端子→继电器 No.1 接通的触点→ECU 的 4 号端子→门锁电动机 21、22、23 和 24→ECU 的 3 号端子→继电器 No.2 搭铁触点→搭铁→蓄电池负极。门锁电动机转动，将四个门锁全部锁上。

2）解锁。当将钥匙插入驾驶人侧或乘员侧门锁锁芯内并向解锁方向转动时，钥匙控制开关 16 向开门（UNLOCK）侧接通，防盗和门锁 ECU 20 的 9 号端子与搭铁接通，即开关 16 向 ECU 输入一个解锁请求信号，此信号经过反相器 D、或门 B、开锁定时器，使晶体管

VT₂（起开关作用）导通，从而使继电器 No. 2 通电。电路回路为：蓄电池 1→易熔线 3→熔断器 6→ECU 的 24 号端子→继电器 No. 2 的电磁线圈→晶体管 VT₂→搭铁。

继电器 No. 2 通电使其触点闭合，接通门锁电动机电路。电路回路为：蓄电池 1→易熔线 2、4→断路器 5→ECU 的 8 号端子→继电器 No. 2 接通的触点→ECU 的 3 号端子→门锁电动机 21、22、23 和 24→ECU 的 4 号端子→继电器 No. 1 搭铁触点→搭铁→蓄电池负极。门锁电动机反向转动，将四个门锁全部解锁。

（3）行李舱门锁的控制　当行李舱主开关 19 和行李舱门锁开关 18 接通时，防盗和门锁 ECU20 的 13 号端子与搭铁接通，即向 ECU 输入一个解锁请求信号，此信号经过反相器 F 和行李舱开锁定时器，使晶体管 VT₃（起开关作用）导通，从而使继电器 No. 3 电磁线圈通电。电路回路为：蓄电池 1→易熔线 3→熔断器 6→ECU 的 24 号端子→继电器 No. 3 的电磁线圈→晶体管 VT₃→搭铁。

继电器 No. 3 通电使其触点闭合，接通行李舱门锁电磁铁线圈的电路。电路回路为：蓄电池 1→易熔线 2、4→断路器 5→ECU 的 8 号端子→继电器 No. 3 接通的触点→ECU 的 5 号端子→行李舱门锁电磁线圈 25→搭铁→蓄电池负极，从而使行李舱门锁打开。

（4）防止钥匙锁入车内　如果当钥匙插在点火开关的锁芯内没有拔出时，驾驶人便打开左前车门准备离开，则由于前车门打开和点火钥匙未拔出，左前门锁开关 10 和钥匙开锁警告开关 14 均保持接通状态，并将信号送给 ECU 的防止钥匙遗忘电路。此时，当按下门锁按钮（或门锁控制开关）时，车门立刻被锁上。但左前位置开关 12（或门锁控制开关）会经 ECU 的 10 号（或 16 号）端子将一信号送给防止钥匙遗忘电路，再经或门 B、开锁定时器到晶体管 VT₂，使 VT₂ 导通，继电器 No. 2 电磁线圈通电，从而使所有门锁解锁。

思考题与习题

7-1　简述永磁式电动刮水器的工作原理。

7-2　试分析门窗升降器的工作过程。

7-3　简述用门锁控制开关锁住和解锁车门的工作原理。

第八章 电动助力转向系统

汽车电动助力转向系统（Electronic Control Power Steering，EPS）是基于机械转向系统的电子控制系统，用于实时监测车速、转向等参数，对转向助力实施控制，具有以下特点：

1）有效减小操纵力。

2）转向灵敏性好。

3）直线行驶稳定性好，转向结束时转向盘自动回正。

4）有随动作用，可使转向车轮保持在任意偏转角位置上。

5）工作可靠。

第一节 概 述

一、电动助力转向系统的结构和工作原理

如图8-1所示，电动助力转向系统主要包括机械式转向器、转矩传感器、减速机构、离合器、电动机、ECU、车速传感器等。当操纵转向盘时，转矩传感器输出转矩信号，与车速传感器的车速信号一起输入ECU中，ECU负责处理转矩、车速数据，计算需要的助力转矩大小和方向，并确定电动机的电流大小和方向，电动机输出轴通过电磁离合器连接减速机构，减速增矩，使汽车的转向机构得到一个与行驶工况相适应的转向作用力，以保证汽车在低速转向行驶时轻便灵活，在高速行驶时稳定可靠。

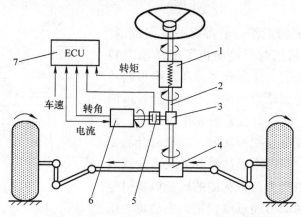

图8-1 电动助力转向系统组成示意图

1—转矩传感器 2—转向轴 3—减速机构 4—齿轮齿条式转向器 5—离合器 6—电动机 7—ECU

二、电动助力转向系统的主要零部件

1. 转矩传感器

转矩传感器的作用是检测转向盘上力矩的大小与方向，有接触式与非接触式两种。

（1）接触式传感器　接触式传感器如图8-2所示，在线圈的U、T两端施加连续的脉冲电压信号，当转向杆上的转矩为零时，V、W两端的电压 $U_o = 0$。如果转向杆上存在转矩，则定子与转子的相对转角不为零，此时转子与定子间产生角位移 θ，各个极靴的磁通产生差别，电桥失去平衡，在V、W之间输出电压，此电压与杆的扭转角 θ 和输入电压 U_i 的计算公式为

$$U_o = kU_i\theta \tag{8-1}$$

式中，k 为比例系数。

由V、W两端的电位差 U_o 确定转向盘杆的扭转角，从而计算出转向盘杆的转矩。

（2）非接触式传感器　非接触式转矩传感器如图8-3所示，当输入轴与输出轴之间产生相对扭转位移时，检测环之间的空气间隙发生变化，引起检测线圈电磁感应系数的变化。

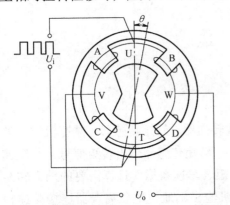

图8-2　接触式转矩传感器工作原理示意图

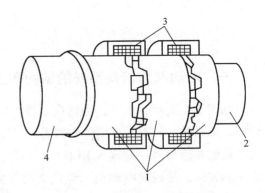

图8-3　非接触式转矩传感器

1—检测环　2—输入轴　3—检测线圈　4—输出轴

2. 电磁离合器

电动助力转向系统的工作一般都有一定的范围，当汽车车速超过规定数值时，电动机不辅助动力转向，此时电动机停止工作，且离合器分离，不再起传递动力的作用。在不施加动力的情况下，离合器可消除电动机惯性的影响。同时，在系统发生故障时，因离合器分离，可以恢复手动控制转向。电磁离合器工作原理如图8-4所示，当电流通过滑环进入离合器线圈时，主动轮产生电磁吸力，带花键的压板被吸引与主动轮压紧，电动机的动力经过电机轴、主动轮、压板、花键、从动轴传给执行机构。

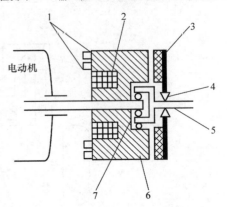

图8-4　电磁离合器工作原理

1—滑环　2—线圈　3—压板　4—花键

5—从动轴　6—主动轮　7—滚珠轴承

3. 电动机

目前采用较多的是永磁式直流电动机，分为有刷式和无刷式两种，其功能是根据 ECU 输出的信号产生相应的输出转矩。转向助力用电动机需要有正反转控制功能。

4. 减速机构

减速机构刚性同轴连接电动机，对电动机输出的转速和转矩进行降速增矩，常用的有蜗轮蜗杆机构、循环球螺杆螺母机构和行星齿轮机构等。其中蜗轮蜗杆机构应用于转向轴助力式，行星齿轮机构应用于齿轮助力式和齿条助力式。

5. ECU

ECU 根据转矩传感器和车速传感器传来的信号进行逻辑分析与计算，并输出信号指令控制电动机和离合器工作。ECU 还具有安全保护和自我诊断功能，通过采集电动机电流、发电机电压、电动机工况等信号来判断系统工作状况是否正常。一旦系统工作异常，就自动取消助力作用，同时进行故障诊断分析。

三、电动助力转向系统分类

如图 8-5 所示，根据电动机和减速器的安装位置，电动助力转向系统分为转向轴助力式、齿轮助力式和齿条助力式三种类型。

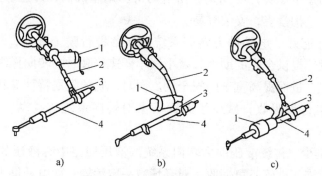

图 8-5　电动助力转向系统分类

a）转向轴助力式　b）齿轮助力式　c）齿条助力式

1—电动机　2—转向轴　3—转向齿轮　4—转向齿条

1. 转向轴助力式

如图 8-5a 所示，转向助力系统的电动机安装在转向轴侧面，通过电磁离合器和减速机构与转向轴相连，直接驱动转向轴转向助力。转向系统的重量轻，占用的空间最小；助力要通过输入轴传递到转向器上，输入轴需要承受助力，降低了安全性；电动机距离驾驶人较近，产生的振动、噪声通过转向操纵机构和仪表板向外辐射，影响了舒适性。转向轴助力系统的助力功率较小，只能用在轻型车上。

2. 齿轮助力式

如图 8-5b 所示，转向助力系统的转矩传感器、电动机、减速机构、离合器安装在转向器齿轮处，电动机输出转矩经离合器、蜗轮蜗杆减速机构直接作用在小齿轮上，助力直接作用在转向齿轮上，转向管柱、输入轴和万向节上只承受驾驶人施加在转向盘上的转向力矩，提高了转向安全性。与液压助力转向器相比，它提供了更高的转向精确性、安全性和行驶舒适性；与转向轴助力式相比，它可以提供更高的助力，适用于中型车。

3. 齿条助力式

如图 8-5c 所示，转矩传感器单独安装在转向小齿轮附近，电动机和减速机构集成在一起安装在齿条上，电动机的输出转矩通过循环球减速传动机构传递到齿条上，助力机构的位置可以在齿条的周向和轴向上任意选择，保证了转向器空间布置的弹性。齿条助力式系统刚度大、传动能力强，适用于越野车和箱式货车等前轴负荷较大的汽车。

四、电动助力转向系统的特点

（1）可靠性高　以电池为能源、以电动机为动力元件产生助力作用。

（2）效率高　机械式转向器与电动机直接连接，效率高，最高可达 90% 以上。而传统的液压助力转向系统为机械式转向器和液压装置连接，效率较低，一般为 60% ~ 70%。

（3）耗能少　汽车在行驶过程中，处于转向状态的时间约占行驶时间的 5%。

（4）通用性好，安装方便　电动助力转向系统通过设置不同的程序，能快速地与不同车型匹配，因而能缩短生产和开发周期；由电动机、减速机构、传感器及 ECU 等组成，零件数量少，质量小，结构紧凑，安装容易。

（5）转向助力性能好　电动助力转向系统能在各种行驶工况下，根据车速、转向角、转向转矩和转向速度等提供合理的助力，减小汽车低速行驶时的转向操纵力，提高汽车高速行驶时的转向稳定性，进而提高汽车的安全性。同时，它的阻尼特性又具有可编程性，保证了路面冲击能够被极好地吸收，减少了路面不平对转向系统的扰动，改善了汽车的转向特性。

（6）对环境污染少　传统液压助力转向系统的液压回路中有液压软管和接头，存在油液泄漏的问题，而且液压软管不可回收，对环境有一定污染；而电动助力转向系统对环境的污染则很少。

（7）应用范围广　可用于轿车、轻型载货汽车、纯电动汽车等车型。

（8）匹配较难　减速机构、电动机等部件的摩擦力和惯性力会影响转向特性；车用电源的电压较低，电动助力转向系统的辅助动力较小，不太适合于大型车辆。

第二节　电动助力转向系统的控制方法

一、电动助力转向系统的控制策略

电动助力转向系统能对转向过程中的转向、回正、中间位置的每个环节进行精确控制，从而提高汽车的转向助力性能，还能根据各种传感器信号判断转向状态，选择执行不同的控制模式，然后根据这些要求，制订电动助力转向系统的控制策略。

（1）助力控制　在转向角增大的转向过程中，为了减小转向盘的操纵力，通过减速机构把电动机转矩作用到转向轴、齿轮齿条机械转向系统上的一种基本控制模式。电动助力转向系统利用电动机转矩和电流成比例的特性，将转向盘转矩传感器检测到的转矩信号和由车速传感器检测到的车速信号输入 ECU 中；根据预先设置的不同车速下的转矩－电动机助力目标电流表，确定电动机助力的目标电流；通过对反馈电流与电动机目标电流相比较，利用 PID 调节器进行调节，输出 PWM 信号到驱动回路，驱动电动机产生理想的助力转矩。

（2）回正控制　这是一种改善转向回正特性的控制模式，主要用于低速行驶。此时电动机控制电路实行断路，保持机械系统原有的回正特性。高速行驶时，为了防止转向回正超调，应采用阻尼控制模式。

（3）阻尼控制　汽车运行时，为了提高高速直线行驶稳定性的一种控制模式。汽车高速行驶时，如果转向过于灵敏，就会影响行驶稳定性。为提高直线行驶稳定性，应在死区范围内进行阻尼控制。

电动机控制模型的数学表达式为

$$u(t) = R_a i_a(t) + K_E \omega(t) + L_a \frac{\mathrm{d}i_a}{\mathrm{d}t} \tag{8-2}$$

式中，$u(t)$ 和 $i_a(t)$ 分别为电动机的端电压和电枢电流；$\omega(t)$ 为电动机的转速；R_a 和 L_a 分别为电动机的等效内阻、电感；K_E 为电动势常数。

电动助力转向系统中所用电动机的电枢电感很小，产生的感应电动势可忽略不计。若将电动机两端短路，则有

$$i_a(t) = -\frac{K_E \omega(t)}{R_a} \tag{8-3}$$

用一定占空比的 PWM 信号在电动机控制电路内部使电动机短路，电动机旋转产生的反电动势形成阻碍电动机继续旋转的阻尼转矩，改变占空比，即可改变阻尼转矩的大小。

二、电动助力转向系统的控制逻辑

如图 8-6 所示，电动助力转向系统的电动助力转向是车速感应控制型。根据汽车相关理论知识，当汽车车速升高时，施加给转向盘的辅助动力应相应减小，助力电动机的电流应减小。但在实际的控制中，电动机的电流呈现下降变化规律：在起动和低速时，电动机电流的变化较大，因为在车速极低时，转向盘上所需要的操纵力比中速时大得多；当车速超过 30km/h 时，转向盘上的操纵力很小，为了保持一定的操作手感，此时助力电动机和电磁离合器停止工作。另外，助力电动机的电流还随着转向

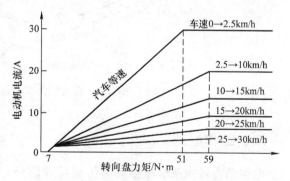

图 8-6　电动助力转向系统控制逻辑图

盘上操纵力的增加而增大，当转向盘上的操纵力增加到一定程度后，在一定的车速范围内，电动机的电流维持不变，转向盘需要更大操纵力的概率很小，所以从整体上对驾驶人的操纵

力影响不大。

第三节 电动助力转向系统在电动汽车上的应用

一、结构

纯电动汽车常用的电动助力转向系统是由车辆 12V 电源系统供电，并由小型电动机支持运转的，在需要大转向力矩的情况下，12V 电源系统会使用电控设备将电动助力转向系统电压升到 34V 以上。有的混合动力电动汽车和纯电动汽车采用 42V 的电动助力转向系统，这种系统通常是由 DC/DC 变换器驱动的。DC/DC 变换器将动力电池电压降到电动助力转向电动机所需的电压值。

如图 8-7 所示，丰田公司普锐斯汽车的转向系统是在齿轮齿条式转向机构的基础上采用了车速感应型电动助力转向系统，具有良好的转向操纵性能。该系统由转矩传感器、动力转向电动机、减速机构、动力转向 ECU、HV ECU、制动防滑控制 ECU、仪表 ECU、VSC ECU、复式显示器等组成。

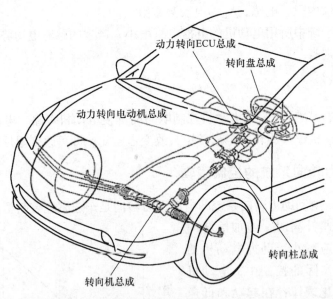

图 8-7 普锐斯汽车的转向系统结构示意图

二、工作原理

电动助力转向系统根据各种传感器的信号，通过动力转向 ECU 控制装在转向柱总成上的动力转向直流电动机，该电动机用于放大转向操纵力。转矩传感器检测扭力杆的扭曲，并把它转换成电信号，计算施加到扭力杆上的力矩，再将此信号输出给动力转向 ECU。动力转向电动机根据动力转向 ECU 的信号产生转向助力，减速机构通过蜗轮降低动力转向电动机的转速，并将它传递给转向柱轴，动力转向 ECU 根据各传感器输出的信号，控制转向柱

上的动力转向电动机，以提供转向助力。HV ECU 输出 READY 信号给动力转向 ECU，通知 EPS 准备发电；制动防滑控制 ECU 将速度传感器的信号输出给动力转向 ECU，仪表 ECU 收到动力转向 ECU 发出的系统故障信号后，点亮主警示灯，同时发送 PS（动力转向）警告，显示请求信号到复式显示器上。车辆稳定控制（VSC）系统工作时，制动防滑控制 ECU 发送助力力矩信号（根据联合控制传感器的信号计算得出）到动力转向 ECU。复式显示器系统发生故障时，由 PS（动力转向）灯显示故障。

第四节　线控转向系统

在线控转向系统（Steering By Wire，SBW）中，转向盘与转向轮之间无机械连接，利用传感器记录驾驶人的转向意图和车辆的行驶状况，通过数据线将信号传递给车载 ECU；ECU 经过数据分析，输出信号控制前轮转向模块，使转向轮偏转相应角度实现汽车转向。线控转向系统也被称为柔性转向系统，能实现汽车的智能转向。

一、线控转向系统的结构和工作原理

1. 线控转向系统的结构

如图 8-8 所示，汽车线控转向系统主要由转向盘模块、前轮转向模块、ECU、自动防故障系统、电源等辅助系统组成。

（1）转向盘模块　转向盘模块由转向盘组件、转向盘转角传感器、转矩传感器、回正力矩电动机组成，其功能是将测量得到的转向盘转角转换成数字信号并传递给 ECU，同时 ECU 向回正力矩电动机发送控制信号，产生转向盘回正力矩，以提供给驾驶人相应的路感信息。

（2）前轮转向模块　前轮转向模块由前轮转角传感器、转向执行电动机、电动机控制器和前轮转向组件等组成。前轮转向模块将测得的前轮转角信号反馈给 ECU，并接收 ECU 的命令，控制转向轮完成所要求的前轮转角，实现驾驶人的转向意图。

（3）ECU　ECU 对采集的信号进行数据分析，判断汽车的运动状态，向转向盘回正力矩电动机和转向电动机

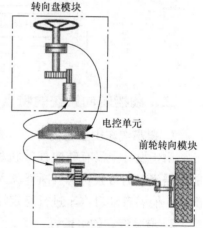

图 8-8　线控转向系统结构示意图

输出信号，控制两个电动机协调工作。ECU 还能对驾驶人的操作指令进行识别，判定在当前状态下驾驶人的转向操作是否合理，当汽车处于非稳定状态或驾驶人发出错误指令时，前轮线控转向系统将自动进行稳定控制或将驾驶人的错误转向操作屏蔽，以合理的方式自动驾驶车辆，使汽车尽快恢复到稳定状态。

（4）自动防故障系统　自动防故障系统是线控转向系统的重要模块，能针对不同的故障形式和故障等级做出相应的处理，以最大限度地保证汽车的正常行驶。线控转向技术采用严密的故障检测和处理逻辑，以最大限度地提高汽车安全性能。

（5）电源系统　电源系统承担着 ECU、两台执行电动机以及其他车用电器的供电任务，前轮转角执行电动机的最大功率就达 500～800W，加上汽车上的其他电子设备，要保证电源系统在大负荷下稳定工作。

2. 线控转向系统的工作原理

如图 8-9 所示，当驾驶人通过转向盘进行转向操纵时，系统将转向盘转角传感器检测到的转向盘转角信号以及横摆角速度、侧向加速度、车速、前轮转角信号一起传送至 ECU，经过 ECU 的数据分析、计算，确定输出路感电动机电流的大小，并把计算得到的电流输入电动机中，以控制产生电动机转矩，实现路感的模拟。同时，ECU 实时计算转向执行电动机电流大小，并把该电流输入电动机以产生转矩，从而实现转向功能，以及人 - 车 - 路的闭环控制。

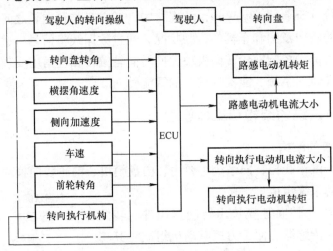

图 8-9　线控转向系统工作原理框图

二、线控转向系统的特点

1. 提高汽车安全性能

由于设计上没有转向柱等机械连接，避免了撞车事故中转向柱对驾驶人的伤害；ECU 能根据汽车的行驶状态判断驾驶人的操作是否合理，并做出相应的调整；当汽车处于极限工况时，能够自动对汽车进行稳定控制。

2. 增强汽车的舒适性

由于消除了机械连接结构，地面的不平和转向轮的不平衡不会传递到转向轴上，从而减缓了驾驶人的疲劳，驾驶人的腿部活动空间和汽车底盘的空间明显增大。

3. 改善驾驶人的路感

由于转向盘和转向车轮间无机械连接，驾驶人的路感信息通过模拟生成，可以从信号中提取最能够反映汽车实际行驶状态和路面状况的信息，作为转向盘回正力矩的控制变量，使转向盘仅向驾驶人提供有用信息，从而为驾驶人提供更为真实的路感。

4. 改善驾驶特性，增强操纵性

由于车速、牵引力控制以及其他相关参数基础上的转向比率（转向盘转角和车轮转角的比值）不断变化，低速行驶时，转向比率低，可减小转弯或停车时转向盘转动的角度；

高速行驶时，转向比率变大，可获得更好的直线行驶条件。

5. 冗余设计使可靠性提高

由于线控转向系统中转向盘和转向车轮之间没有直接的机械连接，当 ECU 出现故障时，车辆将无法保证转向功能，处于失控状态，所以存在工作不可靠的问题。但是，随着技术的发展，ECU 的可靠性不断得到提高，在系统设计中大量引入冗余设计，如传感器的冗余、电动机的冗余、车载电源系统的冗余等，使线控转向系统的可靠性得到了明显提高。

线控转向系统使电动汽车结构更紧凑、工作更平稳，是一种新技术，尤其是为今后推广无人驾驶汽车创造了条件。

第五节　四轮转向系统

四轮转向系统（4 Wheel Steering，4WS）是指汽车在转向时，后轮也相对车身主动转向，即四个车轮都能起转向作用，以改善汽车的转向机动性、操纵稳定性和行驶安全性。

一、四轮转向系统的组成和工作原理

1. 四轮转向系统的组成

如图 8-10 所示，四轮转向系统主要由转向模式开关、前轮转角传感器、后轮转角传感器、车速传感器、后轮转速传感器、横摆角速度传感器、ECU、后轮转向执行机构和后轮转向传动机构等组成。转向时，传感器将前轮转向信号和汽车运动信号送入 ECU，ECU 对各信号进行分析计算，向后轮转向执行机构输出驱动信号，后轮转向执行机构动作，通过后轮转向传动机构驱动后轮偏转。同时，ECU 实时监控汽车运行状况，通过计算目标转向角与后轮实时转向角之间的差值，来实时调整后轮的转角。这样可以根据汽车的实际运行状态，实现汽车的四轮转向。

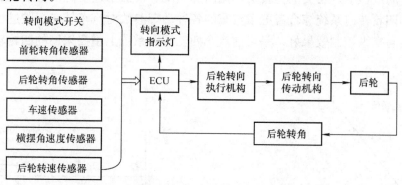

图 8-10　四轮转向系统组成结构图

2. 四轮转向系统的工作原理

四轮转向的汽车在转向过程中，根据不同行驶条件，前、后轮转向角之间应遵循一定的规律。

（1）逆相位转向　如图 8-11a 所示，在低速行驶或转向盘转角较大时，前、后轮实现逆相位转向，即后轮的偏转方向与前轮的偏转方向相反，且偏转角度随转向盘转角增大而在一定范围内增大（后轮最大转向角一般为5°左右）。逆相位转向方式可改善汽车低速时的操纵轻便性，减小汽车的转弯半径，提高汽车的转向机动性。

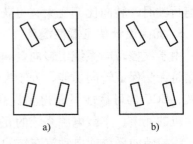

（2）同相位转向　如图8-11b 所示，在中高速行驶或转向盘转角较小时，前、后轮实现同相位转向，即后轮的偏转方向与前轮的偏转方向相同（后轮最大转向角一般为1°左右）。同相位转向方式可使汽车车身的横摆角速度减小，减少汽车车身发生动态侧偏的倾向，保证汽车在高速超车，以及进出高速公路、高架

图 8-11　四轮转向后轮偏转规律示意图

a）逆相位转向　b）同相位转向

引桥和立交桥时，处于不足转向状态。四轮转向系统可提高汽车高速行驶时的操纵稳定性，而不过分要求汽车在低速行驶时的转向机动性，低速时汽车只采用前轮转向，只有在汽车行驶速度达到一定数值后，后轮才参与转向，进行同相位四轮转向。

二、四轮转向系统的控制方法

1. 转角随动型

如图8-12 所示，转角随动型四轮转向装置中后轮的偏转受前轮偏转的控制，做被动转向，即后轮偏转方向和转角大小受转向盘转动方向和转角大小的控制，通过一根后轮转向传动轴连接前、后轮转向机构，一般采用机械式传动和人力直接控制。转角随动型四轮转向系统在系统结构和动态控制上存在一定的局限性，尤其是在高速急转弯时，会使汽车的操纵稳定性恶化，因此目前很少采用。

2. 车速感应型

如图8-13 所示，车速感应型四轮转向装置的后轮偏转方向和转角大小主要受车速高低的控制，在转向过程中，还受前轮转角、侧向加速度、横摆角速度等动态参数的综合控制作用。这种汽车四轮转向系统综合考虑了汽车的各种动态参数对汽车转向行驶过程中操纵稳定性的影响，动态操纵控制效果好，是目前汽车四轮转向系统上主要采用的四轮转向装置。

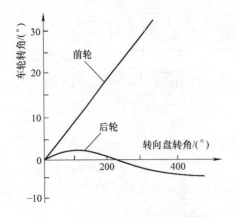

图 8-12　转角随动型系统转角曲线图

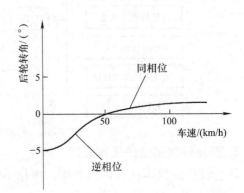

图 8-13　车速感应型系统转角曲线图

采用四轮转向系统的汽车具有以下优点：转向操纵响应快，准确性高；转向机动性和行

驶稳定性好；抗侧向干扰效果好；超车时，变换车道更容易，减小了汽车产生摆尾和侧滑的可能性等。其缺点为：低速转向时，汽车尾部容易碰到障碍物；实现理想控制的技术难度大；转向系统结构复杂、成本高；转向过程中，不能完全保证轮胎与地面间处于纯滚动而无滑移的状态等。

三、电控液压式四轮转向系统的应用

1. 系统结构

如图 8-14 所示，电控液压式四轮转向系统有转向盘、转向液压泵、前轮转向器、后轮转向传动轴、车速传感器、ECU、后轮转向系统等部件。电控液压式四轮转向系统使用前后两套动力转向系统，后轮的控制采用车速感应的方法，后轮偏转的角度取决于车速及转向盘的转角，并根据设置的程序由 ECU 进行控制，与转向盘操纵力大小无关。

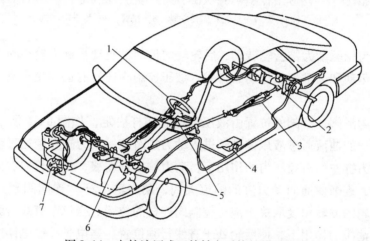

图 8-14 电控液压式四轮转向系统结构示意图

1—转向盘   2—后轮转向系统   3—后轮转向传动轴   4—ECU   5—车速传感器   6—前轮转向器   7—转向液压泵

2. 部件结构

（1）前轮转向器和后轮转向传动轴 前轮转向器为齿轮齿条式结构，齿条与固定在后轮转向传动轴上的小齿轮啮合，当转动转向盘使齿条水平移动时，齿条一方面控制前轮转向动力缸的工作，推动前轮转向，同时将转向盘转动的方向、快慢和角度传给后轮转向传动轴，以控制后轮转向。

（2）后轮转向系统 后轮转向系统包括相位控制系统、液压控制阀、后轮转向动力缸等，其中相位控制系统由步进电动机、扇形控制齿板、摆臂、大锥齿轮、小锥齿轮、液压控制阀连杆等组成，如图 8-15 所示。后轮转向传动轴与小齿轮连接，并输入前转向齿条的运动状态，一个前后车轮转向角比传感器安装在扇形控制齿板的旋转轴上。

步进电动机驱动一对锥齿轮转动，锥齿轮驱动蜗杆转动，蜗杆驱动扇形控制齿板摆动，ECU 控制步进电动机沿顺时针/逆时针方向转动，驱动扇形控制齿板正向摆动/逆向摆动一定角度，从而将摆臂拉向/推离步进电动机。

液压控制阀连杆的一端连接摆臂，另一端与液压控制阀主动杆相连接，中间穿过大锥齿

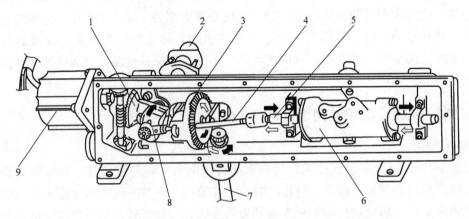

图 8-15 相位控制系统

1—扇形控制齿板 2—转向角比传感器 3—大锥齿轮 4—液压控制阀连杆 5—液压控制阀主动杆

6—液压控制阀 7—后轮转向传动轴 8—摆臂 9—步进电动机

轮上的孔；小锥齿轮驱动大锥齿轮转动，后轮转向传动轴驱动小锥齿轮转动，液压控制阀连杆的运动是摆臂运动和大锥齿轮运动的合成，液压控制阀连杆的运动受车速和前轮转向运动的影响。

液压控制阀为滑阀，滑阀的位置由液压控制阀连杆决定，如图 8-16 所示。滑阀向左移动时，液压泵输送的油液通过液压控制阀进入动力缸右腔，动力缸左腔通过液压控制阀与储油罐相通，在动力缸左、右腔压力的作用下，动力输出杆左移，使后轮向右偏转，动力输出杆带动阀套左移，逐渐使通向动力缸的油道关闭，动力输出杆（连同阀套）停止移动，后轮停止偏转，后轮的偏转角度取决于液压控制阀连杆的位置。当汽车直线行驶时，在动力缸两腔回位弹簧及油压的作用下，使后轮处于直线行驶位置。当电子控制电路或液压回路出现故障时，后轮可回到直线行驶位置，使四轮转向变成一般的两轮转向工作状态。

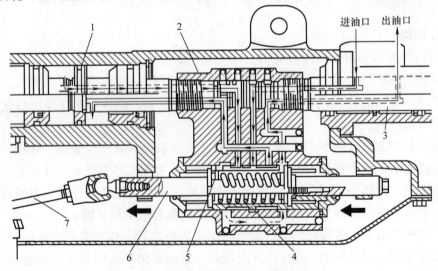

图 8-16 液压控制阀结构图

1—动力缸活塞 2—阀套 3—动力输出杆 4—滑阀 5—回油道 6—液压控制阀主动杆 7—液压控制阀连杆

（3）ECU ECU 中有两个车速传感器，分别安装在汽车车速表内和变速器的输出轴端，用于测量车速并向四轮转向控制系统输送车速脉冲信号。

转角比传感器的作用是检测相位控制器中扇形控制齿板的转角位置，并将检测出的信号反馈给 ECU，作为监控信号。

电控液压阀的作用是控制由转向液压泵输向后轮转向动力缸的油路通断。当液压回路或电子控制电路出现故障时，电控液压阀就切断由转向液压泵通向液压控制阀的油液通道，使四轮转向装置处于两轮转向工作状态，起到失效保护作用。

ECU 根据车速计算汽车转向时前后轮的转角比，比较前后轮理论转角比与当时的前后轮实际转角比，并向步进电动机发出正转角或反转角大小的运转指令，监控四轮转向电子电路工作是否正常。当发现四轮转向机构工作出现异常时，点亮警告灯，并断开电控液压阀的电源，使系统处于两轮转向状态。

3. 工作原理

ECU 根据车速控制后轮转向系统的步进电动机工作，驱动扇形控制齿板转动，使摆臂摆动，驱动液压控制连杆左右移动；转向盘的转动通过后轮转向传动轴带动大锥齿轮转动，驱动液压控制连杆摆动，使液压控制连杆左右移动。这两种运动确定了液压控制连杆的左右位置、液压控制阀滑阀的位置，以及后轮偏转的方向和角度。

如图 8-17a 所示，当车速低于 35km/h 时，扇形控制齿板在步进电动机的控制下向负方向偏转。当转向盘向右转动时，驱动小锥齿轮、大锥齿轮分别向空白箭头方向转动，摆臂在扇形控制齿板和大锥齿轮的带动下最终向右上方摆动，液压控制阀主动杆和滑阀也向右移动，由转向液压泵输送的高压油液进入后轮转向动力缸的左腔，使后轮相对于前轮反向偏转，使车辆转向半径减小，提高了低速时的机动性。

如图 8-17b 所示，当车速高于 35km/h 时，扇形控制齿板在步进电动机的控制下向正方向移动。当转向盘仍向右转动时，驱动摆臂向左上方摆动，将液压控制阀主动杆和滑阀向左拉动，由转向液压泵输送的高压油液进入后轮转向动力缸的右腔，使后轮向右偏转，后轮相对于前轮同向偏转，使汽车高速行驶时的操纵稳定性显著提高。

如图 8-17c 所示，当车速等于 35km/h 时，扇形控制齿板处于中间位置，摆臂处于与大锥齿轮轴线垂直的位置，转向盘向左或向右转动，液压控制阀主动杆均不产生轴向位移，后轮保持与汽车纵向轴线平行的直线行驶状态。

四、电控电动式四轮转向系统应用

电控电动式四轮转向系统采用车速感应的控制方法，根据车速不同，进行逆相位、同相位偏转，提高汽车低速行驶转向时的机动性和高速行驶转向时的操纵稳定性。

1. 系统组成

如图 8-18 所示，该系统主要由主前轮转角传感器、副前轮转角传感器、主后轮转角传感器、副后轮转角传感器、后轮转速传感器、车速传感器组成的输入传感器和 ECU 以及后轮转向执行器等组成。

如图 8-19 所示，后轮转向执行器包含一个通过循环球螺杆驱动转向齿条的电动机，常

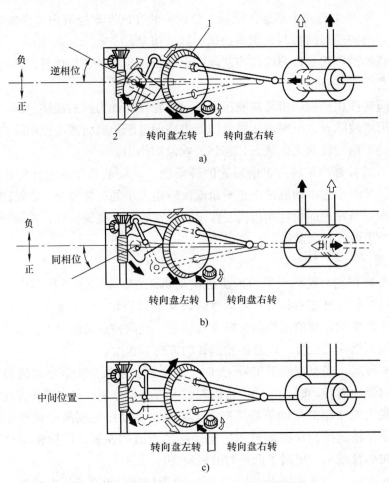

图 8-17　汽车后轮转向系统工作原理示意图

a) 逆相位　b) 同相位　c) 中间位置

1—大锥齿轮　2—扇形控制齿板

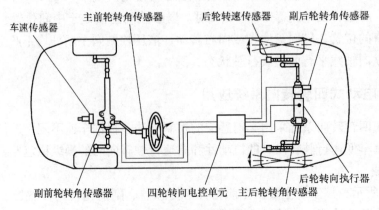

图 8-18　电控四轮转向系统组成示意图

规的转向横拉杆从转向执行器连接到后轮转向臂和转向节处，执行器内的复位弹簧在点火开关关闭或四轮转向系统失效时将后轮推向直线行驶位置，一个主后轮转角传感器和一个副后轮转角传感器安装在后轮转向执行器的顶端。

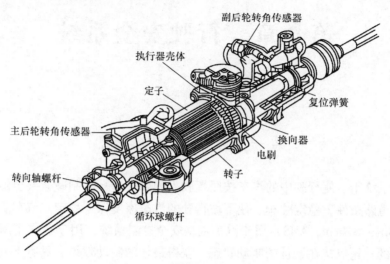

图 8-19　后轮转向执行器结构图

2. 工作原理

汽车工作时，电动助力转向系统的 ECU 连续从所有输入传感器处收到信号，当转向盘转动时，ECU 对所有传感器传来的信号进行数据处理，计算出适当的后轮转向角，输出信号控制后轮转向执行器电动机使后轮实现正确的转向。前轮转向器和后轮转向执行器之间无机械连接装置，后轮转向完全靠 ECU 通过电动机控制。

当车速低于 29km/h 转向时，后轮向相反方向偏转，车速为零时的最大转角为 6°，在 29km/h 时后轮转向角接近于零。当车速大于 29km/h 时，在转向盘 200°转角以内，后轮的转向角与前轮一致；当转向盘转角大于 200°时，后轮开始向相反方向偏转。

当车速提高到 29km/h，并且转动转向盘 100°时，后轮将向相同方向偏转大约 1°；当转向盘转动 500°时，后轮将向相反方向偏转大约 1°。

 思考题与习题

8-1　汽车电动助力转向系统应该满足哪些要求？

8-2　在电动助力转向系统中，电磁离合器起什么作用？其作用如何实现？

8-3　四轮转向系统在高速、低速转向时如何保证车辆的最佳转向性能？

8-4　四轮转向系统车辆的低速转向特性如何？

第九章　行驶安全系统

第一节　制动系统

汽车制动系统用于使行驶中的汽车按照驾驶人的要求进行强制减速甚至停车、使已停驶的汽车在各种道路条件下稳定驻车、使下坡行驶的汽车速度保持稳定。汽车防抱死制动系统（Anti – Lock Brake System，ABS）属于汽车主动安全控制系统，用于在汽车制动时防止车轮抱死，使制动的车轮保持在最佳的制动状态，获得最佳的制动效果，具有下列特点：

1) 保持汽车制动时的方向稳定性。
2) 保持汽车制动时的转向能力。
3) 缩短汽车制动时的制动距离。
4) 减少汽车制动时的轮胎磨损。

一、制动系统的工作原理

汽车制动时，汽车车轮主要受到制动器制动力 F_μ、地面制动力 F_{xb} 和路面对车轮的法向力 F_N 三个力。制动器的制动力矩 T_μ 用于约束车轮转动，其计算公式为

$$F_\mu = \frac{T_\mu}{r} \tag{9-1}$$

式中，T_μ 为制动器的制动力矩；r 为车轮半径。

地面制动力 F_{xb} 作用于车轮上使汽车减速，它是汽车车轮与地面之间的摩擦力，其方向与汽车行驶方向相反。地面制动力 F_{xb} 越大，汽车的制动效能越高。

当制动器制动力矩较小时，随着制动力矩的增加，地面制动力 F_{xb} 也增加，汽车制动减速度增加，汽车车轮在路面上滚动。

当制动器制动力矩继续增加时，地面制动力将受到地面与轮胎之间附着力 F_φ 的限制而不再增长。当地面制动力 F_{xb} 达到附着力 F_φ 时，汽车车轮抱死滑移。附着力 F_φ 的计算公式为

$$F_\varphi = F_N \varphi \tag{9-2}$$

式中，F_N 为地面对车轮的法向反作用力；φ 为车轮与地面之间的附着系数，与路面和轮胎的性质以及车轮的滑移率有关。

汽车行驶时，车轮有三种运动状态：

1) 当汽车低速滑行时，可以认为车轮做纯滚动。

2）当汽车处于驱动状态时，驱动车轮在滚动的同时存在一定程度的滑转。

3）当汽车处于制动状态时，制动车轮在滚动的同时存在一定程度的滑移。

汽车制动过程中，车轮滑移程度用车轮滑移率表示。车轮滑移率是车速与车轮速度的差值与车速之比，即

$$s = \frac{v - v_\omega}{v} \times 100\% = \frac{v - r\omega}{v} \times 100\% \tag{9-3}$$

式中，v 为车速；v_ω 为车轮速度；r 为车轮半径；ω 为车轮转动角速度。

当汽车车轮在路面上纯滚动时，车速等于车轮速度，即 $v = v_\omega$，$s = 0$；

当汽车车轮在路面上纯滑移时，车轮完全抱死，$\omega = 0$，$s = 100\%$；

当汽车车轮在路面上边滚动边滑移时，$v > v_\omega$，$0 < s < 100\%$。

汽车制动过程中，在路面附着系数 φ、地面对车轮的法向反作用力 F_N 一定时，车轮制动器的制动力矩越大，车轮的滑移率 s 越大。

如图 9-1 所示，汽车车轮与地面之间的附着系数 φ 会随着车轮滑移率 s 的变化而变化。路面的性质不同，附着系数也不同，干燥路面的附着系数大，潮湿路面的附着系数小，冰雪路面的附着系数更小。在同一种路面上，附着系数随滑移率的变化而变化，各种路面附着系数曲线的变化趋势大致相同（除了雪地的纵向附着系数曲线以外）。

图 9-2 所示为干燥硬实路面纵向附着系数 φ 随滑移率 s 的变化规律。

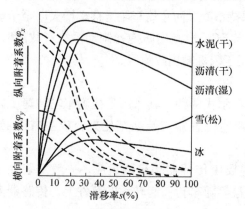

图 9-1　附着系数与滑移率变化图

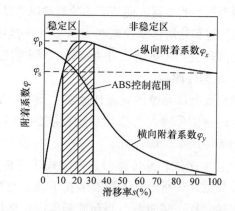

图 9-2　干燥硬实路面附着系数随滑移率的变化规律

随着滑移率的增大，纵向附着系数 φ_x 迅速增大。当滑移率达到约 20% 时，纵向附着系数达到最大值，为峰值附着系数 φ_p。与峰值附着系数对应的车轮滑移率，为峰值附着系数滑移率 s_p。

当滑移率继续增加时，纵向附着系数逐渐减小，进入制动非稳定区。

当滑移率达到 100% 时，车轮完全被抱死滑移，附着系数为滑动附着系数 φ_s。

滑动附着系数一般情况下小于峰值附着系数，在干燥硬实路面上，滑动附着系数 φ_s 比峰值附着系数 φ_p 小 10%～20%；在潮湿硬实路面上，滑动附着系数 φ_s 比峰值附着系数 φ_p 小 20%～30%。

当滑移率 $s = 0$ 时，横向附着系数 φ_y 最大。随着滑移率 s 的增大，横向附着系数 φ_y 逐渐

减小。当滑移率达到100%时，横向附着系数 $\varphi_y = 0$。

汽车制动时，车轮与路面之间的纵向附着系数 φ_x 越大，制动距离越短；车轮与路面之间的横向附着系数 φ_y 越大，制动时的方向稳定性和转向控制能力越好。

当汽车制动时，滑移率 $s = 100\%$，车轮完全抱死，纵向附着系数 φ_x 小于峰值附着系数 φ_p，此时的制动距离比达到峰值附着系数 φ_p 时的制动距离长；横向附着系数 $\varphi_y = 0$，汽车几乎失去了横向附着能力，汽车的方向稳定性变差，可能产生侧滑、甩尾甚至回转等情况。当汽车需要转向时，转向轮在路面上滑动，汽车不会按照转向轮偏转的方向行驶，而是沿汽车行驶惯性力的方向向前滑动，汽车失去转向控制能力。汽车上采用ABS是为了避免制动时车轮抱死，且将滑移率 s 控制在 10% ~ 30%。在此范围内，有最大的纵向附着系数 φ_x 来获得较好的制动距离，有较大的横向附着系数 φ_y 来获得较好的横向稳定性、转向控制能力。

二、制动系统的结构

防抱死制动系统由轮速传感器、ECU、制动压力调节器（包括电磁阀总成、液压泵总成和储液器等）和ABS警告灯等组成。汽车制动时，当传感器监测到助力器真空度不足时，电子真空助力泵开始工作，维持真空环境。ECU监测车轮的轮速信号，判断车轮的运动状态。当踩下制动踏板且制动强度较低时，车轮滑移率小，防抱死制动系统不启动，为常规制动；继续踩下制动踏板时，制动强度增大，当ECU监测到某车轮的滑移率增大到一定值时，ECU输出信号，控制制动压力调节器，使该车轮的制动压力降低或保持不变，防止该车轮滑移率增大以至于车轮抱死，将车轮滑移率控制在 10% ~ 30% 范围内。当ECU检测出防抱死制动系统有故障时，安装在仪表盘上ABS警告灯将点亮。ABS警告灯可用于闪烁输出故障码。

1. 轮速传感器

防抱死制动系统的轮速传感器主要有电磁式和霍尔式两种，其作用是检测车轮转速，并将车轮转速信号输入防抱死制动系统的ECU中。轮速传感器安装在车轮处，或主减速器、变速器等传动系统部件处。

（1）电磁式轮速传感器　电磁式轮速传感器主要由传感器和齿圈组成，一般安装在车轮处，如图9-3所示。齿圈安装在半轴、轮毂制动盘等随车轮一起转动的部件上，传感器安装在半轴套管、转向节、制动底板等固定部件上。

如图9-4所示，传感器一般安装在传动系统部件的主减速器或变速器壳体上。齿圈安装在变速器输出轴上，或利用主减速器从动齿轮作为齿圈。

电磁式轮速传感器结构简单、成本低，主要由永久磁铁、铁心和线圈组成。齿圈则由磁阻较小的铁磁性材料制成，传感器与齿圈之间的间隙为 0.4 ~ 2.0mm，如图9-5所示。当齿圈上的齿的齿顶与电磁式轮速传感器的磁极端部对正时，磁极端部与齿圈之间的间隙最小，通过线圈的磁通最大；当齿圈转动到两个轮齿之间的部分对准电磁式轮速传感器磁极端部时，磁极端部与齿圈之间的间隙最大，通过线圈的磁通最小。转子每转过一个齿，通过线圈的磁通就发生一次由大到小的变化，变化的磁通在线圈中感应出交变电压，交变电压频率与齿圈的齿数和转速成正比。防抱死制动系统ECU通过对电磁式轮速传感器输入的电压脉冲频率进行计算，来确定车轮转速。

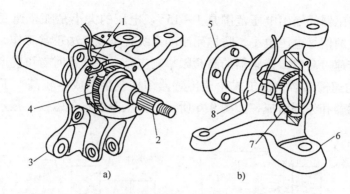

图 9-3　电磁式轮速传感器在车轮上的安装位置示意图

a）驱动轮结构图　b）从动轮结构图

1、8—电磁式轮速传感器　2—半轴　3—悬架支承　4—齿圈　5—轮毂　6—转向节　7—齿圈

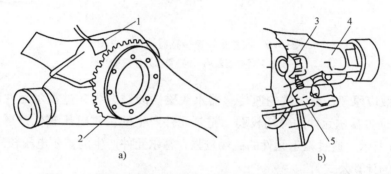

图 9-4　电磁式轮速传感器在传动系统上的安装位置示意图

a）主减速器结构图　b）变速器结构图

1、5—电磁式轮速传感器　2—主减速器从动齿轮　3—齿圈　4—变速器

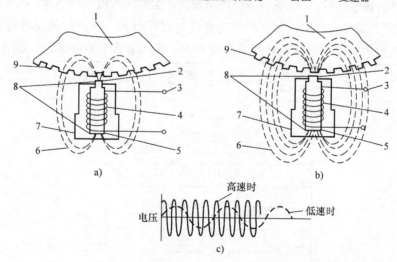

图 9-5　电磁式轮速传感器工作原理示意图

a）两齿之间部分与磁极端部对正　b）齿顶与磁极端部对正　c）传感器信号

1—齿圈　2—磁极端部　3—线圈引线　4—线圈　5—永久磁铁　6—磁力线

7—电磁式轮速传感器壳体　8—磁极 N、S　9—轮齿

电磁式轮速传感器的输出电压范围是 1～15V，电压的大小是随车速变化的，当车速较低时，传感器产生的信号电压也小，防抱死制动系统有可能无法正常工作，抗电磁波干扰能力较差；当车轮转速过高时，传感器的高频频率响应差，在高速时有可能产生错误信号。

（2）霍尔式轮速传感器　霍尔式轮速传感器结构复杂、成本较高，工作时需要有电源电压，主要由传感器和齿圈组成，如图9-6所示。传感器由永久磁铁、霍尔元件和集成电路等组成。

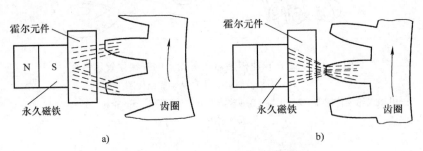

图9-6　霍尔式轮速传感器结构示意图

a）霍尔元件磁场较弱　b）霍尔元件磁场较强

根据霍尔效应原理，霍尔式轮速传感器永久磁铁的磁力线穿过霍尔元件通向齿圈，如图9-6a所示。通过霍尔元件的磁场较弱，霍尔元件产生的霍尔电压较低；当齿圈继续转动时，如图9-6b 所示，通过霍尔元件的磁场较强，霍尔元件产生的霍尔电压较高。

霍尔电压的计算公式为

$$U_{\mathrm{H}} = K\frac{IB}{d} \tag{9-4}$$

式中，K 为导体的霍尔系数；I 为通过导体的电流；B 为磁场的磁感应强度；d 为导体的厚度。

图9-7a 所示为霍尔元件输出毫伏级的电压经过运算放大、施密特触发器转换成标准的脉冲信号，再经过放大后输出给防抱死制动系统 ECU。集成电路中的各级波形如图9-7b 所示。

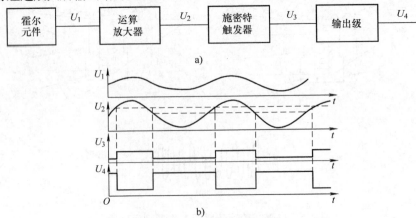

图9-7　霍尔式轮速传感器工作原理示意图

a）传感器电路框图　b）传感器集成电路输出波形

霍尔式轮速传感器的输出电压不随车轮转速的变化而变化。当电源电压为 12V 时，输出电压范围为 11.5～12V，抗电磁干扰能力较强。传感器频率响应最高为 20kHz，相当于车速为 1000km/h 时所检测的信号频率。

2. 减速度传感器

减速度传感器用来识别是否为冰、雪等易滑路面，主要用于检测四轮驱动汽车制动时的减速度。减速度传感器有差动变压器式和汞开关式两种类型。

差动变压器式减速度传感器如图 9-8 所示，差动变压器的一次线圈连接在振荡电路中，其二次线圈是两个匝数相等、绕向相反的线圈。对变压器输入一个交变电压信号，汽车静止或匀速行驶时，差动变压器一次线圈内的铁心在片簧的作用下处于线圈的中间位置，两个二次线圈的感应电压总是大小相等、方向相反，因此其输出电压为零；当汽车制动减速时，铁心受到惯性力的作用克服片簧的弹力向前移动，两个二次线圈产生的感应电压大小不相等，输出信号随之变化。汽车减速度越大，铁心的移动量越大，输出的信号值越大。

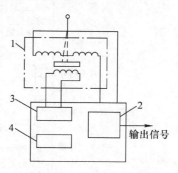

图 9-8　差动变压器式减速度传感器结构示意图
1—差动变压器　2—解调电路
3—振荡电路　4—基础电路

汞开关式传感器安装在四轮驱动汽车上。如图 9-9 所示，减速度传感器装有方向相反的两个汞开关，在汽车前进和后退时都能够检测路面附着系数信息。当汽车处于水平位置时，开关内的汞位于底部，将两电极连通，开关接通；汽车在低附着系数的路面上制动时，由于减速度小，开关内的汞移动量较小，所以开关仍处于接通状态；汽车在高附着系数的路面上制动时，由于制动减速度较大，汞在惯性力作用下向前移动，所以开关断开。防抱死制动系统 ECU 根据开关的状态判断路面附着系数的信息。

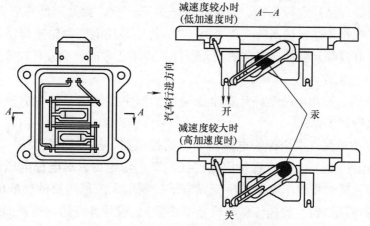

图 9-9　汞开关式传感器结构示意图

3. ECU

ECU 用于接收轮速传感器和其他传感器的输入信号，通过计算和逻辑分析、判断后输出控制指令，控制制动压力调节器调节制动压力。如图 9-10 所示，ECU 电路主要由输入电路、计算电路、输出电路、安全保护电路等组成。

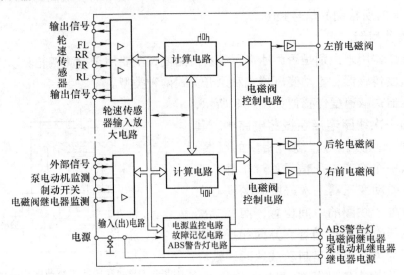

图 9-10　ECU 电路结构示意图

（1）输入电路　输入电路由低通滤波电路和整形、放大电路组成，对轮速传感器、点火开关、制动开关、制动液位开关等输入信号进行处理，将模拟信号转变成数字信号传输到计算电路。ABS 自诊断系统能监测轮速传感器及其电路的工作情况，通过计算电路发出监测信号，经输入电路至各轮速传感器，再通过输入电路将反馈信号传送到计算电路，判断各轮速传感器及其电路是否正常。输入电路还能输入电磁阀继电器、泵电动机继电器等元器件的监测信号，并将信号经处理后输入计算电路，判断元器件工作是否正常。

（2）计算电路　计算电路一般由两个微处理器（CPU）组成，以保证系统工作安全可靠。两个微处理器接收同样的输入信号，在进行运算、处理的过程中，通过交互式通信，对两个微处理器的处理结果进行比较。如果处理结果不一致，微处理器将立即使 ABS 停止工作，此时制动系统是普通制动系统（无 ABS）。计算电路还能监测轮速传感器和泵电动机继电器、电磁阀继电器等元器件。当监测到元器件工作不正常时，会立即向安全保护电路输出信号，使 ABS 停止工作。

（3）输出电路　输出电路是将计算电路输出的数字控制信号转变成模拟信号，通过功率放大器驱动执行器工作。

（4）安全保护电路　安全保护电路由电源监控电路、故障记忆电路、继电器驱动电路和 ABS 警告灯电路等组成。安全保护电路连接汽车电源电压，对电源电压是否稳定在规定范围内进行监控，同时将汽车电源电压变成电子控制单元内部需要的标准电压。当 ABS 出现故障（如电源电压过低、轮速传感器信号不正常），或计算电路、电磁阀控制电路、泵电动机电路有故障时，安全保护电路能够根据微处理器的输出信号，使 ABS 停止工作，恢复常规制动功能，起到失效保护作用。同时仪表板上的 ABS 警告灯报警，并且将故障信息存储在存储器内，以便在进行自诊断检测时读取故障信息。

4. 制动压力调节器

制动压力调节器接收电子控制单元的输出信号，通过电磁阀自动调节车轮制动器的制动压力。制动压力调节器根据动力来源不同，可分为液压式（主要用于轿车和轻型货车）和气压式（用于中型和大型客车以及载重货车）；根据调压方式不同，可分为循环式和可变容积式。

如图 9-11 所示，循环式制动压力调节器主要由电磁阀、回油泵、储液器等组成。电磁阀控制制动主缸、制动轮缸、储液器三条管路的通断，实现对制动轮缸制动压力的调节。储液器暂时储存制动轮缸减压过程中流出的制动液，并衰减制动液的压力波动，回油泵将储液器的制动液输送至制动主缸。

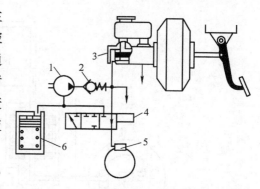

图 9-11　循环式制动压力调节器结构示意图
1—回油泵　2—单向阀　3—制动主缸
4—电磁阀　5—制动轮缸　6—储液器

回油泵和储液器工作示意图如图 9-12 所示。回油泵由永磁电动机和柱塞泵组成，当电动机工作时，带动凸轮旋转，驱动柱塞向下运动，柱塞下方的制动液受到压缩，顶开出液阀，制动液被泵回制动主缸；当凸轮基圆与柱塞接触时，柱塞在弹簧力的作用下向上运动，出液阀关闭，储液器内的制动液进入柱塞泵腔。

储液器内有活塞和弹簧，当制动轮缸的制动液流入储液器时，推动活塞并压缩弹簧向下移动，使储液器的储液容积增大，暂时存储制动液，减小回流制动液的压力波动。储液器有高压和低压之分，为了区分，通常将低压储液器直接称为储液器，而将高压储液器称为储能器或蓄能器。循环式制动压力调节器使用的是储液器，而可变容积式制动压力调节器内除了有储液器以外还有储能器。

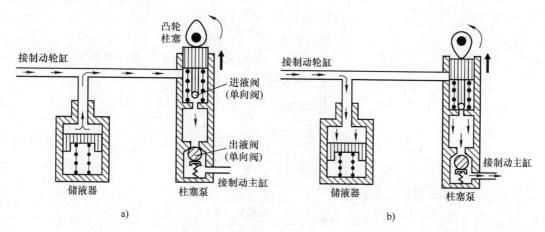

图 9-12　回油泵和储液器工作示意图
a）柱塞上行　b）柱塞下行

（1）循环式制动压力调节器　循环式制动压力调节器的工作过程分为常规制动过程、

保压过程、减压过程和增压过程四个过程。

1）常规制动过程。如图 9-13 所示，根据 ABS ECU 的输出信号，制动压力调节器的电磁线圈不通电，柱塞（衔铁）在弹簧力的作用下位于最下端，制动主缸的管路经电磁阀与制动轮缸管路相通，制动轮缸的压力随制动主缸压力的变化而变化，此时回油泵不工作。

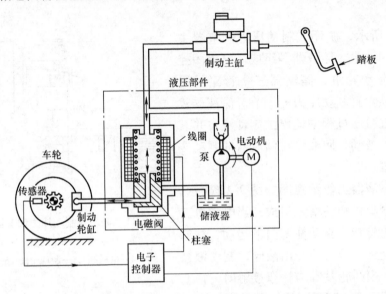

图 9-13　循环式制动压力调节器常规制动过程示意图

2）保压过程。在 ABS 工作过程中，当需要对制动轮缸保持制动压力时，根据 ABS ECU 的输出信号，电磁阀的电流较小，如图 9-14 所示，电磁阀中的柱塞移至中间位置，所有的通道都被关闭，同时切断回油泵电动机电源使回油泵停止工作，制动轮缸内的制动压力保持不变。

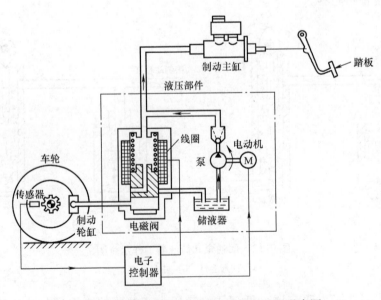

图 9-14　循环式制动压力调节器保压过程示意图

3）减压过程。当需要对制动轮缸进行减压时，ABS ECU 输出信号，电磁阀的电流较大，电磁阀中的柱塞在电磁力作用下移向上端，如图 9-15 所示。制动主缸与制动轮缸之间的通路被切断，而制动轮缸与储液器之间的管路被接通，制动轮缸中的部分制动液流入储液器，从而减小了该车轮的制动压力。ECU 同时起动回油泵工作，将流入储液器的制动液泵回制动主缸。

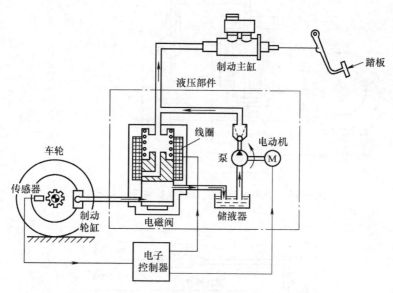

图 9-15　循环式制动压力调节器减压过程示意图

由于减压过程中由制动轮缸流入储液器的制动液被回油泵又"循环"回制动主缸，因此这种制动压力调节器称为循环式制动压力调节器。另外，制动液在循环回制动主缸的过程中，会造成制动主缸内的制动液压力波动，因而制动踏板会有反弹的感觉。踏板反弹的频率为 3~4 次/s。

4）增压过程。当需要对制动轮缸增加制动压力时，ABS ECU 输出信号，电磁阀断电，如图 9-16 所示。电磁阀中的柱塞在弹簧力的作用下又回到原始位置，制动主缸和制动轮缸的管路再次相通，来自制动主缸的制动液可以再次进入制动轮缸，使制动轮缸的压力增大。

（2）可变容积式制动压力调节器　可变容积式制动压力调节器主要由电磁阀、控制活塞、液压泵、储液器和储能器等组成，工作过程包括常规制动过程、保压过程、减压过程和增压过程四个过程。这种制动压力调节器工作时，是通过改变控制活塞小端的容积来调节轮缸的制动压力的，因此被称为可变容积式制动压力调节器。

1）常规制动过程。如图 9-17 所示，电磁阀线圈中没有电流通过，电磁阀中的柱塞在弹簧力的作用下位于最左端位置，将控制活塞的大端工作腔与储液器接通，使工作腔内的控制油液可以进入储液器；控制活塞在其右端回位弹簧的作用下运动到最左端位置，控制活塞左端的推杆将单向阀顶开，使制动主缸与制动轮缸之间的管路连通；制动主缸内的制动液可以直接进入制动轮缸，制动轮缸的制动压力随制动主缸压力的变化而变化。

2）保压过程。如图 9-18 所示，当需要保持制动压力时，ECU 输出信号，电磁线圈的

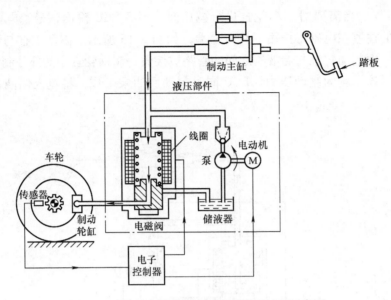

图 9-16　循环式制动压力调节器增压过程示意图

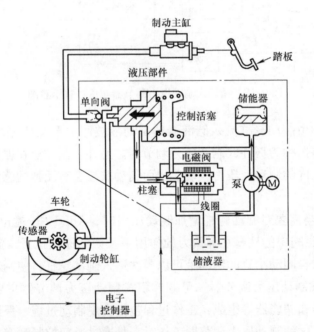

图 9-17　可变容积式制动压力调节器常规制动过程示意图

电流较小，电磁阀中的柱塞在电磁吸力和弹簧力的共同作用下处于中间位置，因此将通向储能器、控制活塞工作腔以及储液器的油路全部封闭，来自储能器和液压泵的控制油液不能进入控制活塞大端工作腔，控制活塞大端工作腔的控制油液被密封，工作腔内的油压保持不变，控制活塞保持一定位置不动，因此控制活塞小端工作腔的容积不发生变化。而此时单向阀仍处于关闭状态，所以制动轮缸的油压保持不变。

　3）减压过程。如图 9-19 所示，在 ABS 工作过程中，当需要减小制动轮缸的制动压力

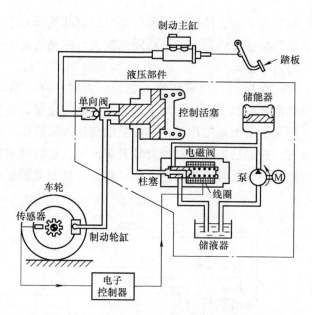

图 9-18 可变容积式制动压力调节器保压过程示意图

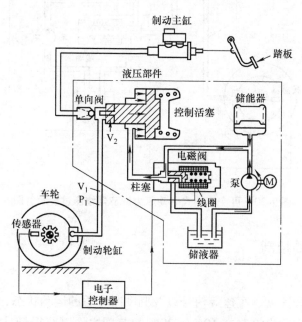

图 9-19 可变容积式制动压力调节器减压过程示意图

时，电磁线圈的电流较大，电磁阀中的柱塞在电磁吸力的作用下克服弹簧力移至右端位置，将储能器与控制活塞工作腔之间的油路接通，同时将通向储液器的油路关闭。液压泵开始工作，来自储能器或液压泵的高压控制油液进入控制活塞大端的工作腔，克服弹簧弹力，推动控制活塞右移。控制活塞右移的过程可分为两个阶段：第一个阶段，随着控制活塞的右移，单向阀落座关闭，制动主缸与制动轮缸之间的通路被切断，制动主缸中的制动液不能再进入制动轮缸；第二阶段，随着控制活塞继续右移，控制活塞小端工作腔的容积增大，制动轮缸内的部分制动液进入控制活塞小端工作腔，制动轮缸中的制动液压力下降。轮缸制动压力减小的程度取决于控制活塞向右移动的距离，移动距离越大，控制活塞小端形成的减压容积就越大，轮缸制动压力降得也越多。

4）增压过程。如图 9-20 所示，当需要增大制动压力时，ECU 输出信号，电磁线圈中无电流通过，电磁阀中的柱塞在弹簧力的作用下回到左端原始位置，将控制活塞大端工作腔与储液器的管路接通，控制活塞大端工作腔内的控制油液流入储液器，控制活塞在弹簧力的作用下回到左端初始位置，控制活塞端部的推杆顶开单向阀，将制动主缸与制动轮缸之间的油路连通，来自制动主缸的制动液可以再次进入制动轮缸，使制动轮缸的压力增大。

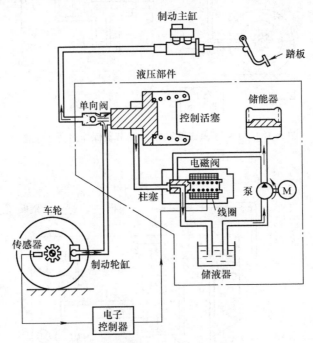

图 9-20　可变容积式制动压力调节器增压过程示意图

三、制动系统的控制

1. ABS 的控制方式

ABS 根据轮速、减速度、车速等信号以及制动时车轮的运动状态，调节车轮制动器轮缸的制动压力，将车轮滑移率控制在 10% ~ 30% 的范围内，以获得最佳制动性能。控制方式有车轮滑移率控制方式、逻辑门限值控制方式、最优化控制方式、滑模动态变结构控制方式、模糊控制方式等。其中，车轮滑移率控制方式和模糊控制方式需要使用成本较高的多普勒雷达检测车速，应用不广；逻辑门限值控制方式实时响应性好，执行机构容易实现，应用广泛。

逻辑门限值控制方式通常是将车轮的减速度（或角减速度）和加速度（或角加速度）作为主要控制门限，而将车轮滑移率作为辅助控制门限。通过检测车轮的角速度来计算车轮速度和加、减速度，再利用车轮速度和存储在存储器内的制动开始时的汽车速度计算车轮的参考滑移率。ABS 工作时，将这些控制参数与预先设定的门限值进行比较，根据比较结果控制制动压力调节器的电磁阀动作来改变制动力的大小，并在控制过程中记录前一控制周期（在制动过程中，从制动减压、保压到增压为一个控制周期）的各个控制参数，再根据这些参数值确定下一个控制周期的控制条件。

2. ABS 的控制过程

根据道路附着条件的不同，ABS 的控制过程通常分为高附着系数路面控制、低附着系数路面控制、附着系数由高到低的路面控制。如图 9-21 所示，以高附着系数路面控制为例说明 ABS 的控制过程。

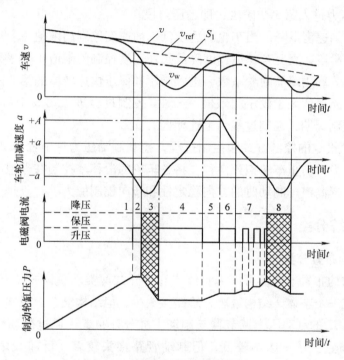

图 9-21　ABS 控制过程图

v—车速　v_{ref}—参考车速　S_1—滑移率门限值　v_w—车轮速度　$+A$、$+a$—车轮加速度门限值　$-a$—车轮减速度门限值

在制动初始阶段，车轮制动轮缸的制动压力随制动踏板力的增大而增大，车轮速度 v_w 下降，减速度增大，如图 9-21 中第 1 阶段曲线所示。由于制动力较小，车轮的运动状态还没有达到 ABS 起作用的条件，所以实际上为常规制动阶段。

当减速度增加到设定门限值 $-a$ 时，ABS ECU 发出指令，使相应的电磁阀转换到保持压力状态，控制过程进入第 2 阶段，即保压阶段。取此时的车轮速度为初始参考车速，然后按照给定的斜率计算或确定参考车速 v_{ref}，由参考车速可以计算出任意时刻的车轮滑移率，称为参考滑移率。

将参考滑移率与设定的滑移率门限值 S_1 进行比较，如果参考滑移率小于滑移率门限值，表明车轮还工作在附着系数与滑移率关系曲线的稳定区，则继续维持保压状态，以充分利用路面附着系数。当参考滑移率大于滑移率门限值时，说明车轮已工作在附着系数与滑移率关系曲线的不稳定区，ABS ECU 发出指令，使相应的电磁阀转换到减压状态，控制过程进入第 3 阶段，即减压阶段。

减压后车轮制动力下降，在汽车惯性力作用下，车轮减速度开始向正值方向变化，当车轮减速度的绝对值小于车轮减速度门限值 $-a$ 的绝对值时，ABS ECU 使相应的电磁阀再次转换到保压状态，控制过程进入第 4 阶段。

进入第 4 阶段后，由于汽车惯性力的作用，车轮减速度的绝对值越来越小而变为正值（加速度），如果车轮加速度未能超过第一个加速度控制门限值 $+a$，则判定路面情况为低附着系数，此时按照低附着系数路面的控制过程进行控制；如果车轮加速度超过第一个加速度控制门限值 $+a$，则继续保压；如果车轮加速度超过第二个加速度控制门限值 $+A$ 时，则 ABS ECU 使制动压力进入第 5 个阶段，即增压阶段。

增压后，车轮加速度下降，当车轮加速度低于加速度控制门限值 $+A$ 时，控制过程进入第 6 阶段，即保压阶段，直至车轮加速度降低到加速度控制门限值 $+a$，第 6 阶段结束。

此后，为了充分利用路面附着系数，进入增压和保压快速转换的第 7 阶段。由于制动压力的增大，当车轮减速度大于设定门限值 $-a$ 时，控制过程进入第 8 个阶段，即减压阶段。ABS 进入第二个控制周期，控制过程与上述相同。

ABS ECU 按照设定的控制方式和控制过程，控制制动压力调节器以 $2 \sim 10$ 次/s 的频率调节制动轮缸的压力，防止车轮抱死滑移，将各车轮的滑移率控制在理想滑移率附近，缩短汽车的制动距离，提高汽车制动时的方向稳定性和转向控制能力。

四、制动系统分类

1. 按总体结构布置分类

ABS 按总体结构布置不同，可分为整体式和分开式两类。整体式 ABS 的制动压力调节器与制动主缸构成一个整体，结构紧凑、管路接头少，但结构复杂、成本较高，一般用于高级轿车；分开式 ABS 的制动压力调节器与制动主缸分开布置，通过制动管路连接，制动压力调节器在车上布置灵活、成本较低，但制动管路接头较多，目前大多数汽车采用分开式 ABS。

2. 按控制通道和传感器数目分类

控制通道是指在 ABS 中能够独立进行制动压力调节的制动管路。按照控制通道数目不同，ABS 可分为四通道式、三通道式、二通道式和一通道式。

（1）四通道式　四通道式防抱死制动系统分为四传感器、四通道、前后管路布置和四传感器、四通道、X 管路布置两种形式。

1）四传感器、四通道、前后管路布置。如图 9-22a 所示，四通道 ABS 布置四个轮速传感器，能检测每一个车轮的运动状态。在四个车轮制动器轮缸的管路中，各设一路制动压力调节电磁阀，能对每一个车轮制动器的制动压力进行单独调节，构成四通道控制形式。

由于四通道 ABS 可以单独对每一个车轮进行制动压力控制，ECU 通过轮速传感器信号监测到哪一个车轮趋于抱死，就通过制动压力调节器限制哪一个车轮的制动压力，因此附着系数利用率高，制动时可以最大限度地利用每一个车轮的最大附着力，使制动距离最短。

四通道 ABS 的缺点是在某些情况下左右两侧制动力不平衡，当左右两侧车轮接触的路

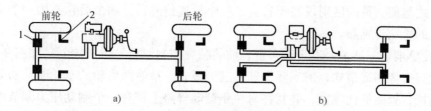

图 9-22　四通道 ABS 结构示意图

a）双管路前后布置　b）双管路 X 布置

1—制动压力调节器　2—轮速传感器

面附着系数不同，或左右两侧车轮的垂直载荷相差过大时，会造成两侧制动力相差较大，产生制动跑偏，影响汽车制动时的行驶安全性。

2）四传感器、四通道、X 管路布置。如图 9-22b 所示，此形式与前一种的区别仅在于制动管路的布置不是前后管路布置，而是 X 管路布置。

（2）三通道式　三通道 ABS 分为四传感器、三通道、前后管路布置、前轮独立控制、后轮低选控制，三传感器、三通道、前后管路布置、前轮独立控制、后轮低选控制以及四传感器、三通道、X 管路布置、前轮独立控制、后轮低选控制三种形式。

1）四传感器、三通道、前后管路布置、前轮独立控制、后轮低选控制。如图 9-23a 所示，三通道 ABS 的两个前轮分别为两个通道，可以单独对两个前轮的制动压力进行控制，两个后轮共用一个通道，两个后轮制动压力始终相等，只能一起进行控制。

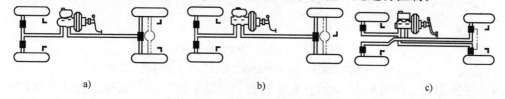

图 9-23　三通道 ABS 结构示意图

a）四传感器、三通道、前后管路布置、前轮独立控制、后轮低选控制　b）三传感器、三通道、前后管路布置、
前轮独立控制、后轮低选控制　c）四传感器、三通道、X 管路布置、前轮独立控制、后轮低选控制

前轮独立控制是指可以对两个前轮的制动压力单独进行控制。由于汽车前轴的垂直载荷较大，加上制动时的载荷转移，使前轮的制动力占汽车总制动力的比例较大（可达 70%），采用前轮独立控制有利于充分利用两前轮的附着系数，缩短制动距离。但是，前轮独立控制可能导致制动过程中两前轮的制动力不相等，但由于两前轮制动力不平衡对汽车行驶方向稳定性的影响相对较小，可以通过驾驶人的转向操纵对其造成的影响进行修正。

后轮低选控制是指在制动过程中，一旦 ECU 监测到两个后轮中的任何一个首先趋于抱死，就同时对两个后轮的制动压力进行控制。两个后轮按照低选原则进行控制时，可以保证汽车在各种条件下两侧后轮的制动力均相等。即使两侧车轮与路面之间的附着系数相差较大，两个车轮的制动力也能限制在附着力较小一侧的车轮的附着水平，保证了汽车在各种条件下制动时都具有良好的方向稳定性。后轮低选原则的缺点是附着条件较好一侧车轮的附着系数不能得到充分利用，与四通道、四轮独立控制的 ABS 相比，制动距离稍长。

2）三传感器、三通道、前后管路布置、前轮独立控制、后轮低选控制。如图 9-23b 所示，这种形式与前一种的区别仅在于省去了一个轮速传感器，两个后轮共用一个安装在后桥主减速器上的轮速传感器。

3）四传感器、三通道、X 管路布置、前轮独立控制、后轮低选控制。如图 9-23c 所示，这种形式看起来像四通道式，但实际上却是三通道式。虽然两后轮的车轮制动器分别与两条制动管路连接，管路彼此独立，并且在每一条制动管路上都有一个制动压力调节电磁阀，但在制动过程中，ECU 是按照低选原则对两侧后轮的制动压力同时进行控制，相当于两后轮制动器为一个通道。

（3）二通道式　二通道 ABS 又可分为三传感器二通道式、四传感器二通道式和二传感器二通道式三种形式。

如图 9-24 所示，二通道 ABS 结构简单、成本低廉，但制动时在方向稳定性、转向控制能力和制动效能等方面难以得到兼顾，目前较少采用。

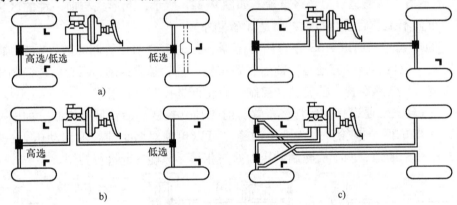

图 9-24　二通道 ABS 结构示意图

a）三传感器二通道　b）四传感器二通道　c）二传感器二通道

（4）一通道式　如图 9-25 所示，在后轮制动管路中设置一个制动压力调节器调节两后轮的制动压力，在后桥主减速器上安装一个轮速传感器，或者在两个后轮上各安装一个轮速传感器。一通道 ABS 通常都是按照低选原则对两后轮进行控制，这样会使附着条件较好的一侧后轮的附着系数不能得到充分利用，缩短制动距离的效果并不明显，但可以提高汽车制动时的方向稳定性。

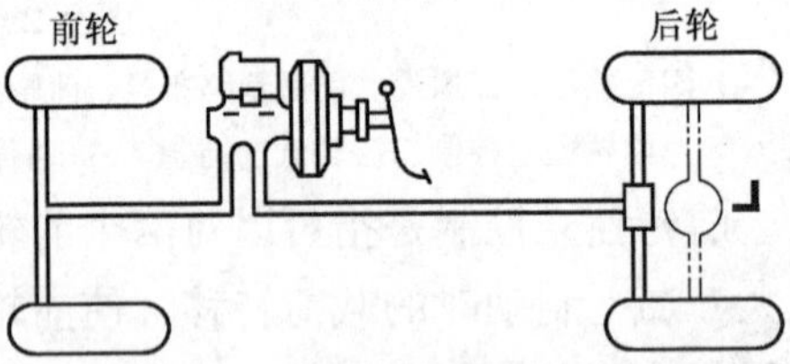

图 9-25　一通道 ABS 结构示意图

一通道 ABS 对两个前轮没有进行控制，前轮的制动就是常规制动，因此在制动时前轮容易抱死，转向操纵性差。但由于对后轮采用了低选控制，所以能够明显提高制动时的方向稳定性，并且结构简单、成本低廉。

五、其他制动系统

1. 博世 iBooster 制动系统

电动汽车电子真空制动助力器需要一定的真空度，只能通过装备的电动真空泵替代发动机作为真空的动力来源，具有噪声明显、占用机舱内的空间、增加整车重量等缺点。博世

iBooster 制动系统不依赖真空源，取消了传统的真空泵和真空软管，具有体积更小、整个制动系统重量更轻、不需要真空源而消耗能量、不受外界气压影响等优点。

iBooster 制动系统在设计上结构高度集成化、外形尺寸更小，更有利于空间布置，而且助力能力更强，在相同助力能力下尺寸优势明显，配备伺服制动系统，仅在制动时消耗电量，紧急制动时所需要的整车功耗更低。

iBooster 制动系统是非解耦踏板系统，其助力原理和真空助力器的工作原理相同，驾驶人能直观感受到制动系统的变化。

iBooster 制动系统采用双安全失效模式，当车载电源不能满负载运行时，它以节能模式工作，同时防止车载电源发生故障；当它发生故障时，汽车电子稳定性系统会接管并提供制动助力进行主动增压，但会伴随较强烈的振动和噪声。在上述两种情况下，制动系统均可在200N 踏板力作用下，提供 $0.4g$ 的减速度。如果车载电源失效，即在断电模式下，驾驶人可以通过无制动助力的纯液压模式对所有四个车轮施加制动，使车辆安全停止。

iBooster 制动系统具有系统自检功能，为避免在非工作状态下失效，在驾驶人请求制动前会判断助力系统是否正常。系统会每 20s 执行一次自检动作。

图 9-26 所示为 iBooster 2.0 结构组成示意图，主要包括助力电动机、助力传动机构、推杆机构、行程传感器、主缸等系统部件。

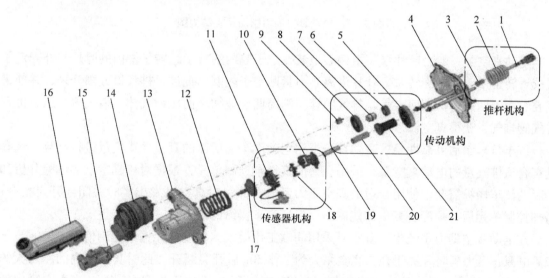

图 9-26　iBooster 2.0 结构组成示意图

1—挺杆带内芯杆推杆　2—防尘罩　3—初始动力弹簧　4—前壳　5—减速齿轮1
6—减速齿轮2　7—齿轮定位销　8—减速齿轮3　9—电动机输出轴齿轮　10—滑块　11—传感器
12—回位弹簧　13—后壳　14—助力电动机　15—制动主缸　16—储液罐　17—主缸推杆
18—内芯杆限位块　19—内芯杆　20—丝杠　21—丝杠齿轮

驾驶人踩制动踏板，输入推杆产生位移，踏板行程传感器检测到输入推杆的位移，并将该位移信号发送至控制器，控制器计算出电动机应产生的转矩，再由传动装置将该转矩转化为伺服制动力。伺服制动力与踏板的输入产生的输入推杆力共同起作用，在制动主缸内共同转化为制动器轮缸液压力来实现制动。

2. 电动真空助力制动系统

电动真空助力制动系统的结构如图 9-27 所示，包括电动真空泵、压力延时开关、压力报警器、三通阀、止回阀、真空罐和真空助力器等。

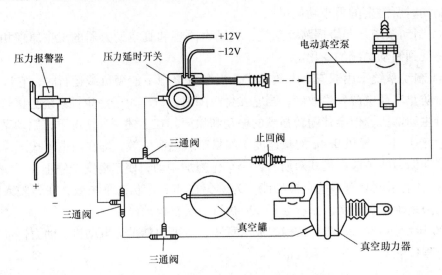

图 9-27　电动真空助力制动系统结构图

电动真空泵一般为叶片泵，由偏心地装在定子腔内的转子、转子槽内的叶片和外壳定子组成。转子带动叶片旋转时，叶片借离心力紧贴定子内壁，把进、排气口分割开来，并使进气腔容积周期性地扩大而吸气，排气腔容积则周期性地缩小而压缩气体，借气体的压力推开排气阀排气，获得真空。

汽车行车制动可靠性要求高，首先根据电动汽车上所需的真空泵排气量进行计算，选择具有合适排气量的电动真空泵；采用合适的真空泵控制单元，根据对该真空泵的试验分析和实际的汽车操纵需要，使用合适的真空压力延时开关，对真空泵发出实时关闭或开启指令；增加控制单元后，须配备真空储能罐，以保证汽车操纵的需要。

在电动真空助力系统中，真空泵采用间歇工作模式。控制单元输出控制信号，接通汽车12V 电源，压力延时开关闭合，真空泵大约工作 30s 后开关断开，此时真空罐内的压力大约为 −80kPa；当真空罐内的压力增加到 −55kPa 时，压力延时开关再次闭合；当真空罐内的压力增加到大约 −34kPa 时，压力报警器输出信号。

3. 电控制动系统

电控制动系统（Electromechanical Brake System，EBS）的组成结构如图 9-28 所示，包括安装在四个车轮上的独立制动执行机构、踏板模块、中央控制模块、制动执行机构的控制模块、轮速和车速等各种传感器以及电源等器件。电控制动系统中无液压系统，作用在汽车车轮上的制动力由中央控制模块输出，中央控制模块接收踏板模块的位移和速度信号以及车速等各传感器信号，输出信号至控制模块；控制模块输出信号到制动执行机构，控制制动执行机构的电动机电流和转子转角，进而产生需要的制动力，达到制动的目的。

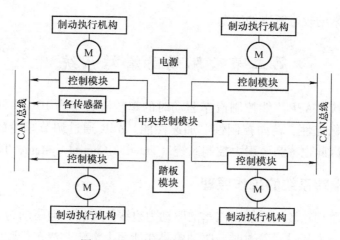

图 9-28　电控制动系统组成结构图

（1）制动执行机构　制动执行机构有两种，分别是集成力或力矩传感器的制动执行机构和无集成力或力矩传感器的制动执行机构。

1）集成力或力矩传感器的制动执行机构。这种制动执行机构可省去对制动力或制动力矩这一重要参数的计算过程，使系统变得更准确、可靠。但力或力矩传感器目前价格昂贵，而且很难集成到制动执行器中。

2）无集成力或力矩传感器的制动执行机构。这种制动执行机构需要根据电流或电动机转子转角来估算制动夹紧力，由于外界环境变化带来的温度变化及磨损的影响，不可能只根据电流或电动机转子转角来计算夹紧力，须将两者结合起来，才能获得好的制动效果。

（2）中央控制模块　中央控制模块接收制动踏板发出的信号，控制制动器制动；接收驻车制动信号，控制驻车制动；接收车轮传感器信号，识别车轮是否抱死、打滑等，控制车轮制动力，实现防抱死和驱动防滑。汽车的导航系统、自动变速系统、无级转向系统、悬架系统等的控制系统与制动控制系统高度集成，电控制动系统的 ECU 还需兼顾这些系统的控制。

（3）踏板模块　踏板模块带有踏板感觉模拟器和用以感知驾驶人意愿的传感器。

电控制动系统结构简单，省去了传统制动系统中的制动油箱、制动主缸、助力装置、液压阀、复杂的管路系统等部件，使整车质量降低；制动响应时间短，制动性能有所提高；无制动液，维护简单；系统总成制造、装配、测试简单快捷，制动分总成为模块化结构；采用电线连接，系统耐久性能良好；易于改进，稍加改进就可以增加各种电控功能。

目前，电控制动系统技术还不成熟，缺少耐高温电子元器件，需要提高电子元器件对高温的承受能力和在高温下的工作稳定性，改良制动盘的材料和提高其散热性能，为电子元器件的工作提供一个良好的环境；在机械－电子执行机构方面，目前执行机构中的机械零件较多、结构复杂，不能有效地传递转矩、增大转矩，不能保证机构自动调节制动间隙；缺乏自适应调节的控制算法，应开发适应电控制动系统发展和特点的新控制算法；缺少灵敏度高而价廉的传感器，现在使用的传感器功能单一，灵敏度也有待提高；系统容错控制性能较差，而容错性能会影响制动系统的安全性和可靠性。容错控制是一个涉及计算机硬件、软件、通信协议等多方面因素的较难解决的问题。

第二节　驱动防滑转系统

驱动防滑转系统（ASR）能控制汽车驱动时的车轮滑转率为 10% ～ 30%，提高汽车在驱动过程中的方向稳定性、转向控制性、加速性能。ASR 通过调节车轮的牵引力实现对车轮的防滑转控制，因此也称为牵引力控制系统（Traction Control System，TCS）。

一、驱动防滑转系统的工作原理

汽车行驶时，驱动轮转矩增加，汽车的驱动力也线性增加，但驱动力的增大受到地面附着力的限制，当驱动力超过附着力时，驱动轮将在地面上滑转，汽车行驶的附着条件为

$$F_t = M_n/r \leqslant F_z\varphi \tag{9-5}$$

式中，F_t 为汽车驱动力（N）；M_n 为作用于驱动轮上的转矩（N·m）；r 为车轮半径（m）；F_z 为地面对车轮的法向反作用力（N）；φ 为车轮与地面之间的附着系数。

滑转率是指车轮速度和车速的差值与车轮速度之比。滑转率 s 的表达式为

$$s = \frac{v_\omega - v}{v_\omega} \times 100\% = \frac{r\omega - v}{r\omega} \times 100\% \tag{9-6}$$

式中，v_ω 为车轮速度（m/s）；v 为车速（m/s）；r 为车轮半径（m）；ω 为车轮转动角速度（rad/s）。

车轮在路面上纯滚动时，$v_\omega = v$，$s = 0$；车轮在地面上完全滑转时，$v = 0$，$s = 100\%$；车轮在路面上边滚动边滑移时，$v_\omega > v$，$0 < s < 100\%$。

驱动时，车轮与路面之间的附着系数与滑转率之间的关系为：

1）开始时随着车轮滑转率的增大，纵向附着系数迅速增大，当滑转率达到 10% ～ 30% 时，纵向附着系数达到最大值，此时横向附着系数也比较大。

2）此后，随着滑转率的增大，纵向附着系数逐渐下降，当滑转率达到 100% 时，纵向附着系数比峰值纵向附着系数下降 10% ～ 20%，并且横向附着系数几乎下降为零。

3）在完全滑转的情况下，不仅会由于纵向附着系数比峰值时下降而导致所提供的地面驱动力减小，而且会由于横向附着系数接近于零而导致汽车行驶稳定性和操纵性下降，后轮驱动汽车会失去方向稳定性，前轮驱动汽车会失去转向控制能力。

如图 9-29 所示，在汽车上装备 ASR 的目的就是在汽车起步、加速或在附着系数较低的路面上驱动时，将车轮的滑转率控制在 10% ～ 30%，使车轮与路面之间保持较高的附着力，提高汽车的牵引力和操控性。

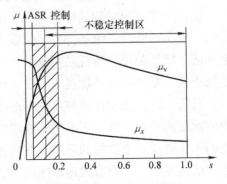

图 9-29　附着系数与滑转率

通常将驱动防滑转系统和防抱死制动系统组合在一起，构成具有防抱死制动和驱动防滑

转功能的 ABS/ASR 系统，ASR 由传感器和开关、ECU、执行器组成。ASR 的 ECU 实时监测轮速传感器输入信号，计算驱动车轮的滑转率。当滑转率超过设定的限值时，ECU 将根据控制策略输出控制信号，对驱动车轮进行制动。

对滑转车轮进行制动控制：当 ASR 起作用时，ECU 控制 ASR 制动压力调节器，使高压制动液进入滑转车轮的制动轮缸对车轮进行制动。

如图 9-30 所示，ASR 制动压力调节器由制动供能总成和电磁阀总成组成。制动供能总成包括电动机、液压泵、蓄能器和压力传感器。蓄能器内的压力传感器实时监测压力，当压力达到/未达到规定值时，液压泵停止/启动，保证制动供能总成维持恒定的油压。制动压力调节器有三个电磁阀：储液器隔离电磁阀和蓄能器隔离电磁阀为常闭电磁阀，制动主缸隔离电磁阀为常开电磁阀。

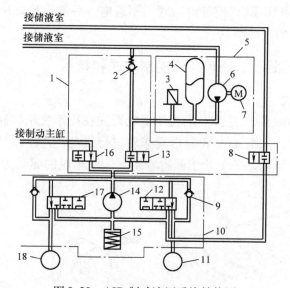

图 9-30　ASR 制动液压系统结构图

1—ASR 电磁阀总成　2—单向阀　3—压力传感器　4—蓄能器　5—制动供能总成
6—液压泵　7—电动机　8—储液器隔离电磁阀　9—单向阀　10—ABS 制动压力调节器
11—右后驱动车轮　12—ABS 右后轮电磁阀　13—蓄能器隔离电磁阀　14—回油泵　15—储液器
16—制动主缸隔离电磁阀　17— ABS 左后轮电磁阀　18—左后驱动车轮

ASR 制动压力调节器工作时分为增压、保压和减压三个过程。

1. 增压过程

当 ASR 对滑转车轮进行制动时，ECU 使制动压力调节器中的三个电磁阀通电，制动主缸隔离电磁阀将制动主缸至后制动轮缸的制动管路封闭，蓄能器隔离电磁阀将蓄能器至 ABS 制动压力调节器的制动管路接通，储液器隔离电磁阀将 ABS 制动压力调节器至储液器之间的制动管路接通，蓄能器中具有一定压力的制动液就会经过处于开启状态的蓄能器隔离电磁阀，再经电磁阀进入两个后轮制动轮缸对后驱动轮进行制动，电磁阀中的电流持续通过，制动轮缸内的压力逐渐增加。当需要对某一个驱动车轮进行制动时，ECU 输出控制信号，控制另一驱动车轮的制动压力调节器的电磁阀，通过小电流，此时制动液不能进入这一车轮的制动轮缸，该车轮不制动。

2. 保压过程

当需要保持两驱动车轮的制动压力时，ASR ECU 输出控制信号，控制 ABS 制动压力调节器中的电磁阀，通过小电流，此时电磁阀处于中间位置，将两后制动轮缸的进、出液管路封闭，两后制动轮缸的制动压力保持不变。

3. 减压过程

当需要减小两驱动车轮的制动压力时，ASR ECU 输出控制信号，控制 ABS 制动压力调节器中的电磁阀，通过大电流，电磁阀将两后制动轮缸的进液管路封闭，而将两后制动轮缸的出液管路连通，两后制动轮缸中的制动液经电磁阀流回制动主缸储液室，两后制动轮缸的制动压力减小。

ASR 不起作用时，ASR ECU 使各电磁阀均不通电，后制动轮缸中的制动液经电磁阀流回制动主缸，驱动车轮的制动解除。

二、驱动防滑转系统（ASR）的控制方式和特点

1. ASR 的控制方式

ASR 的控制方式如图 9-31 所示，右侧驱动轮行驶在高附着系数路面上，左侧驱动轮行驶在低附着系数路面时，如果无 ASR 对滑转车轮进行制动，差速器就平均分配转矩，处于高附着系数侧的车轮的驱动力等于处于低附着系数侧的车轮的驱动力 F_L，汽车的总驱动力为 $2F_L$。

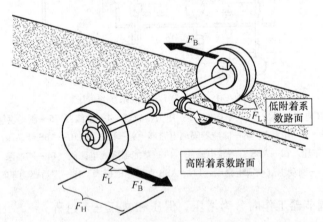

图 9-31　ASR 控制方式原理示意图

如果 ASR 对滑转车轮进行制动，则在滑转车轮上产生一个制动力 F_B，系统输出信号驱动车轮转动产生转矩 M_B 克服制动力 F_B，差速器平均分配转矩，转矩 M_B 也会被分配到附着系数较高一侧的车轮上，并产生驱动力 F'_B。附着系数较高的右侧车轮的驱动力 $F_H = F_L + F'_B$，汽车的总驱动力为 $2F_L + F'_B$，总驱动力增加，有利于汽车驶出一侧车轮陷于冰雪或泥泞的路段。

当两侧的驱动轮都滑转但滑转率不同时，ASR 可以对两侧驱动轮都进行制动，并施加

不同的制动力。

对采用防滑差速器进行锁止的控制方式，防滑差速器配备多片离合器式差速锁，当一侧驱动轮滑转或两侧驱动轮有不同程度的滑转时，ECU 控制电磁阀调节差速器的控制油压，使多片离合器实现锁止。

2. ASR 的特点

驾驶人打开 ASR 开关时，ASR 工作指示灯会点亮或蜂鸣器响，以提示驾驶人汽车正行驶在附着系数较低的路面上；驾驶人关闭 ASR 开关时，ASR 指示灯熄灭。

当 ASR 正在起作用时，若驾驶人对车辆进行制动，则 ASR 自动退出，不影响制动；ASR 通常只在一定车速范围内进行防滑转调节，当车速较高时，ASR 会自动退出防滑转控制。

ASR 工作时具有不同的优先选择性：当车速较低时，优先考虑提高牵引力，因此可以只对滑转一侧的车轮制动，或者对滑转程度不同的两侧驱动轮施加不同的制动力矩；当车速较高时，应优先考虑行驶稳定性，即使一侧车轮发生滑转，也应同时对两侧驱动轮施加相等的制动力矩。

ASR 有自诊断功能。当系统有故障时，ASR 自动退出，点亮警告灯。

第三节 电子辅助控制系统

汽车电子辅助控制系统一般包括电子稳定系统（Electronic Stability Program，ESP）、电子制动力分配（Electronic Brake Force Distribution，EBD）系统、制动辅助系统（Brake Assist System，BAS）和上坡辅助（Hill‑Start Assist Control，HAC）系统。

一、电子稳定系统

电子稳定系统能实时检测汽车是否按照驾驶人的意图行驶，通过有选择地制动或者干预汽车的工作来稳定车辆，使汽车按照驾驶人的驾驶意图行驶，改善汽车的操纵稳定性，提高汽车的行驶安全性。ESP 在不同车型上的名称有所不同，如大众、奥迪、奔驰的 ESP（电子稳定系统）、丰田汽车的 VSC（车辆稳定控制系统）、宝马汽车的 DSC（动力学稳定控制系统）、本田汽车的 VSA（车辆稳定辅助系统）等。

1. ESP 的用途

当汽车在弯路上高速行驶，或在路面较滑的弯路上低速行驶，或因躲避障碍物而急转弯时，由于离心力的作用，汽车会侧滑，使操纵失控。如图 9-32a 所示，汽车前轮侧滑、后轮没有侧滑，或者前轮、后轮都侧滑（前轮的侧滑程度大于后轮），汽车绕其垂直轴转动，此时的转动方向与汽车转弯的方向相反，汽车不能沿驾驶人给定的转向轮偏转路线行驶，汽车将驶出转弯路面的外侧，这种情况会造成不足转向。而具备 ESP 的汽车能避免不足转向，如图 9-32b 所示。

如图 9-33a 所示，汽车后轮侧滑，前轮没有侧滑，或者虽然前轮、后轮都侧滑（后轮的侧滑程度大于前轮），汽车绕其垂直轴转动，但转动方向与汽车转弯的方向相同，汽车不能

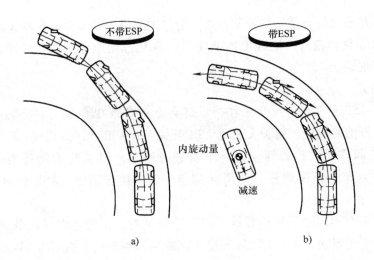

图 9-32　不足转向原理分析图

a）不足转向　b）ESP 避免不足转向

按照驾驶人的意图行驶，汽车将驶出转弯路面的内侧，这种情况会造成过度转向。而具备 ESP 的汽车能避免过度转向，如图 9-33b 所示。

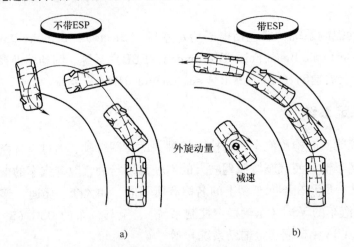

图 9-33　过度转向原理分析图

a）过度转向　b）ESP 避免过度转向

2. ESP 的结构

ESP 是将与 ABS 和 ASR 组合在一起的系统，是 ABS 和 ASR 功能的延伸。ESP 由传感器、ECU 和执行器等组成，其大部分元件与 ABS 和 ASR 共用。ESP 的传感器在原来 ABS 和 ASR 的基础上增加了转向盘转角传感器、横摆角速度传感器、侧向加速度传感器等；ECU 增加了 ESP 的控制功能；执行器则在原来 ABS 和 ASR 执行器的基础上改进功能，使 ASR 制动供能装置可以对每一个车轮进行单独制动，单独的 ASR 只对驱动车轮进行制动。

（1）转向盘转角传感器　转向盘转角传感器检测转向盘的转动方向、转动角速度和转动角度，ECU 根据转向盘转角的大小和转角变化速率来识别驾驶人的驾驶意图，确定车辆的预期行驶方向。

图9-34 所示为各向异性磁阻式转向盘转角传感器，转向轴带动传动齿轮 1 转动，齿轮 1 驱动两个齿数不等（差一个齿）的测量齿轮 2 转动，两个驱动齿轮中有磁铁 3，磁铁上方有各向异性磁阻传感器 5 及集成电路 4。当转向盘转动时，带动驱动齿轮 2 中的磁铁 3 转动，各向异性磁阻传感器 5 中的磁场发生变化，使磁阻传感器的电阻发生变化，电阻的变化即反映了测量齿轮的位置，也就反映了转向盘的旋转角度。由于两个测量齿轮的齿数不同，其转速不同，故产生的信号相位不同，因此可以判断转向盘的转动方向。

（2）横摆角速度传感器　横摆角速度传感器也称横摆率传感器、偏航率传感器等，其作用是检测车辆绕其垂直轴转动的角速度，以便 ECU 根据横摆角速度信号和侧向加速度信号判断车辆的实际行驶方向。

横摆角速度传感器的基本工作原理可以简化成图 9-35 所示的双调节叉结构，上端调节叉为激励叉，下端调节叉为测量叉。激励叉和测量叉的固有频率略有不同，激励叉的固有频率为 11kHz，测量叉的固有频率为 11.3kHz。

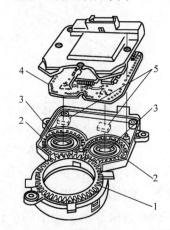

图 9-34　转向盘转角传感器结构示意图
1—传动齿轮　2—测量齿轮　3—磁铁
4—集成电路　5—各向异性磁阻传感器

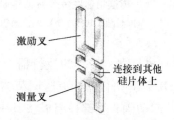

图 9-35　简化后的双调节叉结构

当向双调节叉施加 11kHz 的交变电压时，由于与激励叉的固有频率相同，因此激励叉发生共振，而测量叉的固有频率与此不同，因此不发生共振，如图 9-36a 所示。

发生共振的调节叉对于外力的反应，要比没有发生共振的调节叉运动响应慢，这意味着当车辆偏摆时，旋转角速度使得没有发生共振的测量叉与车辆同步转动，而发生共振的激励叉滞后于车辆的运动，因此调节叉发生扭曲，如图 9-36b 所示。

调节叉扭曲改变了调节叉上的电荷分配，传感器检测此信号并将其传送至控制单元，控制单元根据此信号就可以确定汽车的横摆角速度。

横摆角速度传感器通常安装在变速杆旁、后排座椅下方、转向柱下方偏右侧等位置。横摆角速度传感器有单独制造的，也有与侧向加速度传感器组合在一起的。

（3）侧向加速度传感器　侧向加速度传感器的作用是检测汽车行驶时的侧向加速度，以便 ECU 根据侧向加速度信号和横摆角速度信号判断车辆的实际行驶方向。

图 9-37 所示为常见的霍尔式加速度传感器的工作原理。霍尔式加速度传感器有一个片状弹簧 3，弹簧的一端固定，另一端有永久磁铁 2，永久磁铁 2 同时作为振动质量，与片状弹簧组成弹簧 - 质量系统。永久磁铁的上面是带有信号处理集成电路的霍尔传感器 1，永久磁铁的下方有一块阻尼板 4。如果传感器受到侧向加速度 a 的作用，则传感器的弹簧 - 质量系统将离开其静止位置而偏移，偏移程度与加速度的大小有关。在电源电压 U_0、磁场 Φ 的作用下，运动的磁铁在霍尔元件中产生霍尔电压 U_H，经信号处理电路处理后，输出能够反映加速度大小的信号电压，阻尼板 4 的作用是衰减片状弹簧 3 的振动。

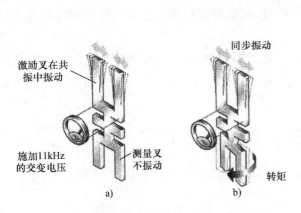

图 9-36　横摆角速度传感器工作原理示意图

a）激励叉共振　　b）调节叉扭曲

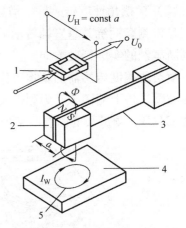

图 9-37　加速度传感器工作原理示意图

1—霍尔传感器　2—永久磁铁　3—片状弹簧
4—阻尼板　5—I_W涡流（阻尼）

（4）执行器　ESP 的执行器通常与 ABS 和 ASR 的执行器组合在一起，图 9-38 所示为 ABS/ASR/ESP 执行器的液压调节器总成，由液压泵 2、蓄能器 3、进油阀 6、出油阀 7、隔离阀 8、起动阀 9 等部件组成。其中进油阀 6 和隔离阀 8 为常开阀，出油阀 7 和起动阀 9 为常闭阀。为了能够独立地控制每个车轮的制动回路，采用四通道制动回路，由液压泵供能对每一个车轮进行单独制动。

1）常规制动。液压调节器中的所有电磁阀均不通电，由于隔离阀 8 和进油阀 6 是常开阀，因此处于打开状态；起动阀 9 和出油阀 7 是常闭阀，因此处于关闭状态。来自制动主缸 5 的制动液经隔离阀 8→进油阀 6→制动钳 4，此为常规制动油路。

2）ABS 起作用。如果制动过程中 ABS 起作用，需要对左后轮保压，则 ECU 使左后轮进油阀 6 通电关闭，左后轮出油阀 7 为常闭阀，处于关闭状态，因此左后轮制动钳 4 中的制动液被密封，压力保持不变；如果左后轮需要减压，则 ECU 使左后轮出油阀 7 通电打开，进油阀 6 通电关闭，同时使液压泵 2 工作，左后轮制动钳 4 中的制动液经出油阀 7→液压泵 2→后隔离阀 8 回到制动主缸 5，制动压力降低；如果左后轮需要增压，则 ECU 使左后轮进油阀 6 断电打开，出油阀 7 断电关闭，油路与常规制动时相同。

3）ASR 起作用。ASR 起作用时，可以通过减小电动机输出转矩和对滑转的驱动车轮进

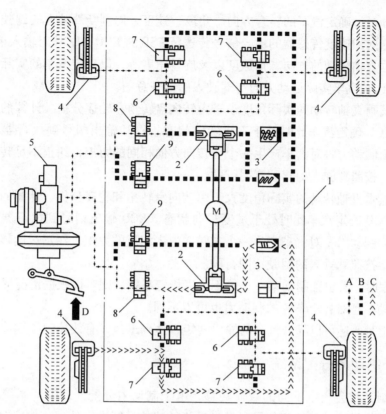

图 9-38　液压调节器总成示意图

1—液压调节器总成　2—液压泵　3—蓄能器　4—制动钳　5—制动主缸　6—进油阀
7—出油阀　8—隔离阀　9—起动阀　A—常规制动液流　B—停止的制动液流
C—液压泵产生的制动液流　D—踏下制动踏板　M—电动机

行制动两种措施来防止车轮滑转。如果只需要对左后驱动轮进行制动，则 ECU 使液压泵 2 工作，后隔离阀 8 通电关闭，后起动阀 9 通电打开，右后轮进油阀 6 通电关闭，液压泵 2 使制动主缸 5 中的制动液经后起动阀 9→液压泵 2→左后轮进油阀 6 到达左后轮制动钳 4。由于右后轮进油阀 6 关闭，制动液不能进入右后轮制动钳，因此只对左后驱动轮进行制动。如果 ASR 起作用时需要对两个后驱动轮都进行制动，则 ECU 只需要在上述控制过程中不给右后进油阀 6 通电，即可以实现对两个后驱动轮的同时制动。如果 ASR 起作用时需要保压，则相应的进油阀 6 和出油阀 7 都关闭；如果需要减压，则进油阀 6 关闭，出油阀 7 打开，制动钳 4 内的制动液经后起动阀 9 回到制动主缸 5。

4）ESP 起作用。ESP 起作用的情况与 ASR 起作用时相似，只不过 ASR 起作用时只对一个或两个后驱动车轮进行制动，而 ESP 起作用时还可以通过控制前隔离阀 8、前起动阀 9 以及前轮进、出油阀使前轮制动，这样就可以单独对汽车的任何一个车轮或同时对几个车轮进行制动。制动时的液压回路与 ASR 起作用时相同。

3. ESP 的工作原理

ESP 工作时，转向盘转角传感器、轮速传感器的输入信号传送至 ESP 的 ECU；ECU 对输入信号进行分析，确定汽车的转弯方向、角度、速度，以判断驾驶人的驾驶意图。横摆角速度传感器、侧向加速度传感器的输入信号传送至 ESP 的 ECU，ECU 对输入信号进行分析，确定汽车绕其垂直轴转动的方向、角速度以及旋转角度等，以确定汽车的实际运动方向，然后 ECU 分析、比较汽车实际运动方向与驾驶人的驾驶意图。

当汽车绕其垂直轴转动的实际角度小于由转向盘转角和轮速分析、计算的车辆绕其垂直轴的转角时，ECU 确定汽车此时处于不足转向状态。ECU 输出信号到执行器，使汽车内侧后轮制动，地面制动力将对汽车产生一个与转向方向相同的力矩，纠正不足转向，使汽车回到正常的路线，按照驾驶人的驾驶意图行驶。

当汽车绕其垂直轴转动的实际角度大于由转向盘转角和轮速分析、计算的车辆绕其垂直轴的转角时，ECU 确定汽车此时处于过度转向状态。ECU 输出信号到执行器，使汽车外侧前轮制动，地面制动力将对汽车产生一个与转向方向相反的力矩，纠正过度转向，使汽车回到正常的路线，按照驾驶人的驾驶意图行驶。

ESP 起作用时，若单独制动某一车轮不足以稳定车辆，则可以根据情况同时对两个或多个车轮进行制动，且对各个车轮的制动力也可以不同。

ESP 起作用时，还可以降低汽车的输出转矩，达到迅速、有效控制车辆稳定的目的。

二、电子制动力分配系统

由于汽车制动时会产生不同的载荷转移，电子制动力分配（EBD）系统要对接收到的轮速信号、载荷信号、踏板行程信号以及发动机转速信号等进行处理，然后向电磁阀和压力调节器发出控制指令，使各轴的制动力得到合理分配，以提高制动效能。

EBD 系统是 ABS 的一个附加作用系统，可以提高 ABS 的效用。EBD 系统在汽车制动时即开始控制制动力，而 ABS 则是在车轮有抱死倾向时才开始工作。EBD 系统的优点是在不同的路面上都可以获得最佳制动效果，缩短制动距离，提高制动灵敏度和协调性，改善制动的舒适性。

EBD 系统的工作原理：在汽车制动的瞬间，用高速计算机分别对四只轮胎附着的不同地面进行感应和计算，得出不同的摩擦力数值，使四只轮胎的制动装置根据不同的情况用不同的方式和力量进行制动，并在运动中不断保持调整，使制动力与摩擦力相匹配，从而保证车辆的平稳。实际调整前后轮时，它可依据车辆的重量和路面条件来控制制动过程，自动以前轮为基准去比较后轮轮胎的滑动率（即车辆的实际车速和车轮的圆周线速度之差与车辆的实际车速之比）。如果发现前、后车轮有差异，而且差异程度必须被调整，它就会调整汽车制动液压系统，使前、后车轮接近理想化制动力的分布。

（1）前、后车轮制动力分配（直线行驶制动）　当车辆以直线向前行驶时，如果施加制动，则载荷的转移会减小施加在后轮上的载荷。通过来自轮速传感器的信号、载荷信号、踏板行程信号以及电动机等的有关信号，ECU 指令压力调节器调节前、后车轮制动力的大小，以优化控制。

（2）左、右车轮制动力分配（转弯制动）　当车辆正在转弯时，如果施加制动，则加在内侧车轮上的载荷减小，加在外侧车轮上的载荷增大。通过来自轮速传感器的信号、载荷信号、踏板行程信号以及电动机等的有关信号，ECU 指令压力调节器调节左、右车轮制动力的大小，以优化控制。

三、制动辅助系统

制动辅助系统（BAS）与 ABS 结合使用，有助于改善车辆制动性能。BAS 根据驾驶人踩制动踏板的速度和踏板力等参数的变化率来探测车辆行驶中遇到的情况，判断、感知驾驶人的制动意图。当驾驶人在紧急情况下快速踩下制动踏板，但踏板力又不足时，此系统便会发挥作用，将在不到 1s 的时间内把制动压力增至最大，以缩短紧急制动情况下的制动距离。因此，当车辆紧急制动时，BAS 能弥补驾驶人因反应滞后或犹豫而损失的制动时间，弥补制动踏板力的不足，瞬间提升制动压力输出值，增大制动力，缩短触发 ABS 的时间，从而缩短制动距离，提高行车安全性。

四、上坡辅助系统

上坡辅助（HAC）系统是在 ESP 系统的基础上衍生开发出来的一种功能。车辆在陡坡或滑坡上起步时，驾驶人的脚由制动踏板转换到加速踏板时车辆将向后下沉，这样会使车辆很难起步。为防止这种情况发生，HAC 会给四个车轮临时（最长时间约为 5s）施加制动，以减小车辆的倒车速度。它可让车辆在不使用驻车制动器的情况下在坡上起步、在驾驶人右脚离开制动踏板时，车辆仍能继续保持制动几秒，这样可以使驾驶人轻松地将脚由制动踏板转向加速踏板，同时能防止溜车，避免事故。

第四节　安全气囊系统

安全气囊系统（Supplemental Restraint System，SRS）是一种被动安全装置，它是当汽车遇到冲撞而急剧减速时能快速膨胀的缓冲垫，可避免车内乘员直接碰撞到车内构件而造成伤害。

一、安全气囊系统的结构和工作过程

1. 安全气囊系统的结构

如图 9-39 所示，安全气囊系统由传感器、安全气囊组件和安全气囊 ECU 等组成。当汽车前部发生一定角度范围内的碰撞时，汽车前部安装的传感器和安全气囊 ECU 内部的碰撞传感器会检测到汽车减速度信号，该信号输送至安全气囊 ECU；当汽车遭受碰撞且减速度达到设定值时，安全气囊 ECU 输出信号，接通气囊组件中的点火器电路，点火器立刻引爆点火剂，瞬间产生热量，使气体发生剂受热分解并释放出大量氮气充入气囊；气囊体积增大，冲击气囊组件上的盖板向驾驶人和乘员方向膨胀，充满气体的气囊压靠在人体的面部、胸部上，避免人体与车内构件直接碰撞，保护人身安全。

2. 安全气囊系统的工作过程

图 9-40 所示为当车速为 50km/h 时，某汽车与前方障碍物相撞时气囊的工作过程，如

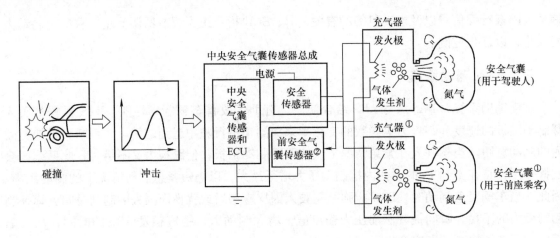

① 仅限有前座乘客安全气囊的型号
② 仅限某些型号

图9-39　安全气囊系统的结构

图9-40a所示，撞车10ms后，达到引爆系统的引爆条件，点火器点燃气体发生器产生氮气，驾驶人仍然保持直坐状态。

如图9-40b所示，撞车40ms后，气囊已完全充胀，驾驶人向前移动，安全带斜系在驾驶人身上并被拉长，部分冲击能量已被吸收。

如图9-40c所示，撞车80ms后，驾驶人的头及身体上部沉向气囊，气囊后面的排气孔将氮气在一定压力下匀速逸出。

如图9-40d所示，撞车110ms后，驾驶人的身体被回弹到座椅上，大部分气体从气囊中逸出，前方恢复清晰视野。

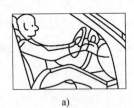 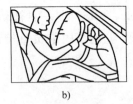  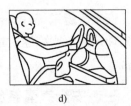

　　　a)　　　　　　　　　b)　　　　　　　　　c)　　　　　　　　　d)

图9-40　安全气囊工作过程示意图

如图9-41所示，对于正面碰撞安全气囊系统，在汽车从正前方或斜前方±30°范围内发生碰撞、纵向减速度达到一定值（减速度阈值）时，安全气囊才能被引爆。

不同车型安全气囊系统的减速度阈值可能有所不同。通常情况下，当汽车以40km/h的车速撞到一辆处于停放状态的同样大小的汽车上，或以不低于20km/h的车速迎面撞到一个不可变形的固定障碍物上时，安全气囊将被引爆；达不到上述条件时，安全气囊不会被引爆。对于侧面安全气囊系统，只有在汽车遭受侧面碰撞且其横向减速度达到设定的阈值时，才能引爆侧面安全气囊。

3. 安全气囊的分类

1）按碰撞类型分类：可分为正面碰撞防护安全气囊、侧面碰撞防护安全气囊、膝部碰撞防护安全气囊和顶部碰撞防护安全气囊。

2）按照安全气囊安装数目分类：可分为单气囊系统（驾驶人侧）、双气囊系统（驾驶人侧和前排乘客侧）和多气囊系统。

3）按照安全气囊的触发机构分类：可分为机械式和电子式，目前应用的都是电子式安全气囊系统。

二、安全气囊系统的主要部件

1. 安全气囊传感器

传感器按照作用不同，可分为碰撞传感器和保险传感器两类。碰撞传感器根据安装位置的不同，又可分为前碰撞传感器

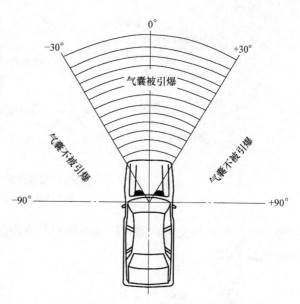

图 9-41　安全气囊有效范围示意图

和中央碰撞传感器，其中前碰撞传感器通常安装在汽车前翼子板内，一般有 2~3 个；中央碰撞传感器通常安装在车内或安全气囊 ECU 内，保险传感器通常也安装在安全气囊 ECU 内。碰撞传感器检测汽车的碰撞减速度，当碰撞减速度达到减速度阈值时，碰撞传感器将碰撞信号传给安全气囊 ECU；保险传感器闭合的减速度阈值小于碰撞传感器，安全气囊 ECU 只有在接收到至少一个碰撞传感器信号并同时接收到保险传感器信号时，才会触发安全气囊，保险传感器可以起到防止因碰撞传感器短路而造成安全气囊误触发的作用。

传感器按照结构不同，可分为机电式、电子式和汞开关式三类。机电式传感器是一种利用机械机构检测碰撞减速度的装置，当减速度达到其闭合条件时，触点接通，将碰撞信号送至 ECU。常见的机电式传感器有偏心式、滚轮式和滚球式，常用作前碰撞传感器。电子式传感器没有电气触点，对汽车正向加速度进行连续测量，并将测量结果输送给 ECU；ECU 内有一套复杂的碰撞信号处理程序，能够确定气囊是否需要膨开。常用的电子式传感器有应变电阻式和压电效应式两种，一般用作中央碰撞传感器。汞开关式碰撞传感器利用汞良好的导电性来控制气囊点火器电路通断，一般用作保险传感器。

（1）偏心式碰撞传感器　偏心式碰撞传感器主要由偏心转子、偏心重块、固定触点和旋转触点等组成。如图 9-42a 所示，不发生碰撞时，偏心转子在螺旋弹簧弹力的作用下，固定触点和旋转触点不接触；当发生正面碰撞，且作用在偏心重块上的减速度超过阈值时，如图 9-42b 所示，偏心重块在惯性力的作用下带动偏心转子和旋转触点一起转动，使固定触点和旋转触点接触，传感器输出信号给安全气囊 ECU。

（2）滚轮式碰撞传感器　如图 9-43 所示，卷簧的弹簧预紧力把滚轮固定在原始位置，当汽车前部发生碰撞时，滚轮在惯性力的作用下滚动，使动触点与定触点接合，传感器输出信号给安全气囊 ECU。

（3）滚球式碰撞传感器　如图 9-44 所示，感应块作为球体结构被磁铁吸引保持在原始

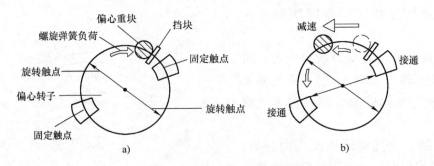

图 9-42　偏心式碰撞传感器工作过程示意图

a) 不工作状态　b) 工作状态

位置；当汽车前部发生碰撞时，感应块克服磁铁的吸引力，使触点闭合，传感器输出信号给安全气囊 ECU。

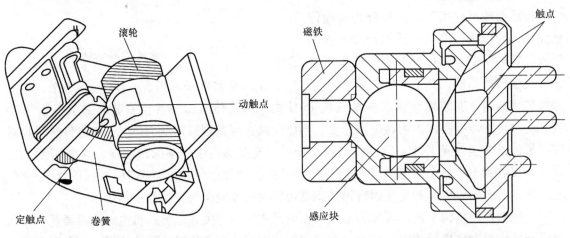

图 9-43　滚轮式碰撞传感器示意图　　　　　图 9-44　滚球式传感器示意图

（4）应变电阻式传感器　如图 9-45 所示，应变电阻式传感器由应变电阻片和集成电路等组成。汽车发生碰撞时，传感器的重块变形，导致应变电阻阻值变化，集成电路的电阻变化转变成反映减速度大小的电信号，传感器输出信号给安全气囊 ECU。

（5）汞开关式保险传感器　如图 9-46 所示，当汽车发生碰撞时，如果减速度足够大，汞将在惯性力的作用下向上运动，接通电路，传感器输出信号给安全气囊 ECU。

2. 安全气囊组件

安全气囊组件由气体发生器、点火器、气囊、饰盖、底板等组成，驾驶人侧气囊组件位于转向盘中心处，乘客侧气囊组件位于仪表板右侧杂物箱上方。

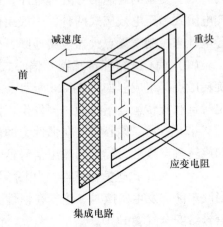

图 9-45　应变电阻式传感器示意图

（1）气体发生器　如图 9-47 所示，气体发生器由上盖、下盖、充气剂（片状叠氮化钠）和金属滤网等组成。上盖上有若干个充气孔，充气孔有长方孔和圆孔两种；下盖上有安装孔，以便将气体发生器安装到气囊支架上。上盖与下盖用冷压工艺压装成一体。壳体内装充气剂、滤网和点火器，金属滤网安装在气体发生器的内表面，用以过滤充气剂和点火剂燃烧后的渣粒。在点火器引爆点火剂的瞬间，点火剂会产生大量热量，叠氮化钠受热立即分解释放氮气，并从充气孔充入气囊。气体发生器用专用螺栓和螺母固定在气囊支架上，装配时只能用专用工具进行装配。

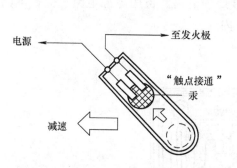

图 9-46　汞开关式保险传感器示意图

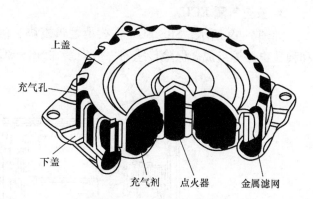

图 9-47　气体发生器示意图

（2）点火器　如图 9-48 所示，点火器安装在气体发生器内部中央位置，有电热丝、引药和引爆炸药。当 SRS ECU 发出点火指令时，电热丝电路接通，迅速红热引燃引药、引爆炸药，瞬间产生大量热量，药筒内温度和压力急剧升高并冲破药筒，使充气剂受热分解释放氮气充入气囊。

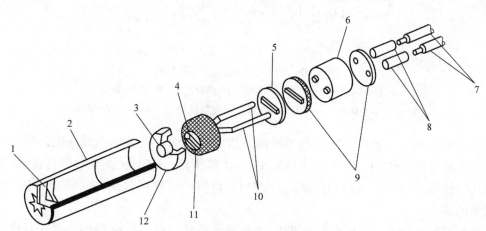

图 9-48　点火器分解图

1—引爆炸药　2—药筒　3—引药　4—电热丝　5—陶瓷片　6—永久磁铁　7—引出导线
8—绝缘套管　9—绝缘垫片　10—电极　11—电热头　12—药托

（3）气囊　气囊按布置位置可分为驾驶人侧气囊、乘客侧气囊、后排气囊、侧面气囊、顶部气囊等；按大小可分为保护整个上身的大型气囊和主要保护面部的小型护面气囊。护面气囊成本较低，但一定要和座椅安全带配合使用才有保护作用。驾驶人侧气囊多采用尼龙布涂氯丁橡胶或有机硅制成。涂氯丁橡胶的气囊背面有两个泄气孔。乘客侧气囊没有涂层，靠尼龙布本身的孔隙泄气。

（4）饰盖　饰盖是气囊组件的盖板，上面模制有撕缝，以便气囊能冲破饰盖膨开。

（5）底板　气囊和充气器装在底板上，底板装在转向盘或车身上，气囊膨开时，底板承受气囊的反力。

3. 安全气囊 ECU

如图 9-49 所示，SRS ECU 主要由逻辑模块、信号处理电路、备用电源电路、保护电路和稳压电路等组成。保险传感器一般安装在 SRS ECU 内。

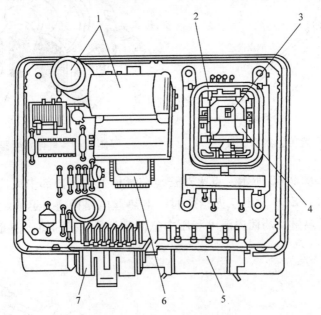

图 9-49　SRS ECU 内部结构示意图

1—能量储存装置（电容）　2—保险传感器总成　3—传感器触点
4—传感器平衡块　5—四端子插接器　6—逻辑模块　7—SRS ECU 插接器

（1）逻辑模块　主要用于监测汽车纵向减速度或惯性力是否达到设定值，控制气囊组件中的点火器引爆点火剂。SRS 逻辑模块由 A/D 转换器、D/A 转换器、串行输入/输出接口、只读存储器（ROM）、随机存储器（RAM）、可擦除可编程只读存储器（EEPROM）和定时器等组成。

在汽车行驶过程中，SRS ECU 不断监测碰撞传感器和保险传感器的信号，当检测到碰撞传感器和保险传感器的信号时，经过数学计算和逻辑判断后，如果确认发生碰撞需要引爆安全气囊，则立即运行控制点火的软件程序，并向点火电路发出点火指令引爆气囊。

除此之外，SRS ECU 还具有故障自诊断功能。当检测到 SRS 有故障时，点亮 SRS 故障指示灯并将故障码存储在随机存储器中。

（2）信号处理电路　信号处理电路主要由放大器和滤波器组成，用于对传感器检测到的信号进行整形、放大和滤波，以便 SRS ECU 能够接收、识别和处理。

（3）备用电源电路　安全气囊系统有两个电源：一个是汽车电源；另一个是备用电源。备用电源又称为后备电源或紧急备用电源。备用电源电路由电源控制电路和两个电容器组成。在单安全气囊系统 ECU 中，设有一个逻辑备用电源和一个点火备用电源。在双安全气囊系统 ECU 中，设有一个逻辑备用电源和两个点火备用电源，即两条点火电路各设一个备用电源。点火开关接通 10s 后，如果汽车电源电压高于 SRS ECU 的最低工作电压，那么逻辑备用电源和点火备用电源即可完成储能任务。

备用电源用于当汽车电源电路切断后，在一定时间内维持安全气囊系统供电，保持安全气囊系统的正常功能。当汽车遭受碰撞而导致蓄电池和发电机与 SRS ECU 之间的电路切断时，逻辑备用电源能在 6s 内向 ECU 供给电能，保持 SRS ECU 能测出碰撞、发出点火指令等正常功能。点火备用电源能在 6s 内向点火器供给足够的点火能量引爆点火剂，使充气剂受热分解给气囊充气。但在时间超过 6s 后，备用电源供电能力降低，将不能保证 SRS 正常工作。

（4）保护电路和稳压电路　在汽车电器系统中，许多电器部件中有感应线圈，电器开关多，电器负载变化频繁。当线圈电流接通或切断、开关接通或断开、负载电流突然变化时，都会产生瞬时脉冲电压，即过电压。若过电压加到安全气囊系统电路上，系统中的电子元件就可能因电压过高而损坏。为了防止安全气囊系统元件遭受损害，SRS ECU 中必须设置保护电路。同时，为了保证汽车电源电压变化时安全气囊系统能够正常工作，还必须设置稳压电路。

4. 安全气囊系统保险机构与线束

为了保证安全气囊系统工作可靠，在对安全气囊系统进行作业时必须小心。为便于区别，现在的安全气囊系统的线束和插接器常采用黄色。为了保证安全气囊系统插接器的连接可靠，采用导电性能和耐久性能良好的镀金端子。除此之外，还设计有防止气囊误爆机构、电路连接诊断机构、插接器双重锁定机构和端子双重锁定机构等。

（1）防止气囊误爆机构　SRS 的 ECU 至点火器之间的插接器均采用了防止气囊误爆的短路片机构，主要用于当插接器拔下时，短路片自动将 SRS 点火器一侧插接器的两个端子短接，如图 9-50 所示，以防止静电或误通电将电热丝电路接通而造成气囊误爆。插接器短路片有的设置在插头上，有的设置在插接器上，但短路片必须在 SRS 点火器一侧，其作用效果完全相同。短路片应设在插接器上。

当插头与插接器正常连接时，插头的绝缘壳体将短路片向上顶起，如图 9-50a 所示。短路片与插接器端子脱开，插头的引线端子与插接器的引线端子接触良好，点火器电热丝电路的"+"端与保险传感器电路接通，"-"端与前碰撞传感器电路接通，电热丝电路处于正常连接状态。

当插头与插接器脱开时，短路片自动将气囊点火器一侧插接器的引线端子短接，使点火器的电热丝与短路片构成回路，如图 9-50b 所示。此时，即使将电源加到气囊点火器一侧插接器上，由于电源被短路片短路，也不会引爆点火器，从而可防止 SRS 误爆。

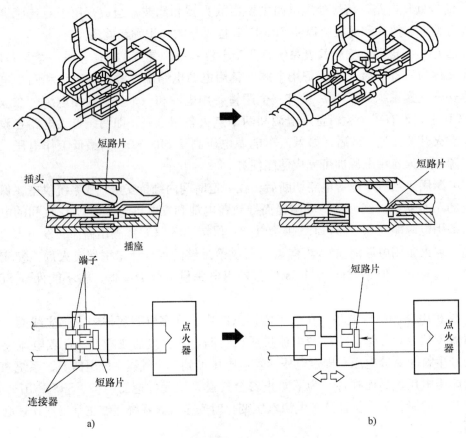

图 9-50　防止气囊误爆机构的结构与原理示意图

a）插接器正常连接（短路片与端子脱开）　　b）插接器拔下（短路片与端子短接）

（2）电路连接诊断机构　电路连接诊断机构用于监测前碰撞传感器电路以及插接器端子连接是否可靠，其结构如图 9-51 所示。插接器插头上有一个诊断销，插接器上有两个诊断端子，端子上有弹簧片。其中一个诊断端子与碰撞传感器触点的一端相连，另一个诊断端子经过一个电阻与碰撞传感器触点的另一端相连。前碰撞传感器触点为常开触点，当传感器插头与插接器半连接（未可靠连接）时，诊断端子与诊断销尚未接触，如图 9-51a 所示，此时电阻尚未与传感器触点构成并联电路，插接器引线" + "与" − "之间的电阻为无穷大。因为" + "" − "引线与 SRS ECU 连接，所以当 ECU 监测到碰撞传感器的电阻为无穷大时，即诊断为插接器连接不可靠；或者是前碰撞传感器的电路断路，自诊断电路便控制 SRS 警告灯闪亮报警，同时将故障码储存在存储器中。

当传感器插头与插接器可靠连接时，诊断端子与诊断销可靠接触，如图 9-51b 所示。如果同时前碰撞传感器线束也完好，SRS ECU 即可检测到该并联电阻的阻值正常，即诊断为插接器以及线束连接可靠。

（3）插接器双重锁定机构　安全气囊系统在线束的重要连接部位，其插接器采用了双重锁定机构，以防止插接器脱开，如图 9-52 所示。插接器插头上有主锁和两个凸台，插接器上有锁柄能够转动的副锁。

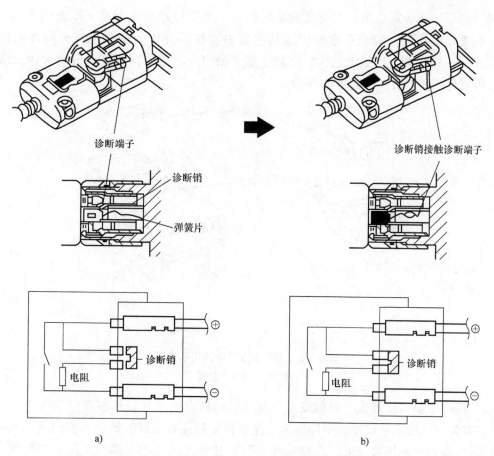

图 9-51　电路连接诊断机构的结构与原理示意图

a）半连接　b）可靠连接

当主锁未锁定时，插头上的两个凸台阻止副锁锁定，如图 9-52a 所示；当主锁完全锁定时，副锁锁柄方能转动并锁定，如图 9-52b 所示；当主锁与副锁双重锁定后，插接器插头与插接器的连接状态如图 9-52c 所示，从而防止了插接器脱开。

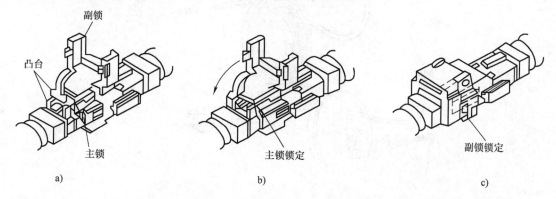

图 9-52　插接器双重锁定机构示意图

a）主锁打开，副锁被挡住　b）主锁锁定，副锁可以锁定　c）双重锁定

（4）端子双重锁定机构　安全气囊系统的每一个插接器都设有端子双重锁定机构，用于防止引线端子滑动。端子双重锁定机构主要由插接器壳体上的锁柄与分隔片组成，如图9-53所示。锁柄为一次锁定机构，可防止端子沿引线轴线方向滑动；分隔片为二次锁定机构，可防止端子沿引线径向方向移动。

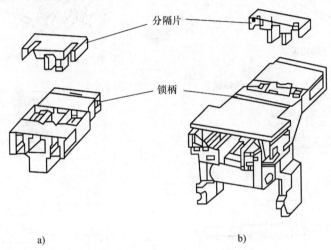

图9-53　端子双重锁定机构示意图

a）插头　b）插接器

（5）安全气囊系统线束　目前安全气囊系统的所有线束都套装在黄色波纹管内（便于区别），并与车辆线束总成连成一体。为了保证转向盘具有足够的转动角度而又不致损伤驾驶座SRS气囊组件的连接线束，在转向盘与转向柱管之间采用了螺旋电缆。先将线束安装在螺旋弹簧内，再将螺旋弹簧安放到弹簧壳体内，如图9-54所示。通常电喇叭线束也安装在螺旋弹簧内。在不同汽车公司的电路图中，螺旋电缆的名称各不相同，有的称为螺旋弹簧，有的称为游丝，有的称为游丝弹簧。

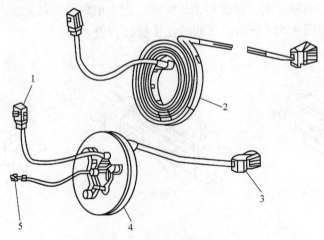

图9-54　螺旋电缆示意图

1、3—线束插接器　2—螺旋弹簧　4—弹簧壳体　5—搭铁插接器

螺旋电缆安装在转向盘与转向柱管之间。安装螺旋电缆时，应注意其安装位置和方向，否则会导致转向盘转动角度不足或螺旋电缆损坏。

三、装备预紧式安全带的安全气囊系统

装有安全气囊系统的汽车在发生碰撞时，气囊系统对防止驾驶人和乘员遭受伤害十分有效。为了充分发挥座椅安全带对乘员的保护作用，有的汽车除了装备安全气囊以外，还装有预紧式安全带。预紧式安全带的特点是当汽车发生碰撞事故的一瞬间，在乘员尚未向前移动时首先拉紧织带，立即将乘员紧紧地绑在座椅上，防止乘员身体前倾，从而有效保护乘员的安全。

1. 预紧式安全带的分类

预紧式安全带中起主要作用的卷收器与普通安全带不同，除了具有普通卷收器的收放织带功能外，还能在车速发生急剧变化时，在极短的时间内加强对乘员的约束力，因此它还有控制装置和预拉紧装置。预紧式安全带分为预紧限力式安全带和预卷式预紧限力式安全带两类。

（1）预紧限力式安全带　在限力器安全带上增加了预紧器，其主要内部装置包括卷收器、车感和带感传感器、限力器和预紧器。

（2）预卷式预紧限力式安全带　在预紧限力式安全带上增加了预卷电动机系统，其主要内部装置包括卷收器、车感和带感传感器、限力器、预紧器和预卷电动机。

2. 预紧式安全带的工作原理

（1）预紧限力式安全带的工作原理　通过安全气囊 ECU 发出一个预紧点火信号，预紧器内的火药燃烧产生高压气体作为卷曲动力，消除安全带与人体之间的间隙。目前，预张紧限力式安全带已经在中高端车型中被广泛使用。

（2）预卷式预紧限力式安全带的工作原理　通过雷达感应装置感应车辆与前车的间距，如果间距小于某一设定值，其 ECU 发出信号控制电动机运动，消除安全带与人体之间的空隙，并且提醒驾驶人紧急制动或者进行应急处理。这款安全带涉及很多主动安全相关的装置（如探测雷达、计算程序等），因此其整体价格非常昂贵，目前只在一些高端车型上使用。

3. 预紧器

目前使用的预紧式安全带多数为爆燃式，这种安全带利用了气体爆燃原理，其爆燃装置由气体引发剂、导管、活塞、驱动轮等组成。预紧器的结构主要分为钢珠式、钢丝式、齿轮齿条式，其原理都是将化学能转化为动能。由于钢珠式预紧器具有结构紧凑、体积小巧、重量轻等优点，可以匹配任何车型，因此目前的市场份额在 95% 左右。爆燃式预紧安全带的响应时间极短，以钢珠式为例，从感知碰撞发生到实现安全带预收紧的全过程只需要千分之几秒。但它的碰撞预紧功能是不可逆的，只能一次性使用。这种安全带在发挥碰撞预紧作用或者达到更换周期后就必须更换。

钢珠式预紧器的工作原理：当汽车受到碰撞时，安全气囊 ECU 发出收紧信号，预拉紧装置被激发，导管内的气体引发剂立即引爆气体发生剂，产生大量气体，使活塞带动钢珠，然后钢珠带动驱动轮旋转，使卷收器里的卷筒转动把织带往回拉。拉到一定程度时，卷收器会锁止织带，从而固定乘员身体。图 9-55 所示为钢珠式和钢丝式预紧器工作原理示意图。

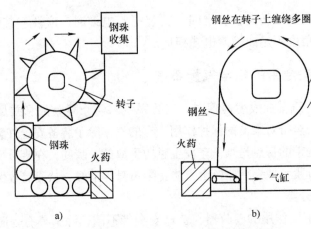

图 9-55　预紧器工作原理示意图

a）钢珠式预紧器　b）钢丝式预紧器

4. 爆燃式预紧安全带防止勒伤的措施

爆燃式预紧安全带利用安全带限力器来控制安全带作用在人体上的束缚力，避免过大的束缚力把人勒伤，它利用了限力轴的扭转原理。卷收器的轴芯里是一根弹簧钢材质的限力轴，当被拉紧的织带作用在上面的力矩达到一定值时，限力轴就会发生扭转，从而限制了束缚在人身上的力。

5. 气囊式安全带

大多数汽车的前排都能依靠安全带和气囊的共同作用来缓解碰撞时的冲击。由于空间结构的影响，普通汽车无法为后排乘员设计前部气囊，在车辆遭受正面碰撞时，仅能依靠安全带来束缚住后排乘员，但过大的束缚力会增加乘员被勒伤的风险。因此，福特公司开发了针对后排乘员的气囊式安全带，它可以在碰撞中最大限度地降低乘员被勒伤的概率。气囊内置于安全带从带扣到乘员肩膀的位置，一旦发生碰撞，汽车就会发出信号释放气囊，此时安全带式气囊与人体躯干的接触面积较未展开气囊时提升 5 倍，大大增加了受力面积，使得在安全带束缚躯干惯性前冲时，身体所受的压强大大降低，从而防止了安全带在束缚中引起的二次伤害。同时，较大体积的充气囊能够对颈部和头部起到一定的束缚作用，降低了后排乘员的受伤风险。

思考题与习题

9-1　地面制动力与附着力有什么关系？

9-2　什么是滑移率？

9-3　画出干燥硬实路面附着系数与滑移率的关系曲线，分析滑移率对纵向和横向附着系数的影响。

9-4　说明汽车采用 ABS 的必要性。

9-5　ASR 的作用是什么？

9-6　ESP 的功能是什么？

9-7　安全气囊系统由哪几部分组成？

第十章　舒适控制系统

第一节　电控悬架系统

汽车悬架装置连接车架或承载式车身和车桥或车轮，主要由弹性元件、减振器、导向机构等组成，承受汽车垂直、纵向、侧向等各个方向的载荷，缓和由于汽车载荷和路面状况等引起的各种振动与冲击，将车轮与路面之间的力传递给车身。

悬架装置影响汽车行驶的平顺性和操纵稳定性。悬架的性能参数主要包括弹簧刚度和减振器阻尼。降低弹簧刚度或减小减振器阻尼，会使车体加速度减小、平顺性提高，但会导致车体位移的增加，使车体质心发生变化，引起轮胎负荷变化的增加，从而对操纵稳定性产生不良影响；提高弹簧刚度或增加减振器阻尼，可以提高操纵稳定性，但会导致汽车对不平路面的缓冲能力下降，使平顺性变差。

传统悬架的弹簧刚度和减振器阻尼是不可调的，无法达到悬架控制的理想目标。悬架应在不同的使用条件下具有不同的弹簧刚度和减振器阻尼，以满足平顺性和操纵稳定性的要求。目前汽车上采用的电控悬架是在普通悬架的基础上加装了电控系统，根据不同的路面条件、车辆载荷、行驶速度等来控制悬架的弹簧刚度和减振器阻尼等，使车辆的平顺性和操纵稳定性在各种条件下都达到最优。

一、电控悬架系统的结构

1. 电控悬架系统的组成

电控悬架系统由传感器、开关、电子控制单元（ECU）及执行机构等组成。其中，传感器有车身高度传感器、车速传感器、加速度传感器、转向盘转角传感器等；开关有模式选择开关、阻尼力调节开关、车身高度控制开关等；执行机构有可调节减振器阻尼力的电动机、可调节弹簧刚度的步进电动机和可调节车身高度的电磁阀等。

传感器、开关信号等对汽车行驶时的路面状况和车身状态以及驾驶人的意图进行检测，并将检测到的信号传送至悬架系统 ECU 进行分析、处理，ECU 输出控制信号，经过驱动电路控制悬架系统的执行器动作，对悬架特性参数、车身高度进行调整。

半主动悬架模型结构示意图如图 10-1 所示。钢板弹簧、螺旋弹簧、扭杆弹簧等的刚度为常数，仅能通过改变减振器阻尼力来提高半主动悬架特性。在汽车行驶过程中，通过改变减振器的阻尼力，适应车辆的行驶平顺性和操纵稳定性的要求。阻尼力小时，可降低系统自振频率，对车身的冲击小、舒适性好，但安全性下降，适用于车辆的低速行驶；阻尼力大时，可提高车辆行驶安全性，但舒适性变差，适用于车辆的高速行驶。减振器工作时，活塞杆上下伸缩运动，一定黏度的液压油通过活塞孔时有阻力产生，当活塞上下运动较慢时，阻尼力小；当活塞快速运动时，产生的阻尼力较大。节流孔越大，阻尼力越小。控制阻尼力的最佳方法是控制节流孔的大小。根据控制方式不同，减振器阻尼力的调节可分为有级可调式和连续可调式两种。

主动悬架模型结构示意图如图 10-2 所示。主动悬架由空气弹簧、油气弹簧等弹性元件组成，能够根据车身高度、车速、转向角度及角速度、制动等信号，由 ECU 控制悬

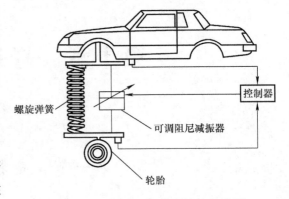

图 10-1　半主动悬架模型结构示意图

架执行机构，改变悬架弹性元件的刚度、减振器阻尼力及车身高度等参数，使车辆的操纵性和平顺性都达到最优。主动悬架通过主动改变弹性元件内部工作介质的流通特性或压力大小来调节悬架的刚度，通过工作介质的充、放来改变悬架的高度，进行车身高度的控制。阻尼力的调节方式是采用阻尼力可调的减振器。

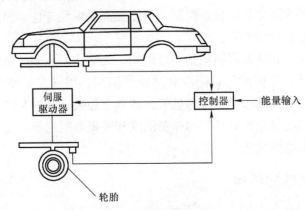

图 10-2　主动悬架模型结构示意图

2. 传感器

（1）车身高度传感器　车身高度传感器有片簧开关式、霍尔式、光电式和电位计式四种类型。

1）片簧开关式。片簧开关式车身高度传感器的结构如图 10-3a 所示，它包括 4 组触点式开关和一个磁体，4 个开关分别与两个晶体管相连，构成 4 个检测回路，两个端子作为输出信号连接悬架 ECU，ECU 输出端子控制两个晶体管。图 10-3b 所示为片簧开关式车身高度传感器电路原理图，车身高度调定为正常高度后，当车辆载荷增加时，车身高度偏低，片簧开关式高度传感器的另一对触点闭合，输出电信号传送至 ECU，ECU 输出车身高度偏低的信号到车身高度控制执行器，使悬架系统车身高度控制执行器工作，使车身高度恢复为正常高度状态。该传感器将车身高度状态组合为低、正常、高、超高 4 个检测区域。

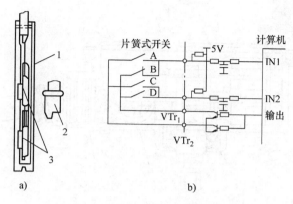

图 10-3　片簧开关式车身高度传感器

a）结构图　b）电路原理图

1—车身高度传感器　2—磁体　3—片簧开关

2）霍尔式。霍尔式车身高度传感器如图 10-4 所示，包括两个霍尔集成电路（A、B）和两个磁体（1 号和 2 号）。当两个磁体因车身高度的改变而产生相对位移时，在两个霍尔集成电路上产生不同的霍尔效应，输出相应的电压信号，悬架的电控装置根据电压信号做出车身高度偏离调定高度的情况判别，驱动执行器做出有关调整。根据两个霍尔集成电路和两个磁体安装时的位置不同，将车身高度状态分为低、正常、高三个检测区域。

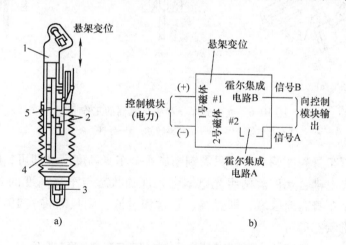

图 10-4　霍尔式车身高度传感器

a）结构图　b）原理图

1—传感器体　2—霍尔集成电路　3—弹簧夹　4—滑轴　5—窗孔

3）光电式。光电式车身高度传感器如图 10-5 所示。该传感器安装在车架上，传感器轴的外端连接导杆，导杆的另一端通过一个连杆与独立悬架的下摆臂连接。有一根靠连杆带动转动的传感器转轴，转轴上固定一个开有许多窄槽的圆盘，圆盘两边是光电耦合器，每个光电耦合器由两组发光二极管和光敏晶体管耦合元件组成，传感器中有两个光电耦合器。

如图 10-6 所示，当车身高度发生变化时，导杆随悬架摆臂的上下移动而摆动，通过传感器转轴驱动圆盘转动。图 10-6a 所示为光电耦合器相对应的发光二极管和光敏晶体管之间

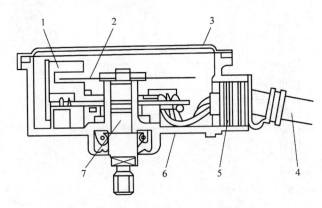

图 10-5　光电式车身高度传感器

1—光电耦合器　2—圆盘　3—传感器盖　4—信号线　5—金属油封环　6—传感器壳体　7—传感器转轴

产生通/断交替变化；图 10-6b 所示为光敏晶体管把相应的 ON/OFF 转换成电信号，并传送至悬架 ECU。ECU 根据不同的脉冲信号判断圆盘转过的角度，计算出悬架高度的变化情况。

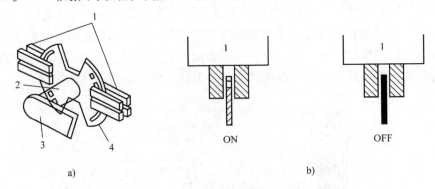

图 10-6　光电式车身高度传感器的工作原理

1—光电耦合器　2—传感器转轴　3—导杆　4—圆盘

　　悬架系统进行车身高度调节时，只需判断出 4 个车身高度区域即可，因此车身高度传感器中只需要两组光电耦合元件。两组光电耦合元件的状态与车身高度的对照见表 10-1。如果只需判断出 3 个车身高度区域，即过高、正常和过低，则只需将表 10-1 中偏高和偏低两种状态均作为正常状态即可。

表 10-1　两组光电耦合元件的状态与车身高度对照表

车高变化	光电耦合元件的状态		评价结果
	1	2	
高 ↓ 低	OFF	ON	过高
	OFF	OFF	偏高
	ON	OFF	偏低
	ON	ON	过低

　　4）电位计式。电位计式车身高度传感器如图 10-7 所示，主要由传感器轴、转板、电刷和印制电路板等组成。前三者组成一个整体，由导杆带动旋转，印制电路板的电刷可在电阻

器上滑动。当由于车身高度的变化使与转板和传感器轴一体的电刷在电阻器上滑动时，A 和 B 之间的电阻值就发生变化，电阻值的变化与转板的转动角度成正比，即与车身高度的变化成正比。当悬架 ECU 把一个固定电压加到整个电阻器上时，A 和 B 之间产生的电压变化取决于转板的转动角度，输出电压信号传送到悬架 ECU，悬架 ECU 从电压的变化中检测出车身高度的变化。

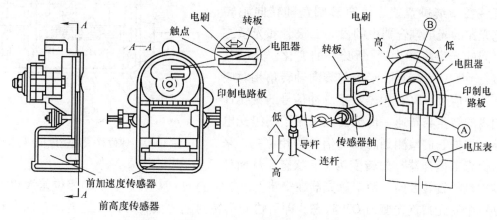

图 10-7　电位计式车身高度传感器

片簧开关式与电位计式车身高度传感器在使用过程中存在磨损，会影响检测精度和使用寿命；而光电式与霍尔式车身高度传感器在使用过程中不存在磨损，检测精度和灵敏度都很高。在主动悬架系统中，要对车身高度进行检测与调节，一般只需在悬架上安装三个车身高度传感器即可，位置在左、右前轮和后桥中部。如果传感器多于三个，则会出现车身高度调整干涉现象。

（2）加速度传感器　常用的加速度传感器有差动变压器式和球位移式等。

差动变压器式加速度传感器如图 10-8 所示，主要由电源、线圈（一次绕组和二次绕组）和铁心组成。传感器的励磁线圈（一次绕组）上通有交流电，当汽车转弯或加减速行驶时，铁心在汽车横向力（或纵向力）的作用下产生位移。随着铁心位置的变化。检测线圈（二次绕组）的输出电压发生变化，线圈的输出电压随着汽车加速度大小的变化而变化。该电压信号传输给 ECU 后，ECU 根据此输入信号计算出汽车横向力（或纵向力）的大小，对车身姿势进行控制。

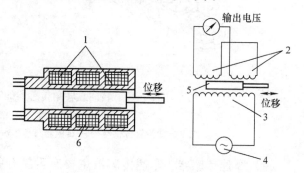

图 10-8　差动变压器式加速度传感器
1、2—二次绕组　3、6—一次绕组　4—电源　5—铁心

球位移式加速度传感器如图 10-9 所示，包括线圈、钢球、磁铁、电路等元件。当汽车转弯或加减速行驶时，钢球在汽车横向力（或纵向力）的作用下产生位移。随着钢球位置的变化，线圈内部的磁场强度发生变化，线圈的输出电压也发生变化，ECU 根据电压信号的变化情况计算出汽车横向力（或纵向力）的大小，进而对车身姿态进行控制。

（3）转向盘转角传感器 转向盘转角传感器如图10-10所示，主要由转角传感器、传感器圆盘、遮光器等组成。在压入转向轴的圆盘中间装有带窄缝的窄缝圆盘，传感器的遮光器（由发光二极管和光敏晶体管组成的光电耦合器）以两个为一组，从上面套装在窄缝圆盘之上。窄缝圆盘随转向轴转动，遮光器的光电耦合器中的发光二极管和光敏二极管之间的光束将产生通/断交替的变化，光敏二极管进行ON/OFF转换，形成与转向轴转角相对应的数字脉冲信号，ECU根据数字脉冲信号的变化计算转向盘的转角与转速。传感器上采用了两组光电耦合器，根据它们检测到的脉冲信号的相位差，来确定哪个光电耦合器首先转变为ON状态，从而计

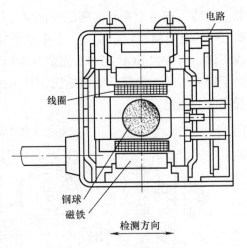

图10-9 球位移式加速度传感器

算出转向盘的偏转方向。两个遮光器在安装上，使它们的ON/OFF变换的相位差为90°，通过判断哪个遮光器首先变为ON状态，即可检测出转向轴的偏转方向。当转向盘向左转时，左侧光电耦合器总是先于右侧光电耦合器达到ON状态；当转向盘向右转时，右侧光电耦合器总是先于左侧光电耦合器达到ON状态。

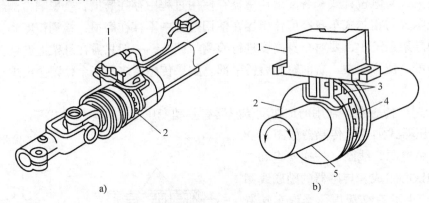

图10-10 转向盘转角传感器的安装位置和结构示意图

a）安装位置 b）结构示意图

1—转角位置传感器 2—传感器圆盘 3—遮光器 4—窄缝 5—转向轴

（4）车速传感器 车速传感器主要有舌簧开关式、电磁感应式和光电式等类型。汽车在急加速时，由于惯性力和驱动力的作用，其尾部容易产生"下蹲"现象。针对这一现象，ECU会检测汽车的加速工况，判断汽车是否在进行急加速，并根据该信号控制悬架的弹簧刚度、阻尼力等参数，以防止车尾下蹲。

3. 开关

悬架控制开关主要有模式选择开关、阻尼力调节开关、车身高度控制开关及车身高度控制通/断开关等。

模式选择开关一般位于变速器操纵手柄旁或仪表板上，驾驶人根据车辆行驶状况和路面

情况选择悬架的运行模式，通过操纵该开关，可以使减振器阻尼力按手动或自动两种模式进行变化。当选择自动模式时，悬架系统可以根据汽车行驶状态自动调节减振器的阻尼力，以保证汽车乘坐舒适性和操纵稳定性；当选择手动模式时，悬架系统的阻尼力只有标准（中等）和运动（硬）两种状态，由驾驶人操纵阻尼力调节开关进行转换。

阻尼力调节开关位于操纵手柄旁，通过操纵此开关，可以使阻尼力处于标准（中等）或运动（硬）两种状态。该开关在模式选择开关处于手动位置时起作用。

车身高度控制开关由驾驶人操纵，用于选择所希望的车身高度，电控主动悬架系统会根据车辆载荷等参数的变化自动调节车身高度为设定的目标值，部分车型的悬架也可根据车速、路况等自动调节车身高度以适应车辆的行驶要求。

车身高度控制通/断开关用来接通（ON）或中止（OFF）主动悬架的车身高度控制功能，该开关一般位于车辆行李舱的工具储藏室内。当车辆被举升、停在不平的路面上或被拖拽时，要先将此开关拨至 OFF 位置，以避免空气弹簧中的压缩空气排出，造成车身高度下降。

制动灯开关的安装位置和电路图如图 10-11 所示。该开关位于制动踏板支架上，当踩下制动踏板时，开关接通，将 12V 的电压连接在悬架 ECU 的 STP 端子上，悬架 ECU 根据这一信号判断汽车是否处于制动状态，以便进行制动时的控制。

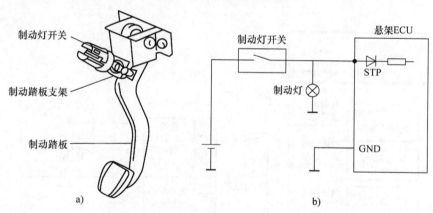

图 10-11　制动灯开关的安装位置和电路图
a）安装位置　b）电路图

图 10-12 所示为汽车门控灯开关的安装位置，该开关位于汽车各车门的门柱上和行李舱内。

图 10-13 所示为门控灯信号电路图。当所有的车门和行李舱盖都关闭时，门控灯开关断开，蓄电池电压连接在悬架 ECU 的 DOOR 端子上；当有任何一个车门打开时，DOOR 端子上的电压变为 0V。在主动悬架系统中，ECU 根据该信号判断车门是否打开，因为在车辆停止后，悬架系统会自动使车身降到较低的高度。若此时 ECU 检测到车门被打开，则

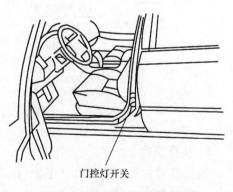

图 10-12　门控灯开关的安装位置

车身高度自动控制功能必须停止，以免造成危险。

4. 电子控制单元（ECU）

悬架电子控制单元如图 10-14 所示，由开关信号（控制开关、停车开关、空档保护开关）、传感器（转向传感器、节气门位置传感器、车速传感器）、计算机、减振器等组成，具有以下功能：

1）提供稳压电源：为 ECU 内部和各种传感器提供稳压电源。

2）传感器信号放大：去除输入信号（传感器信号、开关信号）中的干扰信号，然后将信号进行放大、滤波。

3）信号处理：对各输入信号进行 A/D 转换、计算和分析，并向执行机构（电动机、电磁阀、继电器等）输入控制信号，以实现对汽车悬架参数的控制。

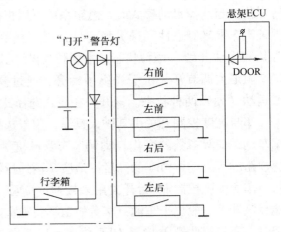

图 10-13 门控灯信号电路图

4）故障检测：检测传感器、执行器等元件的故障。当检测到故障时，将故障信号传输至 ECU。

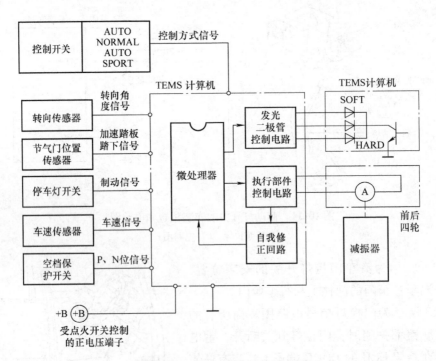

图 10-14 悬架 ECU 结构原理图

5. 执行机构

执行机构主要有电动机、电磁阀、继电器、指示灯等元件。悬架 ECU 输出信号到电动机、电磁阀完成相应的驱动动作，改变减振器阻尼孔的横截面积以改变悬架阻尼力的大小，或改变空气（油气）弹簧内部介质的流通情况，进而改变悬架刚度和车身高度等特性；ECU输出信号到继电器，控制电路的通断；指示灯提示驾驶人系统的状态或某些故障信息等。

（1）电动机　作为执行机构，一般选用直流电动机和步进电动机。

1）直流电动机。如图10-15所示，直流电动机式执行机构主要由直流电动机、驱动齿轮、扇形齿轮、电磁线圈、挡块、减振器等组成。直流电动机安装在悬架系统中每个减振器的顶部，并通过其上的控制杆与减振器的回转阀相连。ECU输出信号控制直流电动机和电磁线圈，当需要调整减振器的阻尼力时，ECU控制电磁线圈通电，挡块脱离扇形齿轮上的凹槽，同时给直流电动机通电，带动扇形齿轮旋转，进而使控制杆带动回转阀旋转，减振器的阻尼力即按照要求改变。当阻尼力调整合适后，ECU控制电磁线圈断电，使挡块进入扇形齿轮上的凹槽将其固定，同时使直流电动机断电，控制杆保持不动，调整好的阻尼力保持不变。

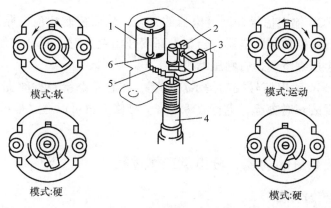

图10-15　直流电动机式执行机构
1—直流电动机　2—挡块　3—电磁线圈　4—减振器　5—扇形齿轮　6—驱动齿轮

2）步进电动机。如图10-16所示，步进电动机由定子、线圈和永磁转子等组成。定子中有两个12极的铁心，相互错开半齿而对置，两个线圈绕在两个铁心上，绕线方向相反；转子是一个具有12极的永久磁铁。步进电动机式执行机构安装在悬架减振器的顶部，其控制原理与直流电动机相似，只是减振器控制杆由步进电动机驱动。当悬架ECU给步进电动机的两个线圈分别通以一定的电流时，就会在定子铁心上产生电磁力，使永磁转子转动，从而通过减振器控制杆带动回转阀转动。

步进电动机与直流电动机相比，使用寿命更长；数字脉冲信号控制步进电动机常处于开环控制系统，其转速和转角分别与输入脉冲数和频率成正比，具有自锁能力，不需要传感器和锁止机构；控制系统简单高效，可获得更快速的响应和更精确的控制，因此汽车在不平路面上行驶时可获得更佳的控制效果。

（2）电磁阀　悬架ECU输出信号控制电磁阀打开或关闭某一液压或气压管路使之相通或不通。电控悬架系统中常用的电磁阀有高度控制阀（ECU使高度控制阀线圈通电后，高度控制阀打开，并将从空气压缩机来的压缩空气引向气缸，从而使汽车高度上升）和排气

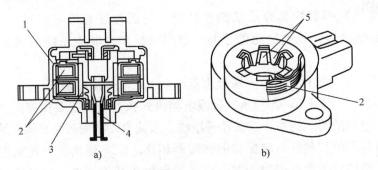

图 10-16　步进电动机的结构及安装图

a）结构图　b）安装图

1—定子　2—线圈　3—永磁转子　4—减振器控制杆　5—铁心

阀（ECU 使排气阀线圈通电后，排气阀打开，并将气缸中的压缩空气排放到大气中，从而使汽车高度下降）。

（3）继电器　ECU 输出信号控制继电器的开合，从而控制相应电路的通断。电控悬架系统控制电路中设有高度控制继电器，当车身高度开始上升时，ECU 控制继电器开关闭合，压缩机就能通电产生压缩空气，否则压缩机不工作。

（4）指示灯　ECU 输出信号控制指示灯点亮，在悬架系统自检时亮起，自检完毕后熄灭；在悬架系统出现故障时亮起，进行故障警告。维修人员可以通过指示灯的闪烁规律读取故障码。

二、电控悬架系统的功能、分类及工作过程

1. 电控悬架系统的功能

（1）调节减振器阻尼力　根据汽车的负载、行驶路面条件、汽车行驶状态等控制悬架减振器的阻尼力，防止汽车急速起步或急加速时的车尾下蹲、紧急制动时的车头下沉，以及急转弯时车身的横向摇动和换档时车身的纵向摇动等，提高行驶平顺性和操纵稳定性。

（2）调节弹性元件刚度　通过对各种工况下悬架弹性元件刚度的调整，改变车身的振动强度和对路况及车速的感应程度，从而改善汽车的乘坐舒适性与操纵稳定性。

（3）调节汽车车身高度　根据车辆负载变化，自动调节悬架高度，保持车身的正常高度和姿态。当汽车在坏路面上行驶时，可以使车身升高，增强其通过性；当汽车高速行驶时，可以使车身降低，减小空气阻力并提高行驶稳定性。

电控悬架系统中采用主动悬架的汽车能实现上述全部功能；采用半主动悬架的汽车一般只能实现减振器阻尼力的调节功能和横向稳定器侧倾刚度的调节功能。

2. 电控悬架系统的分类

（1）按照控制参数分类　可分为半主动悬架和主动悬架两大类。

1）半主动悬架是指悬架的特性参数可调。根据减振器阻尼力调节方式不同，半主动式电控悬架又可分为阻尼力有级可调的有级半主动式电控悬架和阻尼力连续可调的无级半主动式电控悬架。无级半主动式电控悬架能根据路面的行驶状态和车身的响应对悬架阻尼力进行连续控制，并在几毫秒内使阻尼力由最小变化到最大，使车身的振动响应始终被控制在某个

范围内，但在转向、制动等工况时，不能对阻尼力实施有效的控制。

2）主动悬架是一种能供给和控制动力源（空气、油液）的系统，它根据传感器检测到的汽车载荷、路面情况、行驶速度、起动/制动/转向等工况的变化，主动调节悬架的弹簧刚度、减振器阻尼力以及车身高度等参数，从而能够同时满足汽车行驶平顺性和操纵稳定性的要求。根据频带宽和能量消耗的不同，主动悬架可分为全主动式（其频带宽大于15Hz）和慢全主动式（其频带宽为3~6Hz）；根据驱动机构和介质的不同，主动悬架又可分为由电磁阀驱动的油气主动式悬架和由步进电动机驱动的空气主动式悬架。

（2）按照外加动力源的来源分类　可分为无源控制和有源控制两种。

1）半主动悬架是无源控制，消耗的能量很少、成本较低，但在转向、起动、制动等工况时不能对弹簧刚度和减振器阻尼力进行有效的控制。

2）主动悬架是有源控制，具有做功能力，在悬架系统中附加一个可控制作用力的装置，根据各传感器检测到的汽车载荷、行驶速度、路面状况变化和汽车起动、制动、转向等各种工况，能够自动调节悬架的弹簧刚度和减振器阻尼力，还能根据车速的变化调节车身高度等，显著提高了汽车的操纵稳定性和乘坐舒适性。

3. 电控悬架系统的工作过程

悬架ECU根据各个传感器的信号以及悬架控制开关的选择模式，计算出汽车各个车轮上的减振器阻尼力、悬架弹簧刚度和车辆高度等参数的目标值后，输出控制信号控制悬架电控系统的执行机构（可变阻尼力的减振器、可变刚度的弹性元件等）动作，完成悬架系统的工作过程。对悬架的控制内容主要有减振器阻尼力控制、悬架弹簧刚度控制、横向稳定器侧倾刚度控制和车身高度控制。

（1）减振器阻尼力控制　悬架减振器阻尼力的控制方式有两类：一类是有级可调式，阻尼力大小在不连续的几个状态间转换；另一类是连续可调式，阻尼力可以连续改变。

1）阻尼力有级可调式减振器。图10-17所示为阻尼力有级可调式减振器（三级可调）的结构及工作原理。减振器的活塞杆是空心的，其内有一个回转阀，回转阀上端与控制杆相连，控制杆上端连接电动机。

如图10-17a所示，减振器活塞上、下两腔之间有两类阻尼孔——常通孔与非常通孔。常通孔位于活塞下部，使得上、下两腔液压油常通；在A—A、B—B和C—C截面，回转阀与活塞杆上也各有通孔，为非常通孔，负责改变减振器阻尼力。系统工作时，电动机带动控制杆旋转，进而带动回转阀旋转，回转阀旋转时可使其上的孔与活塞杆上相应的孔之间相通或者不通。当非常通孔都相通时，上、下两腔液压油的流通截面积较大，反之较小。这样就调节了减振器上、下两腔之间液压油的流通量，起到了控制减振器阻尼力的作用。

如图10-17b所示，根据路况和载荷等的变化，电控悬架系统对减振器阻尼力的控制分为以下三种情况。

① 较弱的阻尼力（软）。A—A、B—B、C—C截面的通孔都接通，减振器的阻尼力小，减振能力弱，可充分发挥弹性元件的缓冲作用，使车辆具有高级轿车的舒适性。

② 中等水平阻尼力（运动）。只有B—B截面的通孔接通，A—A、C—C截面的通孔关闭，减振器阻尼力处于中等水平，车辆的高速行驶性能良好。

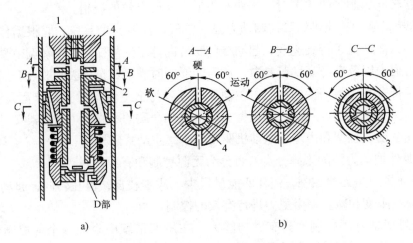

图 10-17 阻尼力有级可调式减振器

a）结构 b）工作原理

1—回转阀控制杆 2—阻尼孔 3—活塞杆 4—回转阀

③强阻尼力（硬）。A—A、B—B、C—C 截面的通孔全部关闭，减振器阻尼力较大，减振能力强，汽车具有跑车的优良操纵稳定性。

2）阻尼力连续可调式减振器。阻尼力有级可调只能在一定程度上符合车辆对减振器阻尼力状态的变化，现代轿车越来越多地采用阻尼力连续可调式减振器，以提高系统的响应特性。图 10-18 所示为一种阻尼力连续可调式半主动悬架，其阻尼力可以在几毫秒之内由最小变到最大，汽车速度、位移、加速度等输入信号传送至 ECU，ECU 计算出相应的阻尼值，向步进电动机发出控制信号，经控制杆调节阀门，使节流孔大小连续变化，阻尼力就能进行连续调节。

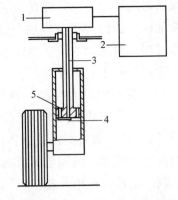

图 10-18 阻尼力连续可调式半主动悬架

1—步进电动机 2—ECU 3—控制杆

4—阀门 5—节流孔

3）减振器阻尼力的控制过程。图 10-19 所示为汽车经过一个凸起路面的过程。

开始上坡时减振器阻尼力控制过程如图 10-19a 所示。当车轮开始走向凸起路面时，减振器受到压缩，在车身向上移动时，减振器的阻尼力减小，以使减振器阻尼力不向上推车身。

继续上升时减振器阻尼力控制过程如图 10-19b 所示。当车轮继续升上凸起路面时，弹簧力向上推车身，使减振器逐渐伸张，减振器阻尼力增加，以阻止车身向上运动。

开始下坡时减振器阻尼力控制过程如图 10-19c 所示。当车轮开始走下凸起路面，使减振器伸张，且车身向下运动时，减振器的阻尼力减小，以使悬架平缓向下。

继续下行时减振器阻尼力控制过程如图 10-19d 所示。当车轮进一步下行，使减振器逐渐受到压缩时，减振器的阻尼力增加，以减少车身向下运动。

通过悬架 ECU 的输出信号，半主动控制功能会根据不同的情况调节减振器的阻尼力。

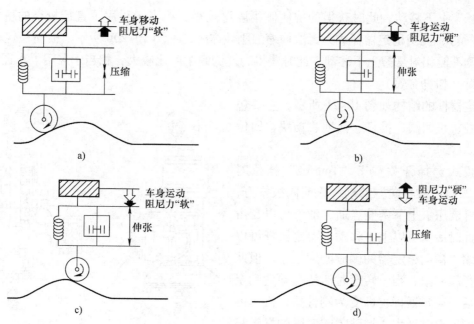

图 10-19　减振器阻尼力控制过程示意图

a）开始上坡　b）继续上升　c）开始下坡　d）继续下行

采用这种方法，即使在不平的路面，悬架 ECU 也可在各个车轮上独立地实现最佳减振器阻尼力控制。

（2）横向稳定器侧倾刚度控制　汽车的侧倾刚度与其转向特性密切相关，可以通过改变横向稳定器的扭转刚度来实现侧倾刚度的改变。采用具有液压缸结构的横向稳定器，通过内部油路的开、闭，使液压缸具有弹性或刚性特点，从而调节横向稳定器的扭转刚度，改变汽车的抗侧倾刚度。

结构设计上，采用在传统横向稳定器杆的基础上增加了液压缸和执行机构的稳定器杆，带液压缸的稳定器杆是在传统的横向稳定器杆上增设了一套电控液压系统，液压缸安装在稳定器臂（扭杆弹簧）的一侧端部与同侧独立悬架下摆臂之间，如图 10-20 所示。其作用是通过自身可变的伸缩性，改变横向稳定器的扭转刚度，进而改变车辆的侧倾刚度。

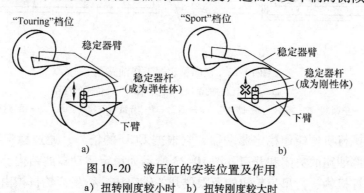

图 10-20　液压缸的安装位置及作用

a）扭转刚度较小时　b）扭转刚度较大时

如图 10-20a 所示，当稳定器杆成为能够伸缩的弹性体时，横向稳定器 U 形杆的一侧可以相对悬架上下移动，此时获得的抗侧倾刚度比较小，相当于采用了直径较小的稳定器臂（扭杆弹簧）；而当稳定器杆成为无法伸缩的刚性体时，如图 10-20b 所示，横向稳定器 U 形杆的一侧不能相对悬架上下移动，此时获得的抗侧倾刚度比较大，相当于采用了直径较大的稳定器臂（扭杆弹簧）。

稳定器杆的结构如图 10-21 所示，主要包括储油腔、止回阀、推杆、活塞、挡块、回位弹簧等。

当模式选择开关置于"Touring"档位时（图 10-22a），推杆向左移动，止回阀被推开，稳定器杆液压缸上下两腔连通，油液可以自由流动，此时活塞可以上下移动，稳定器杆可以自由伸缩，横向稳定器的侧倾刚度较小。但此时活塞行程有限，当急转弯时活塞运动达到全程状态后，稳定器杆也即变为刚性体，汽车的抗侧倾刚度自动增大，增强了转弯时的操纵稳定性；当模式选择开关置于"Sport"档位时（图 10-22b），推杆向右移动，止回阀在自身回位弹簧的作用下关闭，稳定器杆液压缸上下两腔不连通，油液不流动，此时活塞不能移动，稳定器杆不能自由伸缩，横向稳定器的侧倾刚度较大。

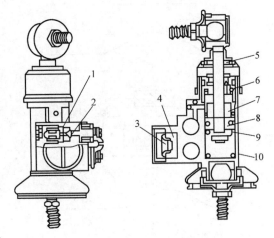

图 10-21　稳定器杆的结构
1—止回阀　2—推杆　3—膜片　4—储油腔
5—挡块（压缩侧）　6、9—卡簧
7—挡块（伸张侧）　8—活塞　10—缸体

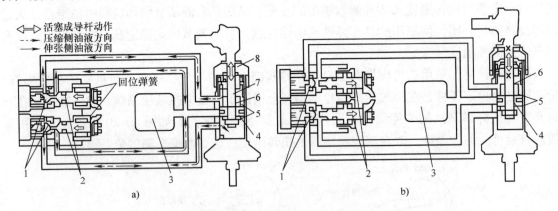

图 10-22　横向稳定器工作油路图
a)"Touring"档位时的油路　b)"Sport"档位时的油路
1—止回阀　2—推杆　3—储油腔　4—活塞　5—卡簧　6、8—挡块　7—活塞杆

横向稳定器执行机构叫作稳定驱动器，它根据 ECU 的信号，通过稳定器缆绳来控制稳定器杆液压缸内部油路的关闭和开启。图 10-23 所示为稳定驱动器的结构及工作原理，它由直流电动机、蜗杆机构、行星齿轮机构及限位开关等组成。行星齿轮机构由一套单排行星齿轮系统组成，其中太阳轮为主动齿轮，齿圈固定，行星架与驱动器输出轴为一体；蜗轮蜗杆机构中的蜗轮与太阳轮为一体，蜗杆与直流电动机输入轴为一体。

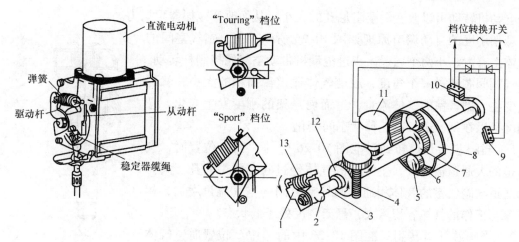

图 10-23　稳定驱动器的结构及工作原理

1—驱动杆　2—从动杆　3—变速传感器　4—蜗杆　5—小行星轮　6—齿圈　7—太阳轮　8—托架
9—限位开关（SW_2）　10—限位开关（SW_1）　11—直流电动机　12—蜗轮　13—弹簧

直流电动机通电后驱动蜗轮蜗杆机构中的蜗杆旋转，蜗轮被驱动后，带动行星齿轮机构中的太阳轮旋转，经过行星齿轮机构减速进而带动行星架旋转，再通过输出轴带动驱动杆旋转，其上连接的缆绳拉动推杆运动，改变稳定器杆内部液压缸的油路，进而改变其伸缩性。动力的传递路径是直流电动机→蜗杆→蜗轮→太阳轮→行星轮→行星架→输出轴→驱动杆→缆绳→推杆。

（3）悬架弹簧刚度控制　可变刚度的电控悬架采用的弹性元件主要有空气弹簧和油气弹簧两种，两者对刚度的控制方法也不尽相同。

图 10-24 所示为空气弹簧主动悬架的总体结构。悬架中的空气弹簧位于悬架上方，与阻尼力可变式减振器一起构成悬架支柱，上端与车架（或承载式车身）相连，下端安装在悬架摆臂上。

图 10-25 所示为空气悬架的气动缸，由封入低压惰性气体的弹性元件、阻尼力可调式减振器和悬架执行元件等组成。弹性元件（气体弹簧）分为主、副气室两部分，主气室的容积是可变的，在它的下部有一个可伸展的隔膜，

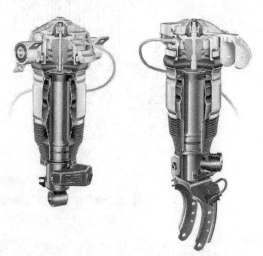

图 10-24　空气弹簧主动悬架的总体结构

压缩空气进入主气室可使悬架的高度升高，反之使悬架的高度下降。同时，主气室与副气室之间有一个通道，气体可以相互流通，改变主、副气室的气体通道截面积大小，就可以改变空气悬架的刚度。主、副气室设计为一体既节省了空间，又减轻了重量。悬架的上方与车架（或承载式车身）相连，随着车架（或承载式车身）与车轮的相对运动，主气室的容积在不断变化。减振器的活塞通过控制杆（阻尼力调节杆）与齿轮系和直流步进电动机相连接，

步进电动机转动可以改变活塞阻尼孔的大小，从而改变减振器阻尼力。

悬架刚度的自动调节原理如图 10-26 所示，主、副气室间的气阀体上有大、小两个通道。步进电动机带动空气阀控制杆转动，使空气阀阀芯转过一个角度，改变气体通道截面积的大小，就可以改变主、副气室的气体流量，进而使悬架的刚度发生变化。悬架刚度可以在低、中、高三种状态间变化：

1）当阀芯的开口转到对准图 10-26 中的"低"位置时，气体通道的大通道被打开，主气室的气体经过阀芯的中间孔、阀体侧面通道与副气室的气体相通，两气室之间的空气流量增加，相当于参与工作的气体容积增大，悬架刚度处于低状态。

2）当阀芯开口转到对准图 10-26 中的"中"位置时，气体通道的大通道被关闭，小通道被打开，两气室之间的流量小，悬架刚度处于中间状态。

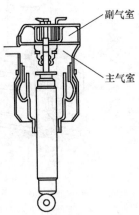

图 10-25　气动缸

3）当阀芯开口转到对准图 10-26 中的"高"位置时，两气室之间的气体通道全部被封闭，两气室之间的气体相互不能流动。

悬架在振动过程中，只有主气室的气体单独承担缓冲工作，悬架刚度处于高状态。

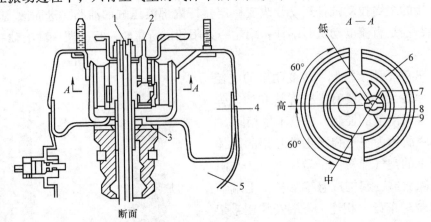

图 10-26　悬架刚度的自动调节原理

1—阻尼力调节杆　2—空气阀控制杆　3—主、副气室通道　4—副气室
5—主气室　6—气阀体　7—气体通道　8—阀芯　9—大气通道

油气弹簧以惰性气体（通常为氮气）作为弹性介质，用油液作为传力介质，一般由气体弹簧和相当于液压减振器的液压缸组成。通过油液压缩气室中的气体实现变刚度特性，通过电磁阀控制油液管路中的小孔节流实现变阻尼特性。图 10-27 所示为油气弹簧示意图。

另外，油气悬架可以通过切断液压缸与气室的连接，利用液体的"不可压缩性能"实现纯刚性悬架功能。对于一些工程车辆，如轮式道路碾压机、轮式起重机等非常适合。作业时断开连接，避免动载引起过大的振幅，从而保证负载运行和特殊作业的稳定性与安全性；在道路上行驶时，打开连接可以很好地缓和来自路面的冲击，并衰减车身或车轮的振动，保证良好的舒适性能和操纵稳定性能。

油气弹簧具有良好的非线性特性，但是与空气弹簧相比，其成本高、体积大、加工精度高、保养维护困难。

（4）车身高度控制　采用空气弹簧调节车身高度的系统有两种：外排气式和内排气式，两者都是通过向空气弹簧的主气室内充、放空气来实现车身高度的调节。前者从大气中吸入空气并将气体排入大气，通过接入干燥罐处理水蒸气；后者采用封闭的空气供给系统，将空气排向储气筒低压腔。

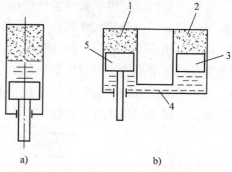

图 10-27　油气弹簧示意图
a) 单气室油气弹簧　　b) 双气室油气弹簧
1—主气室　2—反压气室　3—浮动活塞
4—通道　5—主活塞

图 10-28 所示为悬架控制系统空气管路图，系统主要由气源系统、空气管路、高度控制阀和空气弹簧（气压缸）四部分组成。气源系统主要包括空气压缩机、干燥器、排气阀等，空气压缩机由直流电动机驱动，悬架 ECU 输出信号控制干燥器输送提高车身高度所必需的压缩空气。干燥器内的硅胶可以过滤空气中的水分。排气阀从系统中放出压缩空气，同时排出干燥器滤出的空气中的水分。高度控制阀采用二位二通电磁阀，控制向主气室内进气（将进气路与主气室相通）和排气（将主气室与大气相通）。

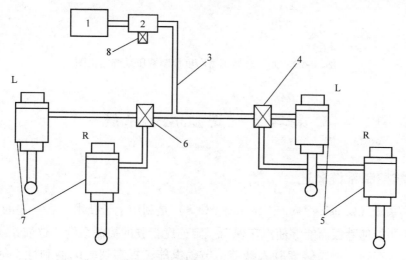

图 10-28　悬架控制系统空气管路
1—压缩机　2—干燥器　3—空气管　4—2 号高度控制阀　5—后气压缸
6—1 号高度控制阀　7—前气压缸　8—排气阀

车身高度控制系统工作时，悬架 ECU 根据汽车车高传感器信号来判断汽车的高度状况。当判定车身高度过低时，则控制空气压缩机电动机工作，高度控制阀向空气弹簧主气室内充气，使车身高度增加；反之，若判定车身高度过高，则切断压缩机电动机的电路，使高度控制阀向外排气，使车身高度降低。

图 10-29 所示为油气悬架车身高度控制液压系统。驾驶人预先通过指令输入设备（如触

摸屏）设置好所需车身高度，控制器根据车身高度传感器（位移传感器）检测到的实际高度，按照一定的控制律不断调整比例阀对液压缸进行充放油。当实际车身高度偏低时，对液压缸进行充油，拉升油气悬架，从而使得车身高度增加；当实际车身高度偏高时，对液压缸进行放油，压缩油气悬架，从而降低车身高度达到要求。油气悬架是通过向液压缸内充放油液来实现控制功能的，与空气悬架相比，油气悬架实现车身高度调节时，对悬架的刚度影响小。但由于液压缸内壁与活塞的摩擦，调节过程中会产生振荡，通常主动悬架控制策略无法消除振荡，需要采用额外的控制策略。

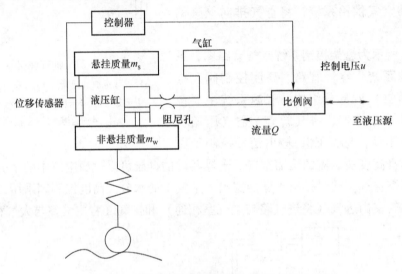

图 10-29　油气悬架车身高度控制液压系统结构图

第二节　巡航控制系统

一、巡航控制系统概述

巡航控制系统（Cruising Control System，CCS）是利用电子技术，在一定的车速范围内，驾驶人不用控制加速踏板而能够使汽车保持设定速度行驶的控制系统。巡航系统开启后，汽车自动保持恒定车速，能减轻驾驶人疲劳，节约电能，提高驾驶的便利性、舒适性和安全性。汽车一旦被设定为巡航状态，将由整车控制器（VCU）控制电动机控制器（MCU），整车控制器根据道路状况和电动汽车的行驶阻力不断地调整电动机的转速，使汽车始终保持在所设定的车速行驶，而无须操纵加速踏板。在规定的车速下，汽车巡航控制系统能够优化行程时间和降低驾驶费用，从而提高整车收益。

二、巡航控制系统的组成

1. 巡航控制系统的结构

如图 10-30 所示，巡航控制系统由巡航控制开关、制动传感器、加速传感器、巡航状态显示仪表、整车控制器（VCU）、电动机控制器（MCU）、电动机等组成。人机交互平台由巡航控制开关、巡航状态显示仪表、巡航信号（定速巡航、加速巡航、减速巡航、定速巡航恢复）等组成，用于完成巡航控制系统与驾驶人的信息互动；巡航工作模式是通过人机交互平台得到驾驶人的各种操作信息，根据这些信息来决定当前的巡航工作模式；巡航控制策略根据巡航工作模式，通过计算当前电动机需要输出的转矩等数据，控制当前电动机的状态达到行驶要求。在巡航控制前，先通过用户接口信息计算出当前车速状态和操作意图，当巡航激活后，立刻进入巡航控制状态；如果发现有巡航退出信号，立刻退出巡航功能；如果没有发现巡航退出信号，则进行巡航目标车速管理，根据当前行驶条件计算需要的电动机转矩，从而达到巡航的作用。

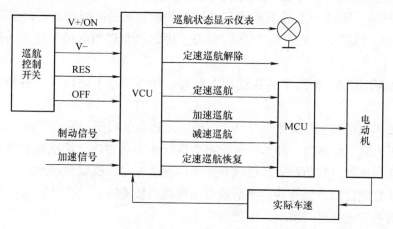

图 10-30　巡航控制系统结构原理示意图

2. 人机交互平台

（1）巡航开关　巡航开关为驾驶人请求巡航功能的输入界面，是设定巡航速度和取消巡航功能的部件。巡航开关输入信号类型为模拟量，巡航开关的技术要求如下：

1）巡航主开关为自锁式，即按下后不能自动复位。

2）巡航开关上带"CANCEL"键。

3）巡航开关功能键有四个，分别为"V+/ON"键（加速键/设定键）、"V-"键（减速键）、"OFF"键（关闭键）和"RES"键（恢复键），四个功能键均为非自锁式。

（2）仪表指示　仪表上巡航指示灯的作用是指示巡航系统的工作状态，由 VCU 输出信号给仪表，通过导线输出或者 CAN 通信方式输至仪表，仪表显示当前巡航的状态。

1）VCU 通过导线直接驱动仪表上的巡航指示灯。当巡航主开关为"OFF"状态时，仪表上的巡航指示灯熄灭；当巡航主开关为"ON"状态时，如果不满足巡航条件，则不进入巡航状态，巡航指示灯闪烁，闪烁的频率为 1Hz；如果巡航被激活，则汽车进行巡航，巡航指示灯为常亮，灯光颜色为绿色。

2）通过 CAN 通信方式发信号至仪表。VCU 通过 CAN 通信方式发送巡航信号给仪表，由仪表 MCU 驱动巡航状态灯，需要 VCU 发送巡航主开关状态、巡航激活状态、巡航目标车速、巡航目标车速的有效标志位等信号到仪表，再由仪表根据灯的控制算法控制巡航指示灯工作：巡航主开关是"OFF"状态时，巡航指示灯熄灭；巡航主开关是"ON"状态但不满足巡航条件时，不进入巡航状态，巡航指示灯为白色常亮；巡航激活时，巡航指示灯为绿色常亮。

除了巡航开关和巡航状态指示灯外，还有制动信号、电子节气门信号和档位信号，这些信号也是驾驶人对汽车操作意图的输入。

3. 巡航工作模式

巡航工作模式有进入巡航控制、解除巡航控制、设置巡航目标车速、恢复巡航控制、记忆与清除巡航目标车速五种功能。

（1）进入巡航控制 当驾驶人把汽车档位置 D 位或 R 位时，车速大于最低限制车速且小于最高限制车速，同时 VCU 没有检测到与巡航功能相关的故障码，这时按下"V＋/ON"键激活巡航功能，巡航主开关变为"ON"状态，随之汽车以当前的车速进入巡航，并且存储当前车速。

（2）解除巡航控制 当汽车正在进行巡航时，如果发生下述任何一种情况，就取消定速巡航功能：

1）当驾驶人把巡航主开关拨至"OFF"键，定速巡航取消，同时清除巡航记忆车速。

2）当驾驶人踩制动踏板、加速踏板或将变速杆置于 N 位时，巡航被解除。

3）当车速传感器、制动开关、巡航开关等出现故障时，巡航被解除。

4）当电子稳定控制系统等功能激活或者出现通信故障时，巡航被解除。

5）当电动机转速超过限值时，巡航被解除。

6）如果当前车速低于最小设定巡航车速或者最大设定巡航车速，则巡航被解除。

（3）设置巡航目标车速

1）巡航加速。在汽车巡航过程中，按"V＋/ON"键，目标车速增加，实际车速会很快接近目标车速，达到汽车加速目的。在需要超车时，踩下加速踏板加速，巡航控制暂时退出，在超越巡航车速后，松开加速踏板，汽车将恢复之前设定的速度。超车时，巡航指示灯熄灭；恢复巡航时，巡航指示灯恢复。当上陡坡或者下陡坡时，汽车不会保持设定速度。当目标车速与车速偏差太大时，定速巡航自动退出，巡航指示灯熄灭，不再使用定速巡航。

2）巡航减速。在汽车巡航过程中，按"V－"键，目标车速降低，实际车速会很快接近目标车速，达到汽车减速目的。

（4）恢复巡航控制 当巡航主开关在"ON"位置时，如果按"OFF"键、踩制动踏板、将变速杆置于 N 位或踩加速踏板，巡航功能将被解除。在当前汽车工况符合巡航条件时，按"V＋/ON"键，将被解除前的目标车速设置为当前的目标车速，速度控制系统将控制汽车加速或者减速到目标车速附近，然后进行巡航控制。

（5）记忆与清除巡航目标车速 当按下"V－"键时，汽车车速将被记录为目标车速。当驾驶人把巡航主开关拨至"OFF"位置时，表明关闭巡航功能；如果巡航主开关处于"ON"状态，但是电动机已熄火，则巡航目标车速将会被清除。

4. 巡航控制策略

（1）按键状态的识别 巡航控制按键由"V＋/ON"键、"V－"键、"RES"键以及

"OFF"键四个按键组成，其中车速设置键与"V+/ON"键为同一按键：

1）"OFF"键按下："OFF"键被按下或者钥匙开关断开，表示退出巡航控制。

2）"V+/ON"键按下：当巡航控制使能单未激活时，"V+/ON"键按下，表示设定当前（设定键按下时）的车速为巡航目标车速。

3）"V-"键单次按下：当巡航控制使能且激活时，短按"V-"键，表示减小目标车速。

4）"V-"键持续按下：当巡航控制使能且激活时，长按"V-"键，表示巡航目标车速持续降低。

5）"V+/ON"键单次按下：当巡航控制使能且激活时，短按"V+/ON"键，表示增加目标车速。

6）"V+/ON"键持续按下：当巡航控制使能且激活时，长按"V+/ON"键，表示巡航目标车速持续增加。

7）"RES"键按下："RES"键被按下，表示恢复保存的巡航车速。

8）按键故障：组合按键同时有多个按键状态被检测到，表示巡航组合按键处于故障模式。

（2）按键识别条件

1）当最高车速限制调整功能被激活后，巡航的加、减速按键功能将被锁定，即此时加、减速按键被车速限制模块调用，直到车速最高限制调整时间结束后，加、减速按键功能才能再次被巡航控制功能调用。

2）在巡航控制功能被暂停时，巡航按键的状态除关闭按键可被识别外，其余按键状态将被忽略。

3）在车速小于巡航激活车速且大于巡航退出车速时，巡航按键状态除"V-"键持续按下以及"OFF"键按下状态可以被识别以外，其余按键操作将被忽略。这意味着巡航的退出必须通过"OFF"键控制，加、减速按键功能不能导致巡航的自动退出。

（3）巡航退出条件　巡航控制受多个条件约束，每个约束条件都可以停止巡航控制。巡航退出可以是暂时性的，例如在巡航控制过程中换挡时，巡航控制暂时退出，待换挡结束后，巡航控制可自动恢复。巡航退出条件分为三类：

1）不可恢复巡航。巡航控制中若出现该退出条件，巡航控制将被关闭并保持锁定，意味着巡航控制将不响应任何按键操作，巡航控制状态也不能再次发生切换，直到断开钥匙开关。

2）可恢复巡航但需要删除目标车速记录。巡航控制中若出现该退出条件，巡航控制将会退出，并且将记录的目标车速删除。因此在该退出条件不再满足时，需要通过"SET"键重新为巡航控制设定目标车速。

3）可恢复巡航且不删除目标车速记录。巡航控制中若出现该退出条件，巡航控制将会退出，但不删除记录的目标车速。因此在该退出条件不再满足时，可通过"RES"键或者"SET"键重新为巡航控制设定目标车速。

退出条件的优先级分为以下三种：

1）立即退出。优先级最高，若有立即退出故障出现，则优先采用该退出方式。

2）固定时间退出。优先级中等，当有固定时间和固定斜率退出条件时，以固定时间方式退出。

3）固定斜率（非时间）退出。优先级低，当只有固定斜率退出故障时，以固定斜率方式退出。

（4）巡航目标车速的管理　巡航目标车速管理是根据巡航控制状态和控制子状态，对目标车速进行单次加减计算以及斜坡处理。分为以下几种状态：

1）连续加速状态。在目标车速允许的范围内处理目标车速上升步长，同时判断实际车速与目标车速的偏差，若偏差过大，应停止车速斜坡；另外，还需要检测巡航转矩输出是否大于上限值，若转矩过大，也需要停止车速斜坡。当持续加速退出时，目标车速将设置为当前车速。

2）连续减速状态。在目标车速允许的范围内处理目标车速下降步长，同时判断实际车速与目标车速的偏差，若偏差过大，应停止车速斜坡；另外，还需要检测巡航转矩输出是否小于下限值，若转矩过小，也需要停止车速斜坡。当持续减速退出时，目标车速将设置为当前车速。

3）单次加速状态。在目标车速允许的范围内处理目标车速单次上升。

4）单次减速状态。在目标车速允许的范围内处理目标车速单次下降。

5）高速恢复低速状态。处理"RES"键请求，在当前车速大于恢复目标车速时，对目标车速进行斜坡处理。斜坡过程可参考连续减速状态。

6）低速恢复高速状态。处理"RES"键请求，在当前车速小于恢复目标车速时，对目标车速进行斜坡处理。斜坡过程可参考连续加速状态。

7）关闭状态。根据退出条件对巡航退出方式进行判断，并确定是否对目标车速记录进行删除。

8）等待状态。在该状态下，巡航控制未激活，巡航有效转矩输出为0，巡航车速不做改变。

9）巡航状态。在该状态下，巡航目标车速将不做变化，巡航保持激活。

（5）巡航转矩的管理　巡航转矩管理主要通过实际车速与巡航目标车速的偏差计算巡航控制转矩，控制器输出的转矩需要受到巡航控制转矩上、下限值的限制。巡航转矩管理分为开环和闭环两种方式：巡航转矩开环控制主要是针对巡航固定时间退出与固定斜率退出条件，以及处理巡航控制状态切换时转矩的突变，以保证巡航状态切换时汽车驾驶的舒适性；而巡航转矩闭环控制则主要是为了实现车速闭环控制而进行设计。

5. 巡航诊断

巡航控制系统诊断功能的作用是防止因巡航开关出现故障不能回位，或者被其他信号干扰，或者巡航信号输入信号线出现故障等情况，而被VCU错误地识别为驾驶人的输入。当出现任何一种故障时，需要立即屏蔽巡航功能并点亮故障警告灯。

三、巡航控制系统的使用

巡航控制系统可以减轻驾驶人的疲劳，改善汽车的行驶平顺性，提高汽车的舒适性。但是，如果使用不当，则不仅不能充分发挥巡航系统的作用，还可能损坏巡航系统，甚至危害汽车行驶安全。因此，使用巡航控制系统时应注意按正确的使用方法进行操作。巡航控制系统的使用包括设定巡航车速、增加或降低巡航设定车速（加速或减速）、取消巡航控制以及取消巡航控制后的恢复巡航行驶。

1. 设定巡航车速

巡航系统工作时的最低车速一般为 40km/h，这是为了防止汽车转弯时由于巡航行驶而发生危险。

2. 加速

当汽车巡航行驶时，如果要提高巡航设定车速，应将巡航控制开关置于恢复/加速位置保持不动，汽车将逐渐加速。当汽车加速至所希望的车速时，放松巡航控制开关，汽车将按新的较高的设定车速等速行驶。当汽车巡航行驶时，如果需要使汽车临时加速（如超车），则踩下加速踏板，汽车即可加速；放松加速踏板后，汽车仍按原来设定的车速巡航行驶。

3. 减速

当汽车巡航行驶时，如果要降低巡航设定车速，应将巡航控制开关置于设定/减速位置保持不动，汽车将逐渐减速。当汽车减速至所希望的车速时，放松巡航控制开关，汽车将按新的较低的设定车速等速行驶。

4. 点动升速和点动降速

当汽车以巡航控制模式行驶时，如果需要对巡航设定车速进行微调，只需点动一次恢复/加速开关（接通恢复加速开关后立即放松开关，时间不超过 0.6s），巡航设定车速就会升高约 1.6km/h；只需点动一次设定/减速开关，巡航设定车速就降低约 1.6km/h。

5. 取消巡航控制

取消巡航控制有几种方式可以选择：一是将巡航控制开关的取消开关接通然后释放；二是踩下制动踏板；三是对于装有手动变速器的汽车踩下离合器踏板，对于装有自动变速器的汽车，将变速杆置于空档位置；四是关闭巡航控制主开关；五是使用驻车制动器。

6. 恢复巡航行驶

如果通过操作退出巡航控制开关中的任何一个开关取消巡航控制，则想要恢复巡航行驶时，只需将恢复/加速开关接通然后放松开关，即可恢复原来的速度巡航行驶。但如果车速已降低至 40km/h 以下，或实际车速低于设定车速 16km/h 以上，则系统将不能恢复巡航行驶。

为了保证行车安全，在交通繁忙的道路上或遇到雨、雾、雪天气时，不要使用巡航控制系统。为了避免因巡航控制系统误工作而影响驾驶安全，在不使用巡航控制系统时，应将巡航控制系统的主开关关闭。在较陡的坡道上行驶时，不宜使用巡航控制系统。因为较大的坡度会引起电动机的转速波动过大，不利于电动机的正常工作。在巡航行驶时遇到较陡的下坡时，汽车车速会高出设定车速许多，此时可首先踩下制动踏板使汽车减速，同时也取消巡航控制。使用巡航控制系统时，要注意观察仪表板上的巡航指示灯是否闪烁。若闪烁，则说明巡航系统有故障，巡航控制系统将自动停止巡航状态，应待故障排除后再使用巡航控制系统。

四、主动巡航控制系统

主动巡航控制系统（Adaptive Cruise Control，ACC），也称自适应巡航控制系统，汽车的传感器（如雷达）会根据前车以及本车的行驶状态（如车距和速度等信息），经过 ECU 的计算判断后，向执行器发送指令，以决定自车的行驶状态是加速、减速还是退出巡航。自适应巡航系统比较智能，且一般在较低的速度下即能进入巡航，除了高速路况，也适用于城市路况。与定速巡航系统不同的是，它增加了主要用于检测出与前方物体间距离信息的激光雷达，可根据该信息瞄准前方行驶车辆，输出目标减速度，以使自车与前车保持一定的间距。

1. 主动巡航控制系统的控制过程

当前方没有车辆时，主动巡航控制系统会以一定的速度巡航（巡航车速应在设定的车速限值范围内）；当雷达监测范围内出现车辆时，如果车速过高，汽车将会减速，并以一定的车速跟随前车行驶，保持安全距离；若前车切出本车道，则本车会自动加速至设定车速。当前车变向时，本车会更换跟车目标。

有些主动巡航控制系统具有停走功能，这对于城市工况比较有用。该系统在低速时仍能够保持本车与前车的距离，并能够对本车实施制动，直至本车静止；在几秒后，如果前车起动，ACC 也会自动跟随起动；如果停留时间较长，驾驶人只需轻踩踏板，即可再次进入巡航模式。

要实现具有停走功能的主动巡航控制系统，通常还需要摄像头的辅助。因为雷达识别目标的能力虽然强，但其受到的杂波干扰非常严重，需要利用摄像头的图像识别功能来确认目标。同时，跟车到停车以后，绝大部分厂商的策略是必须由驾驶人确认之后才能再次起步，可以通过按键确认，也可以通过踩加速踏板确认。

在进入弯道时，汽车会根据弯道的情况来调整车速。长距雷达的视野较小，弯道半径过大时可能会丢失目标，所以目前最高等级的主动巡航控制系统也仅对 150m 以上的弯道半径做性能要求。

2. 主动巡航控制系统的性能与优点

主动巡航控制系统的性能取决于雷达的性能，雷达的功用是探测相对车距、相对车速、相对方位角等信息。当前应用到 ACC 系统上的雷达主要有单脉冲雷达、毫米波雷达、激光雷达以及红外探测雷达等。单脉冲雷达和毫米波雷达是全天候雷达，适用于各种天气情况，具有探测距离远、探测角度范围大、跟踪目标多等优点。激光雷达对工作环境的要求较高，对天气变化比较敏感，在雨雪天、风沙天等恶劣天气中探测效果不理想，探测范围有限，跟踪目标较少，但其最大的优点在于探测精度比较高且价格低。红外线探测在恶劣天气条件下性能不稳定，探测距离较短，但价格便宜。

无论使用何种类型的雷达，确保雷达信号的实时处理是首先要考虑的问题，随着汽车电子技术的迅速发展，利用 DSP 技术来处理雷达信号，应用 CAN 总线输出雷达信号。雷达探测精度很高，可以鉴别靠近车辆的是自行车、汽车还是行人，根据道路情况控制车辆行驶状态，完全或部分地取代驾驶人的操作。当雷达探测到本车与前车的距离缩短时，制动减速度被限制在不影响乘坐舒适性的范围内，这足以实现对车速和距离的精确控制。当需要更大程度地减速时，会有一个光学和声音信号通知驾驶人采取制动。

第三节 导 航 系 统

汽车导航系统用来解决城市道路系统及高速公路的拥堵问题、提高汽车行驶的安全性及效率，有利于缓解车流量、平衡交通调度及管制，具有对目的地进行最佳路线检索和瞬时再检索、为检索方便提供丰富的菜单和记录、在适当时间内提供实时语音提示、扩大十字路口周围建筑物和交通标志、导航系统和娱乐系统部件共用等功能。

一、汽车导航系统的组成和分类

1. 汽车导航系统的组成

如图 10-31 所示，汽车导航系统由 GPS 接收天线、GPS 接收机、导航计算机、液晶显示器、位置检测装置等组成。系统根据不同的位置进行分类检测，对绝对位置的检测采用 GPS 全球定位系统，对相对位置的检测采用方向传感器（地磁传感器、光纤陀螺仪等），并利用车轮转速传感器测量车辆行驶距离。

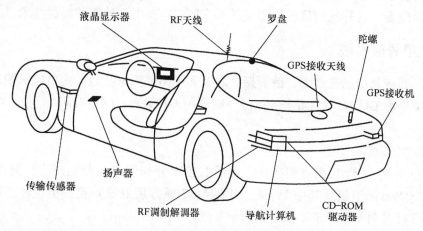

图 10-31 汽车导航系统示意图

2. 汽车导航系统的分类

（1）按照功能分类 可分为单功能导航系统和导航行驶综合系统（综合汽车导航行驶、监控、防盗、旅游、交通控制与调度等信息）。

（2）按照车辆的信息是否实时返回控制中心分类 可分为汽车开环导航系统和汽车闭环导航系统。开环导航系统是从控制中心或电台、卫星传感器等得到定位、方位、方向等信息，根据这些信息和电子地图确定起点到终点的最短行驶距离，但汽车的信息不能返回控制中心。闭环导航系统不但有开环系统的所有导向功能，而且驾驶人可以使行车实时信息不断向控制中心返回。根据中心掌握的交通及气候等综合信息及时通知汽车改道行驶，以保证在最短时间到达目的地。

（3）按有无引导功能分类 可分为有引导功能的导航系统和无引导功能的导航系统。

二、无线电导航系统

无线电导航是指通过测定无线电波从发射台到接收机的传播时间、相位、相角来进行导航定位的方法。如图 10-32 所示，汽车无线电导航系统由 GPS 接收机、天线、MPU 处理器、LCD 显示器、CD – ROM 驱动器、车速传感器、陀螺传感器和语音电路等组成。

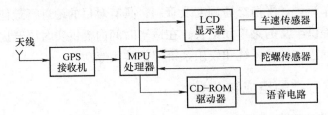

图 10-32　汽车无线电导航系统框图

电子地图是现代汽车导航系统中最基本也是最重要的组成部分。以导航和监控为目的的数据地图系统是建立在计算机技术基础上的一种新型地图，它通过计算机进行信息管理和图形操作，在计算机屏幕上以地理表面物体为背景，显示车辆实时位置（轨迹），为驾驶人提供导航和决策服务。各种比例尺的地图显示和车辆定位是电子地图的关键技术。

三、卫星导航系统

卫星导航系统目前已在美国、俄罗斯、欧盟和中国等国家及地区先后建成使用，如美国的 GPS、俄罗斯的 GLONASS（格洛纳斯）、欧洲的 GALILEO（伽利略）系统、中国的北斗系统。

1. GPS

全球定位系统（GPS）由空间部分、地面监控部分和用户部分组成。空间部分使用 24 颗高度约 20000km 的卫星（其中 21 颗工作卫星，3 颗备用卫星）组成卫星座，可保证全球任何地区、任何时刻有不少于 4 颗卫星用于观测。

地面控制部分由 1 个主控站、3 个注入站和 5 个监测站组成。GPS 的地面控制部分主要用来测量和计算每颗卫星的星历，并将其编辑成电文发送给卫星，即卫星所提供的广播星历。

用户部分主要是 GPS 接收机，它接收卫星发射的信号（导航电文），根据导航电文提供卫星位置和钟差改正信息计算用户的位置。用户接收机按使用环境可分为低动态用户接收机和高动态接收机，按所要求的精度可分为 C/A 接收机和双频精码（P 码）接收机。

当汽车行驶在地下隧道、高层楼群、高架桥下、高山群间、密集森林等地段，与 GPS 卫星失去联系、中断信号的瞬间，机内可自动导入自律导航系统。此时车速传感器从汽车前进的速度中检测出车速脉冲，通过汽车导航计算机的数据处理，根据速度和时间求出前进距离。陀螺传感器直接检测出前进方向的变化和行驶状态（即汽车前进的角速度变化值）。例如，汽车行驶在沟状山道、发夹式弯路、环状盘形桥上、轮渡过河等地段时，所有这些曲线距离与卫星导航的经纬度坐标产生了误差，通过陀螺传感器的检测和微处理器的运算才能得到汽车的正确位置。

由 GPS 卫星导航与自律导航（包括车速传感器、陀螺传感器）所测到的汽车坐标位置数据及前进的方向与实际行驶的路线轨迹在电子地图上都存在一定误差。为修正这些误差，确保二者在电子地图上的路线坐标相统一，须采用地图匹配技术，即在导航系统控制电路中增加一个地图匹配电路，对汽车行驶路线（各处传感器检测到的轨迹）与电子地图上道路的误差进行实时数字相关匹配，做出自动修正。经过导航计算机的整理程序进行实时快速处理，得到汽车在电子地图上指示出的正确位置路线，如图 10-33 所示。

由于有了汽车行驶中接收到的 GPS 信息，陀螺传感器检测到的正确前进方向，车速传感器检测出的前进距离这三组数据经过地图匹配器得到自动修正，从而完成了高精度导航。

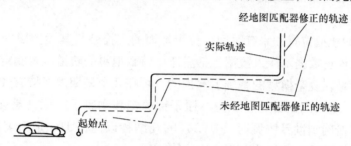

图 10-33　地图匹配器修正路线

2. 北斗卫星导航系统

中国北斗卫星导航系统（BeiDou Navigation Satellite System，BDS）是中国自行研制的全球卫星导航系统，是继 GPS、GLONASS 之后第三个成熟的卫星导航系统。BDS、GPS、GLO-NASS 和 GALILEO 系统，是联合国卫星导航委员会已认定的供应商。北斗卫星导航系统由空间段、地面段和用户段三部分组成，可在全球范围内全天候、全天时为各类用户提供高精度、高可靠定位的导航、授时服务，并具备短报文通信能力，已经初步具备区域导航、定位和授时能力，定位精度为 10m，测速精度 0.2m/s，授时精度 10ns。2017 年 11 月 5 日，中国第三代导航卫星顺利升空，标志着中国正式开始建造北斗全球卫星导航系统。

（1）星座构成　北斗卫星导航系统的空间段计划由 35 颗卫星组成，包括 5 颗静止轨道卫星、27 颗中地球轨道卫星和 3 颗倾斜同步轨道卫星。5 颗静止轨道卫星的定点位置为东经 58.75°、80°、110.5°、140°、160°；中地球轨道卫星运行在 3 个轨道面上，轨道面之间为相隔 120°均匀分布。

（2）定位原理

1）35 颗卫星在离地面超过 2 万 km 的高空上，以固定的周期环绕地球运行，使得在任意时刻，在地面上的任意一点都可以同时观测到 4 颗以上的卫星。

2）由于卫星的位置精确可知，在接收机对卫星观测中，可以得到卫星到接收机的距离，利用三维坐标中的距离公式，利用 3 颗卫星，就可以组成 3 个方程式，解出观测点的位置 (X, Y, Z)。考虑到卫星的时钟与接收机时钟之间的误差，实际上有 4 个未知数，即 X、Y、Z 和钟差，因而需要引入第 4 颗卫星，形成 4 个方程式进行求解，从而得到观测点的经纬度和高程。

3）事实上，接收机往往可以锁住 4 颗以上的卫星，这时，接收机可按卫星的星座分布分成若干组，每组 4 颗，然后通过算法挑选出误差最小的一组用作定位，从而提高定位精度。

4）卫星在空中连续发送带有时间和位置信息的无线电信号，供接收机接收。鉴于传输距离较长，接收机接收到信号的时刻要比卫星发送信号的时刻延迟，通常称为时延，因此，也可以通过时延来确定距离。卫星和接收机同时产生同样的伪随机码，一旦两个码实现时间同步，接收机便能测定时延；将时延乘上光速，便能得到距离。

5）每颗卫星上的计算机和导航信息发生器能够非常精确地获知其轨道位置和系统时间，而对全球监测站网保持连续跟踪。

（3）卫星导航原理

1）跟踪卫星的轨道位置和系统时间。位于地面的主控站与其运控段一起，至少每天一次对每颗卫星注入校正数据。注入数据包括星座中每颗卫星的轨道位置测定和星上时钟的校正。这些校正数据是在复杂模型的基础上算出的，可在几个星期内保持有效。

2）卫星导航系统时间是由每颗卫星上原子钟的铯和铷原子频标（更多采用）保持的。这些星钟一般来讲精确到世界协调时（UTC）的几纳秒以内，UTC 是由美国海军观象台的主钟保持的，每台主钟的稳定性为若干个 10^{-13} s。

（4）定位精度　由于卫星运行轨道、卫星时钟存在误差，以及大气对流层、电离层对信号的影响，使得民用的定位精度只有数十米量级。为提高定位精度，普遍采用差分定位技术（如 DGPS、DGNSS），建立地面基准站（差分台）进行卫星观测，利用已知的基准站精确坐标与观测值进行比较，从而得出一个修正数，并对外发布。接收机接收到该修正数后，与自身的观测值进行比较，消去大部分误差，得到一个比较准确的位置。试验表明，利用差分定位技术，定位精度可提高到米级。

科研人员利用严谨的分析研究方法，从信噪比、多路径、可见卫星数、精度因子、定位精度等多个方面，对比分析了北斗系统和 GPS 在航线上不同区域，尤其是在远洋及南极地区不同运动状态下的定位效果。结果表明，北斗系统的信号质量总体上与 GPS 相当。在 45°以内的中低纬度地区，北斗系统的动态定位精度与 GPS 相当，在水平和高程方向分别可达10m 和 20m 左右；北斗系统静态定位水平方向的精度为米级，也与 GPS 相当，高程方向的精度在 10m 左右，较 GPS 略差；在中高纬度地区，由于北斗系统的可见卫星数较少、卫星分布较差，定位精度较差或无法定位。

第四节　空调系统

汽车空调（Air Condition，AC）系统是能对车内空气进行调节的系统。汽车已成为人们生活中不可缺少的交通运输工具，随着生活水平的提高，人们已开始追求乘坐的舒适性，而空气质量在很大程度上影响着乘坐的舒适性。汽车空调系统根据车内外温度、湿度传感器监测的温度和湿度信号，与事先预置的温度、湿度数据相比较，控制压缩机的开停、暖水阀的启闭和鼓风机的转速以及各风门的开闭，使车内冷、热空气混合达到最佳状态，空调系统不随车内外环境温度和湿度、车速变化，车内都能达到一个较为理想的舒适环境。

一、空调系统的组成和工作原理

决定人体舒适的条件有温度、湿度和风速三要素，舒适感主要取决于影响人体平衡的空气环境，汽车空调的作用是创造出使人体舒适的空气环境。

根据热力学相关定律，温度不同的两个相邻物体之间恒有热流动，热能将从较热的物体流向较冷的物体。如果要冷却汽车内部，必须逆转热能自然流动，使车内和车外相互隔离，车身金属和玻璃从车外吸收的热需要持续排出。

如图 10-34 所示，汽车空调系统主要由压缩机、膨胀阀、蒸发器、冷凝器和在系统里循环流动的制冷剂等组成。压缩机在发动机的驱动下压缩制冷剂，使它在整个系统内循环；冷凝器装在车厢外的散热器前面，制冷剂经过压缩机出口到达冷凝器；制冷剂再经过膨胀阀流到蒸发器，然后通过蒸发器导管流回压缩机入口处，蒸发器装在车厢里面，压缩机运行时，从蒸发器螺线管中将制冷剂抽出来再压入冷凝器螺线管中，从而使蒸发器压力降低，冷凝器压力升高，当压力达到适当数值时，膨胀阀门打开，让制冷剂在压缩机的推动下快速返回蒸发器。

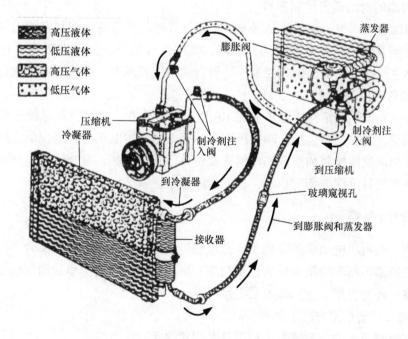

图 10-34　汽车空调系统的组成和工作原理

制冷剂在系统中的循环可分为四个工作过程，以压缩机和膨胀阀的中心为界，把整个制冷循环分为高、低两部分：上半部分为高压部分，下半部分为低压部分，具体过程如下。

1. 压缩过程

蒸发器吸收热量后的低压低温制冷剂气体经压缩机吸入并压缩后，变为高温高压气体，送入冷凝器。

2. 冷凝过程

高温高压的制冷剂气体进入冷凝器后,与环境空气进行热交换,放出热量,制冷剂在蒸发器中所吸收的热量和压缩机做功所产生的热量同时吸收传入大气中。

3. 节流过程

高压的制冷剂液体从冷凝器中排出,经膨胀阀流向低压一侧,这里是制冷系统中高、低压的分界线。膨胀阀有节流作用,它使制冷剂液体减压节流后变为低压液体和气体的混合物进入蒸发器。

4. 蒸发过程

经节流后的低压制冷剂进入蒸发器中进行汽化,变成低压低温蒸汽,吸收车内空气的热量而使车内温度降低。由于压缩机不停工作,上述过程连续不断地进行循环。

二、汽车自动空调系统

汽车自动空调系统是指当驾驶人设定汽车内的温度后,能根据车内外条件的变化,自动变换制冷或供暖状态,调节制冷或供暖强度,使汽车室内温度保持在设定范围内的空调系统。

1. 真空回路的自动调节控制系统

真空回路的自动调节控制系统是将发动机进气歧管的真空传送到真空罐内储存,利用真空分配阀(控制开关)将真空输送到驱动器,实现各种风门开关、供暖热水开关动作的控制。真空回路主要执行空调模糊式控制,这种自动空调只能在一定范围内实现自动调节。

2. 电控式自动空调系统

电控式自动空调系统结构原理图如图 10-35 所示。电控式自动空调系统采用微处理器控制的电动机调控,调控主要包括:制冷压缩机是否由运行的电磁离合器控制,风机的运行和调速控制,车厢内温度控制和空调工作模式及供风门开度控制,系统运行安全控制等。利用微处理器对空调进行灵活的调节控制,便于故障诊断。

三、电动汽车空调

电动空调压缩机将电动机整合到了空调压缩机室中,压缩机并非由离合器控制,可通过改变电动机转速来不断改变压缩机的输出功率。影响压缩机输出功率的因素包括:蒸发器温度、车厢温度、环境温度、目标蒸发器温度。

1. 电动汽车空调系统方案的选择

电动汽车空调系统的方案通常由以下几个因素决定:

1)整车热负荷。当整车热负荷大时,只能选择制冷量大的制冷方式;如果整车热负荷小,就有可能选用多种制冷解决方案。为减小整车热负荷,可以在设计电动汽车车型时,尽量采用低透射率的玻璃材料;增强车身的密封性,并且采用热导率低的隔热材料。

2)空调系统的制冷能力。

3)空调系统控制模式的节能性能。

4)空调系统的技术成熟度及复杂性。

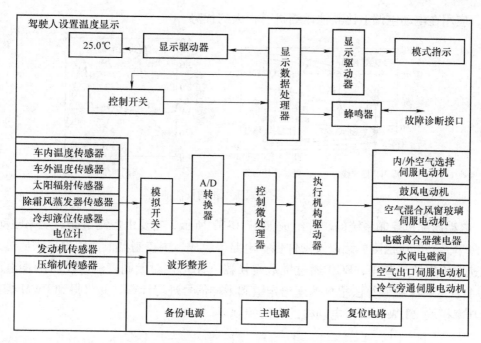

图 10-35　电控式自动空调系统结构原理图

5）空调系统的通用性。

第一个因素需要在整车设计时进行确定，而现有电动汽车车型大多是在企业已有车型的基础之上进行改装，因此在进行电能驱动空调系统匹配时主要考虑后四个因素。

2. 电动汽车制冷方式的选择

根据电动汽车的特点，目前可以选择的制冷空气调节方式主要有热电制冷、余热制冷、电动压缩机制冷。

（1）热电制冷空调系统　热电材料的优值系数较低，制冷性能不够理想，并且热电堆产量受到构成热电元件的碲元素产量的限制。

（2）余热制冷空调系统　该系统的缺点是体积大、系统复杂，对燃料电池汽车整车以及电池管理系统要求较高，需要定期除垢。而且其仅仅匹配在余热热源比较稳定的燃料电池电动汽车上才具有可行性，不具有解决电动汽车空调系统问题的通用性。

（3）电动压缩机制冷空调系统　该系统的制冷性能、节能性以及技术成熟度均较好，对不同类型电动汽车的通用性较好，并且对整车结构改变较小，制冷工况的实现通过采用电动压缩机取代机械式压缩机即可，因此是电动汽车制冷空调系统的理想选择。

1）电动压缩机应效率高、结构紧凑、质量小、成本低、噪声低，能在各种气候下工作。涡旋式压缩机的性能曲线如图 10-36 所示，利用动、静涡旋片的相对公转运动形成封闭容积的连续变化，实现压缩制冷工质的目的。该种压缩机工作可靠、寿命长，容积效率高，吸排气连续、气流脉动小，运转平稳且转矩变化均匀，最高转速可达 13000r/min 左右，较往复式压缩机体积小 40%、重量轻 15%、绝热效率提高 10%，更为关键的是相比其他型式压缩机可节能 30%，噪声降低 1/3，具有节能环保的特点。作为当前空调活塞式压缩机的换代产品，应用在电动空调上比其他压缩机有很大的优势。

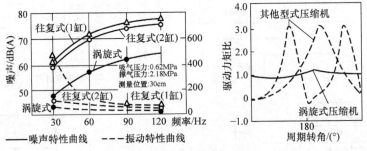

图 10-36　涡旋式压缩机的性能曲线

2）电动压缩机控制系统的硬件组成如图 10-37 所示，主要由控制电路、功率驱动电路、电压检测单元、电流检测单元以及硬件保护电路等组成。主控制器根据用户要求通过通信接口传递速度给定值至 ECU，ECU 通过模数转换器（ADC）对无刷直流电动机的端电压和电流实施 A/D 采样，控制算法根据速度给定值和采样信号进行计算，并将得到 PWM 控制信号传递给功率模块（IPM）实现电动机的实时控制。

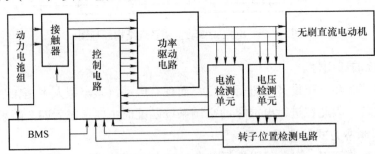

图 10-37　电动压缩机控制系统的硬件组成

3）在电动汽车上，电动压缩机的驱动方式有两种：压缩机直接由主驱动电动机通过传动带驱动，称为非独立式驱动；利用一个小功率电动机来驱动压缩机，直接从电池组取电，可以同轴驱动，也可以由传动带驱动，称为独立式驱动。

① 非独立式全电动驱动方式。压缩机通过带轮由主驱动电动机带动，结构相对简单。此时压缩机可以选择传统机械压缩机，排量以及功率的选择同机械式压缩机。压缩机运行工况的控制通过电磁离合器的开关来实现。另外，由于使用空调增加了电动机的热负荷，也增加了电动机散热系统的热负荷，必要时要强化电动机冷却能力。这种方案的电动空调系统不能独立控制，并对整车动力性能影响较大，故不推荐采用该方式。

② 独立式全电动驱动方式。由电动机直接带动空调压缩机制冷，使空调压缩机可以在设定的最理想的电动机恒定运转速度下运行，不会受汽车运行状况的影响。一般不采用压缩机通过传动带由电动机带动的方案，而是普遍采用同轴驱动方案。该型式结构紧凑，可以适应更多汽车平台。采用该方案，当电动机驱动压缩机工作时，其能量传递路径为电源→控制器→电动机定子→电动机转子→涡旋动盘。

对于纯电动汽车，一般采用全电动驱动方式，取消了驱动电动机与压缩机之间的传动部分，既有利于结构布置，又减小了整车质量。在独立式电驱动中，电动机为压缩机提供高效动力，同时压缩机循环冷却液可以为电动机提供良好散热，可以通过进一步优化设计减小电动机体积；压缩机靠单独电机驱动，压缩机转速单独可控，可以通过控制来降低空调系统的能耗，从而提高整车的经济性。

3. 电动空调转速模式的选择

（1）定速模式　定速模式是指在电动空调系统工作的情况下，压缩机驱动电动机始终以恒定转速运转。该转速的选择可以参考压缩机以及驱动电动机的高效转速区。

（2）变速模式　变速模式是指在电动空调系统工作的情况下，压缩机驱动电动机的转速可以调节，以适应整车行驶工况并达到节约车载能源的目的。

4. 丰田普锐斯空调系统

（1）优点

1）丰田普锐斯空调系统采用神经网络控制，使乘员可以精确地控制空调，以获得最佳的舒适度。微尘花粉过滤模式控制，可去除驾驶人和前排乘员周围区域的花粉，保证车厢内的空气质量。鼓风机手动模式有 7 个等级，自动模式有 31 个等级，便于对出风量进行精确控制。

2）组合仪表集成了显示转向盘装饰盖开关操作的触摸追踪显示器，有助于缩短驾驶人的视线移动距离，使其专注于路面。

3）太阳能通风系统利用电能控制鼓风机分总成，将停车时车厢内的高温气体排放到车外。制冷循环中采用压缩/喷射器循环系统，提高了制冷效果，降低了能量消耗。正温度系数（PTC）加热器系统利用电加热，可快速加热通过暖风散热器分总成的空气，从而提高加热器效率。

4）系统采用带内置集成电路的总线连接器，减少了线束使用量，降低了整车质量。

5）系统采用电动变频器压缩机、喷射循环（ECS）型蒸发器分总成、直流铝质（SFA）–Ⅱ型暖风散热装置分总成、带储液器的多流式（MF）–Ⅳ冷凝器总成等模块化部件，不仅确保了较好的制冷或加热性能，还使结构更加紧凑。

（2）系统组成及功能　丰田普锐斯空调系统的组成如图 10-38 所示，采用 ES18 涡管型电动变频压缩机，即使发动机不工作，空调系统也能工作，使人体感觉更舒适，同时也减少了燃油消耗。

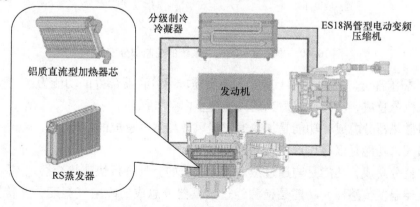

图 10-38　丰田普锐斯空调系统的组成

1）发动机舱部分。发动机舱部分安装图如图 10-39 所示。主要部件的功能为：电动逆变器压缩机，功能是执行制冷剂气体的吸入、压缩和排放，为制冷剂循环提供动力；带储液器的冷凝器总成，功能是实现高效率的热交换；环境温度传感器，功能是检测环境温度，并输出至空调放大器总成；空调压力传感器，功能是检测制冷剂压力，并发送数据至空调放大器总成；ECU，功能是接收来自发动机冷却液温度传感器的信号，并将其传输至空调放大器总成。

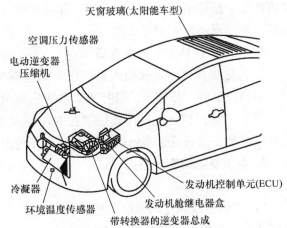

图 10-39 丰田普锐斯空调系统的
发动机舱部分安装图

2）控制部分。控制部分安装图如图 10-40 所示。主要部件的功能为：空调控制总成，功能是将操作指令输入系统；空调放大器总成，功能是将数据传输至开关和传感器，并接收来自开关和传感器的数据；阳光传感器，功能是检测太阳光的变化量，并将其输出至空调放大器总成；转向盘装饰盖开关总成，功能是发送转向盘装饰盖开关操作信号至空调控制总成；ECO 模式开关，功能是发送 ECO 模式开关操作信号至空调控制总成。

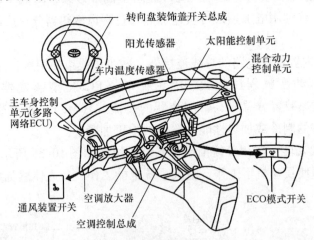

图 10-40 丰田普锐斯空调系统的控制部分安装图

3）乘员需求部分。如图 10-41 所示，乘员需求部分主要部件的功能为：

① 鼓风机分总成，功能是以适当的风速使室内空气循环。

② 暖风散热器分总成，功能是加热通过暖风散热器分总成的空气。

③ 膨胀阀，功能是以雾化形式喷射制冷剂。

④ 蒸发器分总成，功能是与通过蒸发器分总成的空气进行快速热交换。

⑤ 蒸发器温度传感器，功能是检测经过蒸发器分总成的冷空气温度，并传输数据至空调放大器总成。

⑥ 车内温度传感器，功能是检测车内温度，并输出至空调放大器总成。

⑦ PTC 加热器（快速加热器总成），功能是快速加热通过暖风散热器分总成的空气。

⑧ 空气混合风门伺服机构分总成，功能是接收来自设定的温度信号，操作伺服电动机打开和关闭空气混合风门。

⑨ 再循环风门伺服机构分总成，功能是通过空调放大器总成接收来自新鲜空气/再循环选择器开关的操作信号，操作伺服电动机，打开或关闭新鲜空气/再循环风门。

⑩ 模式风门伺服机构分总成，功能是通过空调放大器总成接收来自模式选择器开关的操作信号，操作伺服电动机，打开或关闭模式风门。

⑪ 空调滤清器，功能是去除花粉和其他微粒，提供清洁的循环空气。

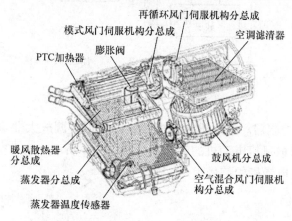

图 10-41　丰田普锐斯空调系统的乘员部分安装图

（3）系统的控制组件

1）电动变频压缩机。由于空调压缩机里采用了电动机，为保证压缩机和压缩机壳内高压部分的绝缘性，使用了具有高压绝缘性的 ND11 型压缩机油。如果 ND8、ND9、ND10 或其他类型的压缩机油混进了空调循环系统，则其电绝缘性能会大大降低（极可能造成漏电）。压缩机中有一个内置的油板，如图 10-42 所示，可挡住制冷循环过程中与制冷剂混合的压缩机油，使制冷循环顺畅，从而降低压缩机油的循环率。

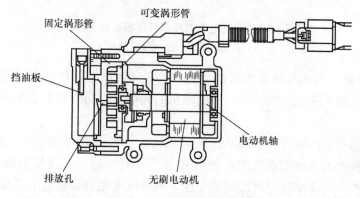

图 10-42　内置油板结构图

如图 10-43 所示，压缩机由空调变频器驱动和供电，压缩机安装在混合动力系统的变频器上。压缩机采用高压交流电。如果压缩机电路发生断路或短路，则 ECU 会切断空调变频器电路以停止向压缩机供电。

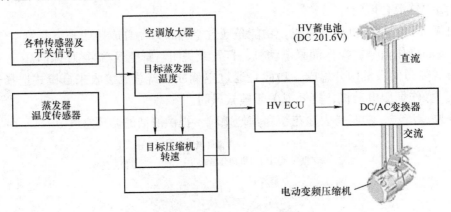

图 10-43　空调变频器示意图

2）鼓风机电动机控制器。鼓风机电动机控制器根据空调放大器输入的占空比信号，通过控制输出电压来调节鼓风机电动机的转速，如图 10-44 所示，来自空调放大器的占空比信号为 0~5V，到鼓风机电动机的信号为 0~13.5V。

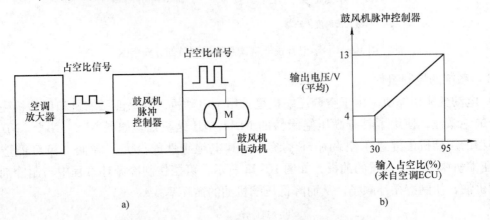

图 10-44　鼓风机电动机控制示意图和输出特性图

a）控制示意图　b）输出特性图

3）湿度传感器（包括车内温度传感器）。车内温度传感器增加了湿度传感器的功能，空调系统工作时优化了除湿性能，减少了压缩机的耗电量，同时调节了车内的湿度，提高了车内的舒适度。

车内温度传感器内的湿度传感器通过电阻膜吸收和释放车内的湿气，如图 10-45 所示。湿度传感器电阻膜放大（吸收湿气时）或收缩（干燥时）时，湿度传感器电阻上的碳膜间隙会随之增加或减小，从而改变电极间的电阻。电极间电阻的变化会引起湿度传感器输出电压的变化，空调放大器通过湿度传感器输出电压的变化来测定车内湿度。

4）暖风电动水泵。暖风电动水泵如图 10-46 所示，它在发动机不运转时也能发挥稳定

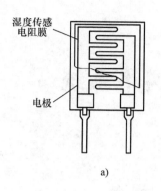
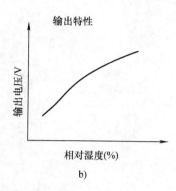

图 10-45　湿度传感器及其输出特性图

a）湿度传感器　b）输出特性曲线

的加热性能。由于采用了阻力很小的新型电动水泵，所以取消了旁通阀，当鼓风机电动机打开、发动机混合动力系统停止工作时，空调放大器根据空气混合风门开度控制电动水泵。

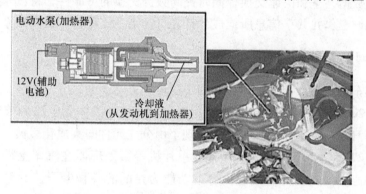

图 10-46　暖风电动水泵的构造图和安装位置图

 **思考题与习题**

10-1　理想的悬架刚度和阻尼的特性应该如何？为什么？

10-2　电控悬架的类型有哪些？

10-3　巡航控制系统的组成与原理是什么？

10-4　巡航控制系统的控制开关主要有哪些？作用各是什么？

10-5　汽车导航系统的功能有哪些？

10-6　GPS 定位的基本原理是什么？

10-7　怎样选择电动汽车空调系统方案？

第十一章　车载网络系统

第一节　概　　述

汽车电控单元之间相互通信的要求日益增长，传统的点对点的通信链接会使车内线束增多，通信的可靠性、安全性以及车辆重量增加等问题给汽车设计、制造带来了困扰。为减少车内连线，实现数据共享和快速交换，同时提高数据交换的可靠性，将汽车上多个处理器之间相互连接、协调工作并共享信息所构成的计算机网络系统称为车载网络系统。

一、车载网络系统的发展

一般将汽车车载网络系统的发展分为四个阶段。

第一阶段：20世纪60年代到80年代，汽车发电机、晶体管电压调节器和晶体管点火装置等开始装备汽车，电子控制装置逐步实现了由分立元件向集成化过渡。

第二阶段：20世纪80年代到90年代，单片机等微处理器在汽车上得到广泛应用，以单片机为控制核心，以实现特定控制内容或功能为目的的各种电子控制系统得到了迅速发展。电子控制技术在汽车上的广泛应用，拓展了电子控制的功能和控制内容，提高了控制精度和汽车性能，也为汽车网络技术的发展奠定了坚实的基础。

第三阶段：20世纪90年代到21世纪初，汽车采用先进的单片机技术和车载网络技术，形成了车内的分布式、网络化的电子控制系统，整车电气系统被连成一个多ECU、多节点的有机整体，使得其性能也更加完善。目前，奔驰、宝马、大众、通用、丰田、本田、日产等主要汽车制造商生产的大多数汽车上均采用了以CAN总线、LIN总线、MOST总线等为代表的网络控制技术，将车辆控制系统简化为节点模块，在基于现场总线的分布式控制中，传感器和执行器与同一现场的节点相组合，构成节点模块，优化了汽车控制系统，提升了汽车的整体控制水平。

第四阶段：以Telematics技术为代表的汽车信息化时代。Telematics是无线通信技术、卫星导航系统、网络通信技术和车载电子控制系统的综合产物，是实现文字、图像、语音信息交换的综合信息服务系统，是未来车载网络技术的发展趋势。

汽车采用车载网络技术将过去一线一用的专线制改为一线多用制，可以被多个系统共享，从而最大限度地提高了系统的整体效率，充分利用有限的资源，减少汽车上电线的数目，缩小线束的直径；将计算机技术融入整个汽车系统之中，加速了汽车智能化的发展。

汽车传统的信息传递方式是每项信息的传递由独立的数据线完成，如大众宝来汽车发动机电控单元 J220 与自动变速器电控单元 J217 之间需要传输发动机转速、燃油消耗率、节气门位置、变速器干预信号、升档/降档信息 5 个信号，就必须有 5 根独立的信号传输线。如果需要传递更多信号，就需要更多的信号传输线，而采用车载网络技术，只需要 1 根或 2 根传输线即可。

二、车载网络基础知识

1. 局域网

局域网是在一个有限区域内连接的计算机网络，通过该网络实现系统内的资源共享和信息通信。连接到网络上的节点可以是计算机、基于微处理器的应用系统或控制装置。车载网络作为一种局域网，其数据传输速度为 10 ~ 105kbit/s，传输距离在 250m 范围内。

2. 数据总线

数据总线是指模块间运行数据的通道，模块可以发送和接收数据，这样的数据总线称为双向数据总线。数据总线是一条或两条导线，为了对抗电子干扰，双线制数据总线的两条线是绞在一起的，如图 11-1 所示。CAN 总线采用双绞线进行数据传输，在两根导线中，一根称为 CAN – High 导线，另一根导线称为 CAN – Low 导线。在双绞线上，信号是按相反相位传输的，这样可有效抑制外部干扰。

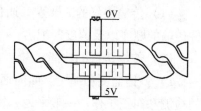

图 11-1　双绞线示意图

3. 模块/节点

模块/节点是一种电子装置，如温度、压力传感器。传感器是一个模块装置，根据温度和压力的不同将产生不同的电压信号，这些电压信号在数字装置的输入接口被转变成数字信号。计算机多路传输系统中的控制单元模块被称为节点。

4. 局域网的拓扑结构

拓扑结构是指网络的物理连接方式。局域网的常用拓扑结构有三种：星形、环形和总线型。局域网多采用总线型结构，即所有入网计算机通过分接头接入到一条载波传输线上，信道利用率较高，但同一时刻只能有两处网络节点在相互通信，网络延伸距离有限，网络容纳节点数有限，适用于传输距离较短、地域有限的组网环境，如图 11-2 所示。

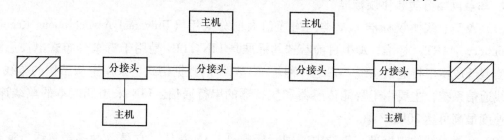

图 11-2　网络拓扑结构示意图

5. 链路

链路指网络信息传输的媒体，分为有线和无线两种类型，目前汽车上使用的大多数链路都是有线网络。通常用于局域网的传输媒体有双绞线、同轴电缆和光纤。

双绞线是局域网中最普通的传输媒体，其成本较低、传输距离较短，一般用于低速传输，最大传输速率可达每秒几兆比特。

同轴电缆可以满足较高性能的传输要求，连接的网络节点较多，跨越的距离较大。

光纤在电磁兼容性等方面有独特的优点，其数据传输速度高、传输距离远。在车载网络上，特别是在一些要求传输速度高的车载网络（如车上信息与多媒体网络）上，光纤有很好的应用前景。

6. 数据帧

为了可靠地传输数据，通常将原始数据分割成一定长度的数据单元，数据单元即称为数据帧。一帧数据内应包括同步信号、错误控制信息、流量控制信息、数据信息、寻址信息等。

7. 传输协议

（1）传输协议的三要素　通信信息帧的格式，通信信息帧的数据和控制信息，确定事件传输的顺序以及速度匹配。

（2）传输协议的功能

1）差错监测和纠正。面向通信传输的协议常使用"应答－重发"和通信校验进行差错的检测和纠正工作。一般来说，协议中对异常情况的处理说明要占很大的比重。

2）分块和重装。为符合协议的格式要求，需要对数据进行加工处理。分块是将大的数据划分成若干小块，如将报文划分成几个子报文组。重装是将划分的小块数据重新组合复原，如将几个子报文组还原成报文。

3）排序。对发送的数据进行编号以标识它们的顺序，通过排序，可以达到按序传递、信息流控制和差错控制等目的。

4）流量控制。限制发送的数据量或速率，以防止在信道中出现堵塞现象。

8. 传输仲裁

当出现数个使用者同时申请使用总线发送信息时，通过传输仲裁来避免发生数据冲突。仲裁可保证信息按其重要程度来发送。

9. 车载网络分类和协议标准

（1）A类总线协议标准　A类网络通信大部分采用（Universal Asynchronous Receiver/Transmitter，UART）标准，A类目前首选的标准是LIN。LIN是用于汽车分布式电控系统的一种新型低成本串行通信系统，它是一种基于UART的数据格式、采用主从结构的单线12V的总线通信系统，主要用于智能传感器和执行器的串行通信。LIN采用低成本的单线连接，传输速度最高可达20kbit/s。

（2）B类总线协议标准　B类中的国际标准是CAN总线，它是一种多主总线，通信介质可以是双绞线、同轴电缆或光导纤维，通信速率可达1Mbit/s。CAN总线通信接口中集成了CAN协议的物理层和数据链路层功能，可完成对通信数据的成帧处理。CAN协议采用CRC检验并可提供相应的错误处理功能，保证了数据通信的可靠性。

（3）高速总线系统协议标准

1）C 类总线协议标准。在 C 类标准中，欧洲的汽车制造商采用的基本上都是高速通信的 CAN 总线标准 ISO 11898。而 J1939 标准多在货车及其拖车、大客车、建筑设备以及农业设备上使用，是用来支持分布在车辆各个不同位置的电控单元之间实现实时闭环控制功能的高速通信标准，其数据传输速率为 250kbit/s。通用公司已开始在所有的车型上使用其专属的 GM LAN 总线标准，它是一种基于 CAN 的传输速率为 500kbit/s 的通信标准。

2）安全总线和标准。安全总线主要用于安全气囊系统，以连接加速度计、安全传感器等装置，为被动安全提供保障。如 Delphi 公司的 Safety Bus 和 BMW 公司的 Byteflight。

3）X – by – Wire 总线协议标准。X – by – Wire 称为电传控制，在飞机控制中得到广泛应用。由于目前提高汽车容错能力和通信系统的高可靠性的需求日益增长，X – by – Wire 开始应用于汽车电子控制领域。这一类总线标准主要有 TTP、Byteflight 和 FlexRay。

（4）诊断系统总线标准和协议　故障诊断是为了满足 OBD（On Board Diagnose）Ⅱ、OBD Ⅲ或 E – OBD（European – On Board Diagnose）标准。目前，许多汽车生产厂商都采用 ISO 14230（Keyword Protocol 2000）作为诊断系统的通信标准，它可以满足 OBD Ⅱ和 OBD Ⅲ的要求。

（5）多媒体系统总线协议标准　汽车多媒体网络和协议分为三种类型，分别是低速、高速和无线。对应 SAE 的分类相应为：IDB – C（Intelligent Data BUS – CAN）、IDB – M（Intelligent Data BUS – Multimedia）和 IDB – Wireless，其传输速率为 250kbit/s ~ 100Mbit/s。低速用于远程通信、诊断及通用信息传送，IDB – C 按 CAN 总线的格式，以 250kbit/s 的位速率进行信息传送。高速主要用于实时的音频和视频通信，如 MP3、DVD 和 CD 等的播放，所使用的传输媒体是光纤，这一类主要有 D2B、MOST 和 IEEE 1394。D2B 是用于汽车多媒体和通信的分布式网络，通常使用光纤作为传输媒体，可连接 CD 播放器、语音控制单元、电话和因特网。在无线通信方面采用 Bluetooth™规范，主要面向汽车的声音系统、信息通信等应用系统。

10. 车载网络传输的基本原理

（1）数据传输的基本原理　车载网络中数据传输总线的数据传递像一个电话会议，一个电话用户（控制单元）将数据"讲"入网络中，其他用户通过网络"接听"这个数据，对这个数据感兴趣的用户就会利用数据，而其他用户则选择忽略数据。

数据传输总线是车内电子装置中的一个独立系统，用于在连接的控制单元之间进行信息交换。如果数据传输总线系统出现故障，故障就会存入相应的控制单元故障存储器内。可以用诊断仪读出这些故障。控制单元具有自诊断功能，可识别出与数据传输总线相关的故障，用诊断仪读出数据传输总线故障记录后，可按这些信息准确地查寻故障。控制单元内的故障记录用于初步确定故障，还可用于读出排除故障后的无故障说明。

车载网络系统由多个控制单元组成，这些控制单元通过收发器（发射/接收放大器）并联在总线导线上。所有控制单元的地位均相同，没有哪个控制单元有特权，信息交换是按顺序连续完成的。

数据传输总线原则上用一条导线就足以满足功能要求了，但通常总线系统上还是配备了

第二条导线。信号在第二条导线上按相反的顺序传送，可有效抑制外部干扰。

（2）网关的基本原理 车载网络的网关具备从一个网络协议到另一个网络协议转换信息的能力。由于电压电平和电阻配置不同，因此在不同类型的数据总线之间无法进行直接耦合连接。另外，各种数据总线的传输速率是不同的，这决定了它们无法使用相同的信号，这时需要在两个系统之间完成一个转换，这个转换过程是通过网关来实现的。网关的主要任务是使两个速度不同的系统之间能进行信息交换。

根据车辆的不同，网关可能安装在组合仪表内、车上供电控制单元内或在自己的网关控制单元内。由于通过各种数据传输总线的所有信息都供网关使用，因此网关也用作诊断接口。过去汽车通过 K 线来查询诊断信息，现在很多车型是通过数据传输总线和诊断线来完成诊断查询工作的。

第二节 CAN 总线系统

一、CAN 总线的基本知识

汽车电子使用 CAN 总线连接发动机控制单元、传感器、ABS 等，其传输速度可达 1Mbit/s。同时，可以将 CAN 总线安装在汽车的电子控制系统里，如车灯组、电动车窗中等，用以代替接线配线装置。

1. CAN 总线的工作原理

当 CAN 总线上的一个节点（站）发送数据时，它以报文形式广播给网络中的所有节点。对每个节点来说，无论数据是否是发给自己的，都对其进行接收。每组报文开头的 11 位字符为标识符（CAN 2.0A），定义了报文的优先级，这种报文格式称为面向内容的编址方案。在同一系统中标识符是唯一的，不可能有两个节点发送具有相同标识符的报文。当一个节点要向其他节点发送数据时，该节点的 CPU 将要发送的数据和自己的标识符传送给本节点的 CAN 芯片，并处于准备状态；当它收到总线分配时，转为发送报文状态。

CAN 芯片将数据根据协议组织成一定的报文格式发出，这时网上的其他节点处于接收状态。每个处于接收状态的节点对接收到的报文进行检测，判断这些报文是否是发给自己的，以确定是否接收它。

由于 CAN 总线是一种面向内容的编址方案，因此很容易建立高水准的控制系统并灵活地进行配置，可以很容易地在 CAN 总线中加进一些新节点而无须在硬件或软件上进行修改。当所提供的新节点是纯数据接收设备时，数据传输协议不要求独立的部分有物理目的地址。它允许分布过程同步化，即当总线上的控制器需要测量数据时，可由网上获得，而无须要求每个控制器都有自己独立的传感器。

2. CAN 总线的特点

CAN 总线是一种串行数据通信协议，最大通信距离可达 10km，最大通信速率可达 1Mit/s。CAN 总线通信接口中集成了 CAN 协议的物理层和数据链路层功能，可完成对通信数据的成帧处理，包括位填充、数据块编码、循环冗余检验、优先级判别等。

CAN 控制器工作于多主方式，网络中的各节点都可根据总线访问优先权（取决于报文标识符）采用无损结构的逐位仲裁的方式竞争向总线发送数据，且 CAN 协议废除了节点地址编码，而代之以对通信数据进行编码，这可使不同的节点同时接收相同的数据。这些特点使得 CAN 总线构成的网络各节点之间的数据通信实时性强，并且容易构成冗余结构，提高系统的可靠性和灵活性。

二、CAN 协议与标准

1. CAN 协议规范

CAN 技术应用的普遍推广，要求通信协议标准化。1991 年 9 月，博世公司制定并发布了 CAN 技术规范（2.0 版本）。该技术规范包括 A 和 B 两部分：2.0A 给出了曾在 1.2 版本中定义的 CAN 报文格式，而 2.0B 给出了标准的和可扩展的两种 CAN 报文格式。1993 年 11 月，ISO 正式颁布了道路交通运输工具 – 数字交换 – 高速通信控制器局部网国家标准（ISO 11898）以及低速标准（ISO 11519）。CAN 协议规范中的对应 ISO/OSI 参考模型的网络层。CAN 为串行通信协议，能有效地支持具有很高安全等级的分布实时控制。为了达到设计透明度以及实现灵活性，根据 ISO/OSI 参考模型，CAN 2.0 规范细分为数据链路层和物理层。

数据链路层的 LLC 子层和 MAC 子层的服务及功能分别被解释为"对象层"和"传输层"。逻辑链路控制子层（LLC）的作用主要是为远程数据请求以及数据传输提供服务，确定由实际要使用的 LLC 子层接收哪一个报文，为恢复管理和过载通知提供手段。

MAC 子层的作用主要是传送规则，也就是控制帧结构、执行仲裁、错误检测、出错标定、故障界定等。总线发送新报文和接收报文，均在 MAC 子层里确定。位定时的一些普通功能也可以看作 MAC 子层的一部分。理所当然，MAC 子层的修改是受到限制的。

物理层的作用是在不同节点之间，根据所有的电气属性进行位的实际传输，同一网络的物理层对于所有的节点是相同的。

2. CAN 总线的基本功能

CAN 总线一处于空闲，就自动重新传输破坏的报文，将节点的暂时性错误和永久性错误区分开来，并且可以自动关闭错误节点。

3. CAN 标准

（1）报文　总线上的报文以不同的固定报文格式发送，但长度受限。当总线空闲时，任何连接的单元都可以开始发送新的报文。

（2）信息路由　在 CAN 系统里，CAN 的节点不使用任何关于系统配置的报文（如节点地址）。这样不用依赖应用层以及任何节点软件和硬件的改变，就可以在 CAN 总线中直接添加节点，提高了系统灵活性。报文的内容由识别符命名，识别符不指出报文的目的地，但解释数据的含义。因此，网络上所有的节点可以通过报文滤波确定是否应对该数据做出反应。由于引入了报文滤波的概念，所以任何节点都可以接收报文，并同时对此报文做出反应。

（3）位速率　不同的系统，CAN 总线的传输速度不同。而在一个给定的系统里，位速率是唯一的，并且是固定的。

（4）优先权　在总线访问期间，识别符定义一个静态的报文优先权。

（5）远程数据请求　通过发送远程帧，需要数据的节点可以请求另一节点发送相应的数据帧。数据帧和相应的远程帧是由相同的识别符命名的。

（6）仲裁　只要总线空闲，任何单元都可以开始发送报文。具有较高优先权报文的单元可以获得总线访问权。如果2个或2个以上的单元同时开始传送报文，就会出现总线访问冲突。仲裁的机制确保了报文和时间均不受到损失。当具有相同识别符的数据帧和远程帧同时初始化时，数据帧优先于远程帧。仲裁期间，每一个发送器都对发送位的电平与被监控的总线电平进行比较，如果电平相同，则这个单元可以继续发送。如果发送的是一"隐性"电平而监视的是一"显性"电平，那么单元就失去了仲裁，必须退出发送状态。

（7）错误检测　为了保证最安全的数据发送，CAN总线的每一个节点均采取了强有力的措施，以便于错误检测、错误标定及错误自检。要进行错误检测，必须采取监视（发送器对发送位的电平与被监控的总线电平进行比较）、循环冗余检查、位填充、报文格式检查、错误检测的执行等措施。错误检测的机制要具有检测到所有的全局错误、检测到发送器所有的局部错误、检测到报文里多达5个任意分布的错误、检测到报文里长度低于15（位）的突发性错误、检测到报文里任一奇数个错误等属性。任何检测到错误的节点会标志出损坏的报文，此报文会失效并将自动地开始重新传送。如果不再出现错误，则从检测到错误到下一报文的传送开始为止，恢复时间最多为31个位的时间。

（8）故障界定　CAN总线节点能够把永久故障和短暂扰动区别开来，故障的节点会被关闭。

（9）总线值　总线有两个互补的逻辑值："显性"或"隐性"。"显性"位和"隐性"位同时传送时，总线的结果值为"显性"。比如，在总线的"写与"执行时，逻辑0代表"显性"等级，逻辑1代表"隐性"等级。

（10）应答　所有的接收器检查报文的连贯性。对于连贯的报文，接收器应答；对于不连贯的报文，接收器做出标志。

4. CAN总线的报文及结构

CAN总线上的任意节点均可以作为发送器或接收器，发出报文的节点称为发送器，该节点在总线空闲或丢失仲裁前始终为发送器。如果一个节点不是发送器，且总线不处于空闲状态，则该节点就称为接收器。报文由一个发送器发出，再由一个或多个接收器接收。报文传输由4种不同类型的帧表示和控制，分别为数据帧、远程帧、错误帧和过载帧。

（1）数据帧　数据帧携带数据从发送器至接收器。数据帧由7个不同的位场组成：帧起始（Start of Frame，SOF）、仲裁场（Arbitration Frame）、控制场（Control Frame）、数据场（Data Frame）、CRC场（CRC Frame）、应答场（ACK Frame）、帧结尾（End of Frame）。其中数据场的长度可以为0。CAN 2.0A数据帧的组成如图11-3所示。

图11-3　CAN 2.0A数据帧的组成

1）帧起始。帧起始（SOF）标志数据帧和远程帧的起始，仅由一个"显性"位组成，只在总线空闲时才允许站开始发送。所有站必须同步于首先开始发送报文的站的帧起始前沿。

2）仲裁场。仲裁场包括识别符和远程发送请求位（RTR）。仲裁场结构示意图如图11-4所示。

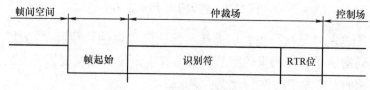

图11-4　仲裁场结构示意图

标准格式识别符的长度为11位，相当于扩展格式的基本ID（Base ID）。这些位按ID－28到ID－18的顺序发送，最低位是ID－18。7个最高位（ID－28～ID－22）必须不能全是"隐性"位。

扩展格式识别符和标准格式识别符形成对比。如图11-5所示，标准格式数据帧与扩展格式数据帧的仲裁场比较，扩展格式由29位组成，包含两个部分：11位基本ID和18位扩展ID。基本ID包括11位，按ID－28到ID－18的顺序发送，它相当于标准识别符的格式。基本ID定义扩展帧的基本优先权。扩展ID包括18位，按ID－17到ID－0的顺序发送。

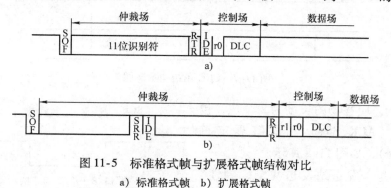

图11-5　标准格式帧与扩展格式帧结构对比
a）标准格式帧　b）扩展格式帧

在标准格式帧里，识别符之后是RTR位，即远程发送请求位（Remote Transmission Request Bit）。SRR是"隐性"位，它在扩展格式帧中RTR位的位置，因此代替标准帧的RTR位。

标准帧与扩展帧的冲突是通过标准帧优先于扩展帧这一途径得以解决的，扩展帧的基本ID如同标准帧的识别符。

标准格式中的识别符扩展位（Identifier Extension Bit，IDE）为"显性"，而扩展格式里的IDE则为"隐性"。

3）控制场。控制场由6个位组成，如图11-6所示。

标准格式帧包括数据长度代码、IDE位（为"显性"位）及保留位r0。扩展格式帧包括数据长度代码以及两个保留位r1和r0。

图 11-6 控制场结构示意图

保留位必须发送为"显性"位，但是接收器认可"显性"位和"隐性"位的组合。

数据长度代码指示了数据场里的字节数量，有 4 个位，在控制场里发送。数据长度代码中数据字节数的编码：d 为"显性"，r 为"隐性"。

4）数据场。数据场由数据帧里的发送数据组成。它可以为 0~8 个字节，每个字节包含 8 个位，首先发送 MSB。

5）CRC 场。CRC 场包括 CRC 序列（CRC Sequence）和 CRC 界定符（CRC Delimiter），如图 11-7 所示。CRC 序列由循环冗余码求得的帧检查序列组成，最适用于位数低于 127 位〈BCH 码〉的帧。为进行 CRC 计算，被除的多项式系数由无填充位流给定，组成这些位流的成分是帧起始、仲裁场、控制场和数据场（假如有），而 15 个最低位的系数是 0。CRC 序列之后是 CRC 界定符，它包含一个单独的"隐性"位。

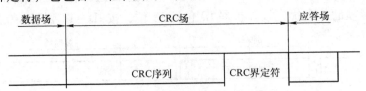

图 11-7 CRC 场结构示意图

6）应答场。应答场的长度为 2 个位，包含应答间隙（ACK Slot）和应答界定符（ACK Delimiter），如图 11-8 所示。

在应答场里，发送站发送两个"隐性"位。当接收器正确地接收到有效的报文时，接收器就会在应答间隙期间（发送 ACK 信号）向发送器发送一"显性"位以示应答。

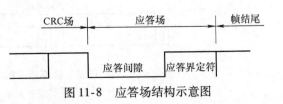

图 11-8 应答场结构示意图

所有接收到匹配 CRC 序列的站会在应答间隙期间用一"显性"位写入发送器的"隐性"位来做出应答。

应答界定符是应答场的第二个位，并且必须为"隐性"位。因此，应答间隙被两个"隐性"位所包围，也就是 CRC 界定符和应答界定符。

7）帧结尾。每一个数据帧和远程帧均由一标志序列定界，这个标志序列由 7 个"隐性"位组成。

（2）远程帧　由总线单元发出，请求发送具有同一识别符的数据帧，数据帧（或远程帧）通过帧间空间与其他各帧分开。通过发送远程帧，作为某数据接收器的站可以初始化通过其资源节点传送不同的数据。

远程帧也有标准格式和扩展格式之分，而且都由帧起始、仲裁场、控制场、CRC 场、应答场和帧结尾 6 个不同的位场组成，如图 11-9 所示。

与数据帧相反，远程帧的 RTR 位是"隐性"的，它没有数据场，数据长度代码的数值是不受制约的（可以标注为允许范围里 0~8 的任何数值）。此数值对应于数据帧的数据长度代码。RTR 位的极性表示了所发送的帧是一数据帧（RTR 位"显性"）还是一远程帧（RTR"隐性"）。

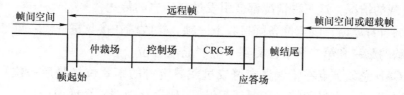

图 11-9　远程帧结构示意图

（3）错误帧　任何单元一旦检测到总线错误就发出错误帧。如图 11-10 所示，错误帧由两个不同的场组成：第一个场是不同站提供的错误标志（Error Flag）的叠加，第二个场是错误界定符。为了能正确地终止错误帧，"错误被动"的节点要求总线至少有长度为 3 个位时间的总线空闲（如果"错误被动"的接收器有局部错误的话），总线的载荷不应为 100%。

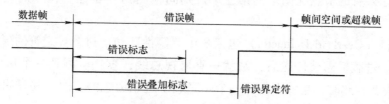

图 11-10　错误帧结构示意图

有两种形式的错误标志：主动的错误标志和被动的错误标志。主动的错误标志由 6 个连续的"显性"位组成；被动的错误标志由 6 个连续的"隐性"位组成，除非其他节点的"显性"位重写。

检测到错误条件的"错误激活"的站通过发送主动错误标志指示错误。错误标志的形式破坏了从帧起始到 CRC 界定符的位填充规则，或者破坏了 ACK 场或帧结尾的固定形式。所有其他的站由此检测到错误条件并与此同时开始发送错误标志。因此，"显性"位（此"显性"位可以在总线上监视）的序列会导致一个结果——把个别站发送的不同的错误标志叠加在一起。这个序列的总长度最小为 6 个位，最大为 12 个位。

检测到错误条件的"错误被动"的站试图通过发送被动错误标志指示错误。"错误被动"的站等待 6 个相同极性的连续位（这 6 个位处于被动错误标志的开始），当这 6 个位被检测到时，被动错误标志的发送就完成了。

错误界定符包括 8 个"隐性"的位。

（4）过载帧　过载帧用于在先行的和后续的数据帧（或远程帧）之间提供一附加的延时。过载帧包括两个位场：过载叠加标志和过载界定符，如图 11-11 所示。

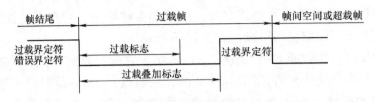

图 11-11 过载帧结构示意图

有三种过载的情况，这三种情况都会引发过载标志的传送：

1）接收端自身原因，没有准备好接收下一帧，接收端在接收每一帧之间有一延时。

2）在间歇的第一和第二字节检测到一个"显性"位。

3）如果 CAN 总线节点在错误界定符或过载界定符的第 8 位（最后一位）采样到一个显性位，节点会发送一个过载帧（不是错误帧）。错误计数器不会增加。

根据过载情况 1）而引发的过载帧只允许起始于所期望的间歇的第一个位时间，而根据情况 2）和情况 3）引发的过载帧应起始于所检测到"显性"位之后的位。通常为了延时下一个数据帧或远程帧，两种过载帧均可产生。

过载标志由 6 个"显性"位组成。过载标志的所有形式和主动错误标志的一样。过载标志的形式破坏了间歇场的固定形式。因此，所有其他的站都检测到过载条件并与此同时发出过载标志。如果有的节点在间歇的第三个位期间检测到"显性"位，则这个位将解释为帧起始。

过载界定符（Overload Delimeter）包括 8 个"隐性"位。过载界定符的形式和错误界定符的形式一样。过载标志被传送后，站就一直监视总线，直到检测到一个从"显性"位到"隐性"位的跳变。此时，总线上的每一个站完成了过载标志的发送，并开始同时发送其余 7 个"隐性"位。

帧间空间是用于隔离数据帧（或远程帧）与先行帧（数据帧、远程帧、错误帧、过载帧）的。而过载帧与错误帧之前没有帧间空间，多个过载帧之间也不用帧间空间隔离。帧间空间包括间歇场、总线空闲的位场。如果"错误被动"的站已作为前一报文的发送器，则其帧空间除了间歇场、总线空闲外，还包括被称为挂起传送的位场。

第三节 LIN 总线系统

LIN（Local Interconnect Network）总线是由奥迪、宝马、戴姆勒·克莱斯勒等公司和部门（LIN 联合体）提出的一种汽车低层网络协议，目的是在汽车网络层次结构中用作低端网络的通用协议，并取代目前不同种类的低端总线系统作为 CAN 总线的辅助网络。LIN 总线应用于低端系统，不需要具有 CAN 总线的性能、带宽以及复杂性，其工作方式是一主多从、单线双向低速传送数据（最高 20kbit/s），与 CAN 总线相比成本更低，且基于 UART 接口，无须使用硬件协议控制器。

LIN 总线的标准与其相应的开发、测试以及维护平台的应用，会降低车上电子系统的开发、生产、使用和维护的费用。LIN 总线在汽车上的应用领域主要有防盗系统、自适应前照灯、氙气前照灯、驾驶人侧开关组件、外后视镜、中控门锁、电动天窗、空调系统的鼓风机、加热器控制等，汽车车门 LIN 总线模块示
意图如图 11-12 所示。

一、LIN 总线的结构

LIN 总线是主/从结构的网络，如图 11-13
所示。

1. LIN 主控单元

如图 11-14 所示，LIN 主控单元连接在
CAN 数据总线上，主要用于监控数据传递和
数据传递的速率、发送信息标题。它将需要
的数据信息发送到 LIN 数据总线上，在 LIN 数
据总线与 CAN 总线之间起"翻译"作用，是

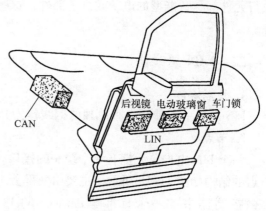

图 11-12　汽车车门 LIN 总线模块示意图

LIN 总线系统中唯一与 CAN 总线相连的控制单元，通过 LIN 主控单元进行 LIN 系统自诊断。

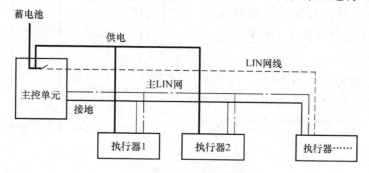

图 11-13　LIN 总线结构图

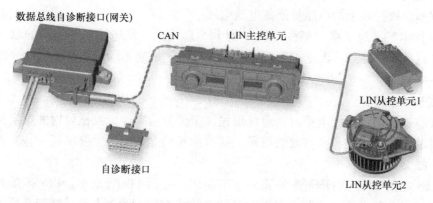

图 11-14　LIN 控制单元网络连接图

2. LIN 从控单元

LIN 从控单元通过集成的传感器来获知执行元件的实际状态，然后就可以对规定状态和
实际状态进行对比。在 LIN 总线系统内，单个控制单元或传感器及执行元件都可看作 LIN 从
控单元。传感器内集成了一个电子装置，该装置对测量值进行分析。测量值是作为数字信号

通过 LIN 总线传递的。有些传感器和执行元件只使用 LIN 主控单元插口上的一个针脚。LIN 执行元件都是智能型的电子或机电部件，这些部件通过 LIN 主控单元的 LIN 数字信号接收任务。

二、LIN 总线协议

1. 传输媒体
LIN 总线一般使用一根单独的铜线作为介质。

2. 节点
一个 LIN 电控单元拥有一个统一的接口，以便与其他 LIN 电控单元处理数据。LIN 总线节点的结构如图 11-15 所示，主要由两部分组成：协议控制器和线路接口。协议控制器集成在微控制器中的一个标准单位（UART）上，微控制器主要实现发送/接收 8 位字节、构成请求、接收和发送；线路接口主要负责将 LIN 总线的信号翻译成无干扰的信号进入 LIN 协议控制器，以及相反地对协议控制器的信号进行翻译并传入 LIN 总线。

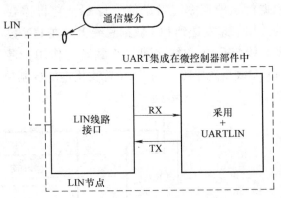

图 11-15　LIN 总线节点结构示意图

3. 传输速率
数据传输速率为 1～20kbit/s，在 LIN 控制单元的软件内已经设定完毕。该速率最大能达到舒适 CAN 总线数据传递速率的 1/5。

4. 信号
（1）隐性电平　如果无信息发送到 LIN 总线上或者发送到 LIN 总线上的是一个"隐性"位，那么数据总线导线上的电压就是蓄电池电压。

（2）显性电平　为了将"显性"位传到 LIN 总线上，发送控制单元内的收、发报机将数据总线导线接地。注意：由于控制单元内的收、发报机有不同的型号，因此表现出的显性电平是不一样的。

5. 传递安全性
在收发隐性电平和显性电平时，通过预先设定公差值来保证数据传输的稳定性。为了在有干扰辐射的情况下仍能收到有效的信号，接收信号的允许电压值要稍高一些。

6. LIN 帧结构
一个 LIN 帧由以字节分隔开的一系列字节组成，如图 11-16 所示。LIN 帧的开始是异步中断域，它通过 LIN 总线的主节点发出，并且支持所有的 LIN 节点自动适应总线速度；异步域使得所有总线上的节点异步；标识符域可表示 64 个节点，它指明数据的目的地或者所询问的节点地址；数据域由 1～8 个 8 位字节构成，包含了有用的命令或回应信息；检查域由一个 8 位字节构成，用于保证 LIN 帧内容的完整性。

7. 信息的顺序和回应信息内容
LIN 主控单元已经设定了工作顺序，并按顺序将信息发送至 LIN 总线上（若是主信息，

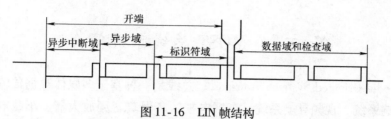

图 11-16　LIN 帧结构

则发送的是回应）。为了减少 LIN 主控单元中部件的种类，主控单元将全部装备控制单元的信息标题发送到 LIN 总线上。

对于带有从控单元回应的信息，LIN 从控单元会根据识别码给这个回应提供信息；对于主控单元带有数据请求的信息，根据识别码的情况，相应的 LIN 从控单元会根据这些数据来执行各种功能。

三、LIN 总线的应用

现代汽车电子系统已经实现了多路传输，使汽车大量线路和内部连接被取消。在这种条件下，CAN 总线电控单元间的连接虽然已是最优结构，但是一个电控单元及其传感器和执行器之间的连接不一定是多路传输的，如图 11-17 所示。

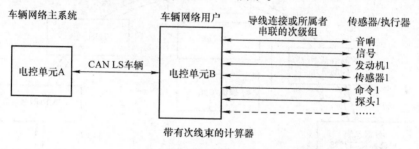

图 11-17　无 LIN 总线的 CAN 总线结构图

引入 LIN 总线，几乎所有的电控单元和其传感器、执行器之间的连接都可实现多路传输，车上各个 LIN 总线系统之间的数据交换是由控制单元通过 CAN 总线实现的，如图 11-18 所示。

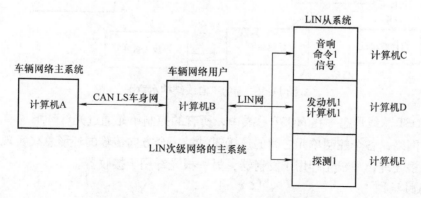

图 11-18　有 LIN 总线的 CAN 总线结构图

第四节 MOST 总线系统简介

MOST（Media Oriented Systems Transport）总线是一种基于多媒体数据传输的网络系统，可连接汽车音响系统、视频导航系统、车载电视、高保真音频放大器、车载电话、多碟 CD 播放器等模块。MOST 总线的数据传输速率最高可达 22.5Mbit/s，且没有电磁干扰。

1. MOST 总线的传输速率

车载多媒体系统对数据传输速率要求高，数字式电视系统的最低数据传输速率要求达到 6Mbit/s，视频和音频数据是由 MOST 总线来传输的，CAN 总线只能用来传输控制信号。

2. MOST 总线的结构

（1）MOST 总线的拓扑结构　如图 11-19 所示，MOST 总线采用环形拓扑结构，控制单元通过光纤沿环形方向将数据发送到下一个控制单元，这个过程一直在持续进行，直至首先发出数据的控制单元又接收到这些数据为止。MOST 系统的故障诊断可通过数据总线自诊断接口和诊断 CAN 总线进行。

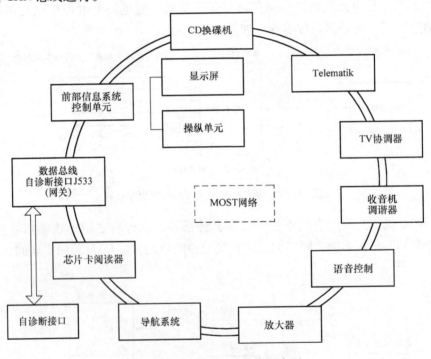

图 11-19　MOST 总线结构示意图

（2）MOST 总线形态　在 MOST 总线中，所有的控制单元通过光纤环形连接成一个具有环形结构的网络，各个控制单元之间的连接通过沿一个方向传输的环形总线实现。一个控制单元中有两根光纤，一根光纤用于发射器，另一根光纤用于接收器。

3. 信息帧结构

MOST 总线以 44.1kHz 的脉冲频率向环形总线上的控制单元发送信息帧，如图 11-20 所示，一个信息帧的大小为 64 字节，1 个字节为 8bit。

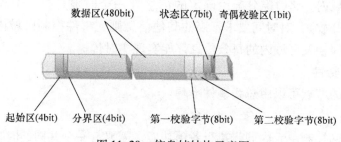

数据区(480bit)　状态区(7bit)　奇偶校验区(1bit)

起始区(4bit)　分界区(4bit)　第一校验字节(8bit)　第二校验字节(8bit)

图 11-20　信息帧结构示意图

第五节　FlexRay 总线系统简介

FlexRay 总线能在汽车的电气与机械电子部件之间实现可靠、实时、高效的数据传输，以确保满足汽车网络技术的需要。FlexRay 总线可有效管理多重安全和舒适系统，为车内分布式网络系统的实时数据传输提供了有效协议，已成为汽车网络系统的标准。目前通过 CAN 总线实现车联网的方式已经达到其效率的极限，FlexRay 总线将是 CAN 总线的替代标准。

1. FlexRay 总线的数据传输速率

FlexRay 总线的最大数据传输速率为 10Mbit/s，明显高于以前在车身和动力传动系统/底盘方面所用的数据总线。FlexRay 总线具有以下优点：

1）数据传输速率高。

2）可实现实时数据传输。

3）数据通信可靠。

4）支持系统集成。

2. FlexRay 总线的拓扑结构

FlexRay 总线的拓扑结构分为线型总线拓扑结构、星形总线拓扑结构和混合总线拓扑结构。

3. 冗余数据传输

在容错性系统中，即使某一总线的导线断路，也必须确保数据能继续可靠传输，这一要求可通过在第二个数据通道上进行冗余数据传输来实现。具有冗余数据传输能力的总线系统使用两个相互独立的通道。每个数据通道都由一组双导线组成，一个数据通道发生故障时，该数据通道应传的信息可在另一条没有发生故障的数据通道上传输。

4. 信号特性

FlexRay 总线信号必须在规定范围内，其电压范围如下：

1）系统接通时，如果无通信，其电压为 2.5V。

2）高电平信号的电压为 3.1V。

3）低电平信号的电压为 1.9V。

5. 实时性数据传输

FlexRay 总线是一种时间触发式总线系统，它也可以通过事件触发方式进行部分数据传输。在时间控制区域内，将时隙分配给确定的信息（一个时隙是指一个规定的时间段，该时间段对特定信息开放），对时间要求不高的其他信息则在事件控制区域内传输。实时性数据传输用于确保时间触发区域内的每条信息都能实现实时传输。

6. 唤醒和休眠特性

处于休眠状态的节点可以由总线事件唤醒。

7. 同步化

为了能够在联网控制单元内同步执行各项功能，需要有一个共同的时基。由于所有控制单元内部都是利用其自身的时钟脉冲发生器工作，所以必须通过总线进行时间匹配。控制单元测量某些同步位的持续时间，据此计算平均值并根据这个数值调整总线时钟脉冲，同步位在总线信息的静态部分中发送。

8. FlexRay 总线在汽车上的应用

宝马 7 系车型通过 FlexRay 总线实现了汽车行驶动态管理系统和发动机管理系统的联网。

第六节　车联网络系统

一、车联网络系统概述

传统的车联网一般是指装载在车辆上的电子标签通过无线射频等识别技术，实现在信息网络平台上对所有车辆的属性信息和静态、动态信息进行提取和有效利用，并根据不同的功能需求对所有车辆的运行状态进行有效的监管和提供综合服务的系统。

现代车联网是指以车内网、车际网和车载移动互联网为基础，按照约定的通信协议和数据交互标准，在车、路、行人及互联网等之间，进行无线通信和信息交换的系统网络，是能够实现智能化交通管理、智能动态信息服务和车辆智能化控制的一体化网络。

车联网原理示意图如图 11-21 所示，网络系统由车载终端、云计算处理平台、数据分析平台等组成，根据不同行业对车辆的不同功能需求实现对车辆的有效监控管理。车辆的运行涉及多项开关量信号、传感器模拟量信号、CAN 信号数据等，车辆运行过程中产生的数据不断回发到后台数据库，由云计算平台对数据进行分析整理；数据分析平台对数据进行报表式处理，供管理人员查看。

1. 车联网的基本结构

第一层：端系统，是汽车的智能传感器，负责采集与获取车辆的智能信息，感知行车状态与环境，是具有车内通信、车间通信、车网通信的通信终端。

第二层：管系统，目的为解决车与车（V2V）之间、车与路（V2R）之间、车与网（V2I）之间、车与人之间（V2H）的互联互通。

第三层：云系统，车联网是一个云架构的车辆运行信息平台，包含物流、客货运、危特车辆、汽修汽配、汽车租赁、企事业车辆管理、汽车制造商、4S 店、车管、保险、紧急救援、移动互联网等多源信息。

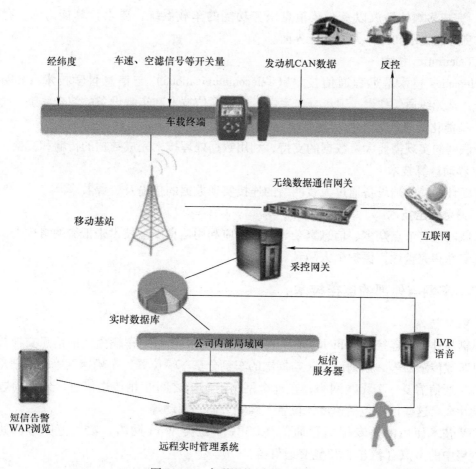

图 11-21　车联网络原理示意图

2. 车辆及道路信息获取技术

车联网想要为地面交通提供极限通行能力，必须依赖于全面的感知，包括对整个道路的感知和对车辆的感知，并结合道路和车辆获取相应的状态信息。

3. 车载嵌入式系统技术

（1）面向控制的车载嵌入式系统

1）用于车门窗、各种车上使用的车灯、座椅、空调等部分的控制单元，可靠性和实时性要求不高。

2）用于车辆操纵系统、悬架系统、安全气囊等部分的控制单元，要求有高的可靠性及实时性。

3）用于动力总成部分的控制单元，就是用于发动机、变速器等传动系控制的控制单元，可靠性和实时性要求高。

（2）面向娱乐及信息服务的车载系统

1）完成数字仪表以及各种汽车状态与参数的音、视觉指示功能的系统，要求有较大的存储容量和良好的人机交互界面。

2）定位导航系统，要求计算能力强、存储容量大，有显示和操作人机交互界面。

3）完成多媒体播放以及车载信息服务功能的车载系统，要求计算能力强、存储容量大，有良好的显示和操作人机交互界面。

4. Telematics 技术

Telematics 技术是远程通信技术（Telecommunications）与信息科学技术（Informatics）的组合，是无线通信技术、卫星导航系统、网络通信技术和车载设备的综合系统。

5. 智能化信息处理

车联网的实现需要大量数据的支持，利用数据处理技术完成数据的传输和交换。

6. 移动计算技术

移动计算使终端设备通过无线网络的连接实现数据的传输及资源共享。

7. 信息安全技术

车联网具有节点众多、信息繁杂等特点，应利用信息安全技术来抵御网络攻击，保证数据的真实性和完整性，保护个人隐私。

二、车辆与外部的连接技术

1. V2V 技术

车辆与外部的连接（Vehicle – to – Vehicle，V2V）技术是车辆之间的信息交换技术，它是通过车载传感器等一系列设备，与周围的车辆分享车辆位置、车辆速度等基本信息。

V2V 通信需要一个无线网络，在这个网络上车辆之间互相传送信息，告诉周边车辆自己在做什么。这些信息包括速度、位置、驾驶方向、制动等。

V2V 技术使用的是专用短程通信（DSRC）是类 WiFi 网络，覆盖范围最高达 300m。V2V 网络中的节点（汽车、智能交通灯等）可以发射、捕获并转发信号，网络上 5～10 个节点的跳跃就能收集 1.6km 外的交通状况，这对多数驾驶过程来说都有足够的应对时间。如图 11-22 所示，V2V 无线通信的车辆要搭载拥有无线通信技术的终端（智能手机），车辆 WiFi（无线局域网）在有限的距离内，通过带有无线通信功能的移动终端进行相关设置，移动终端会将车辆前后左右正

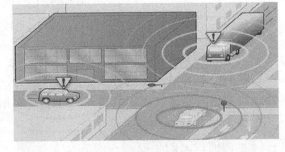

图 11-22　车辆与外部的连接技术原理示意图

在行驶的其他车辆信息，如具体位置、行驶速度、移动方向等反馈给驾驶人，同时把该车辆的行驶信息与四周其他车辆共享，驾驶人就能提前预知四周车辆的行驶状况，从而有效避免了交通事故。现在的 V2V 系统每秒钟可以交换 10 次位置信息，收到的信息可以激活车辆的功能由汽车制造商在车辆上设定的功能决定。

2. V2I 技术

利用车辆与基础设施的信息交换（Vehicle – to – Infrastructure，V2I）技术，汽车可以从路标、路灯等处获得信息，避免驾驶意外的发生，同时也可从交通管理系统中获取路况信息和最佳路线。

美国国家公路交通安全管理局研究显示，这种技术结合 V2V 技术，可以大大减少交通事故。

3. 基于专用短波通信的 V2P/V2M 技术

V2P（车对行人）及 V2M（车对骑车者）技术的目的是基于专用短波通信（DSRC）方式进行信息交换，防止车辆与行人和骑车者之间发生碰撞。

V2P 技术利用智能手机与周围车辆间的通信检测周边车辆和行人状态，并同时向车辆驾驶人和行人发出音视频警报，由行人智能手机的 GPS 确定位置，周围车辆在 5.9GHz 的短程通信频带进行信息交互，通过实时信息交互获取的信息来判断行人与车辆是否会发生碰撞。

V2P 系统主要用于检测驾驶人无法目视观察的情景。例如，一辆车后或路边突然窜出的行人，智能手机应用检测行人位置、方向、速度，并通过短波通信技术，获取周围车辆的位置、方向及速度信息。若系统计算后认为两者或多者保持原有状态继续运动会发生碰撞，则会在手机屏幕上弹出警告消息。

V2M 则是基于相似的原理工作，这两项技术是继 V2V/V2I 后的拓展应用。此前 V2X 的概念主要是 V2V 和 V2I。

自动驾驶技术的最终目的之一是实现零事故率，使车辆与所有的道路使用者之间都能形成有效、快速的沟通，并能及时报警和采取有效措施。

4. 车辆与车联网的连接

无线通信网络技术的迅速发展使车辆间通信（IVC）和公路车辆通信（RVC）在移动网络（MANET）中成为现实，这促使了车载自组织网络（VANET）的出现。车载自组织网络的最初目标就是提升车辆行驶安全性和道路交通有效性，通过与移动互联网的连接，车载自组织网络又成为互联网在道路交通环境下的一个组成部分。

车载自组织网络是移动组织网络在道路交通环境下的应用，它具有移动组织网络的自治性和无固定结构、多条路由、网络拓扑的动态变化、网络容量有限、可扩展性良好等特点。在车载自组织网络中，地理信息、信道质量、路径状态等都可以通过一定的方法和途径获得，它们对设计高效、可靠的传输控制协议具有重大意义。

车载自组织网络体系架构如图 11-23 所示，其主要包含安全应用和非安全应用。安全应用主要用于传输与安全有关的信息和通信指令等信息，非安全应用则用于传输娱乐相关的数据。这一体系有多种实现形式，其中被广泛认可的一种形式是上层标准为 IEEE 1609 相关协议规定，下层标准是 IEEE 802.11P。

IEEE 1609.2 主要负责安全服务；IEEE 1609.3 主要负责网络服务；IEEE 1609.4 主要负责 IEEE 802.11P 的多信道操作，即上层 MAC 标准的制定；而 IEEE 802.11P 则负责下层 MAC 标准和物理层（PHY）标准的制定。

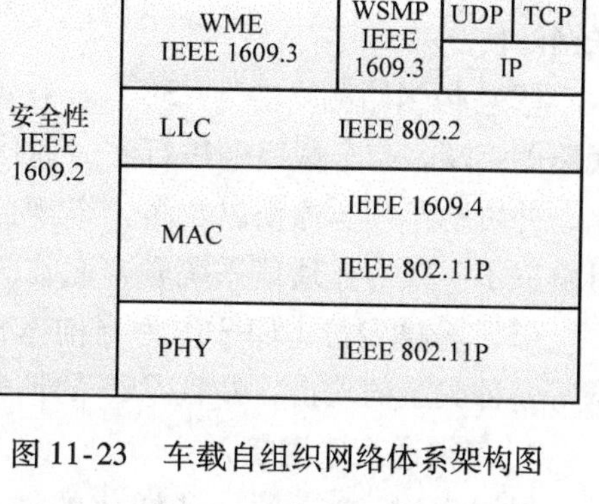

安全性 IEEE 1609.2	安全应用	非安全应用		
	WME IEEE 1609.3	WSMP IEEE 1609.3	UDP	TCP
			IP	
	LLC	IEEE 802.2		
	MAC	IEEE 1609.4		
		IEEE 802.11P		
	PHY	IEEE 802.11P		

图 11-23　车载自组织网络体系架构图

三、5G 技术在车联网中的应用

第五代移动通信网络（5G）融合了大规模天线阵列、超密集组网、终端直通、认知无线电（Cognitive Radio，CR）等先进技术，以更加灵活的体系结构解决多样化应用场景中差异化性能指标带来的挑战。5G 技术在低时延、高移动性车联网场景中的应用，解决了当前车联网面临的多方面的问题和挑战，可使车载终端（OBU）在高速移动下获得更好的性能。5G 技术让车联网不用单独建设基站和服务基础设施，而是随着 5G 技术应用的普及而普及，实现车载终端、基站、移动终端和云服务器的互联互通。

1. 车载终端多网接入与融合

车联网中目前是多种网络共存，包括基于 IEEE 802.11A/B/G/N/P 标准协议的 WLAN、2G/3G 蜂窝通信、LTE 以及卫星通信等网络，这些网络在车联网通信中使用不同的标准和协议，数据处理和信息交互不完善。5G 车联网将融合多种网络，实现无缝的信息交互和通信切换。5G 是一个包括宏蜂窝层和设备层的双层网络，其中，宏蜂窝层与传统蜂窝网络相似，涉及基站和终端设备之间的直接通信。在设备层通信中，设备到设备（device - to - device，D2D）通信是 5G 技术的重要组成部分，是一种终端与终端之间不借助任何网络基础设施直接进行信息交互的通信方式。根据基站对资源分配和对起始节点、目的节点、中继终端节点的控制情况，D2D 通信方式可分成以下四类：

1）基站控制链路的终端转发。

2）基站控制链路的终端直接通信。

3）终端控制链路的终端转发。

4）终端控制链路的终端直接通信。

2. 多身份 5G 基站

传统的基站作为终端通信的中继，在数据转发和链路控制等方面起着重要作用，而 5G 基站的大量部署，将实现超密集网络，从而具备精确定位、协助终端通信等功能。在基于 5G 毫米波的通信网络中，D2D 技术涉及终端与基站（D2B）、基站与基站（B2B）之间的直接通信。其中 D2B 与 B2B 以自组织方式通信将是一个重要的突破，这决定了 5G 基站将以不同的角色发挥至关重要的作用。在车联网的应用场景，5G 基站将拥有以下功能。

（1）协作中继　5G 基站具备传统基站的中继转发功能，作为无线接入点，协助车与互联网通信。

（2）担当路侧终端（RSU）　在高速运行的环境下，车辆自组网通信中的 5G 基站将取代路侧终端，与车载终端进行实时通信，通过广播的方式向车辆自组网中的车辆发布交通信息，并协助车与车通信以及多个车辆自组网通信。这不仅节约了车联网体系的构建成本，而且解决了 V2I 协作通信系统融合面临的多方面问题。

（3）精确定位　GPS 作为当前车载终端的定位系统是非常脆弱的，容易受到欺骗、阻塞等多种类型的攻击，并且 GPS 的信号容易受到天气影响，导致无法实现精确定位。

3. 多渠道互联网接入

根据 5G 终端高效、多样化的通信方式，车载终端可通过多种渠道接入互联网。如

图11-24所示。车载终端除了可采用当前车联网的 V2I 协作通信方式外，还可通过邻近的 5G 基站、5G 车载终端和 5G 移动终端等多种渠道自适应地选择信道质量较好的方式接入互联网。

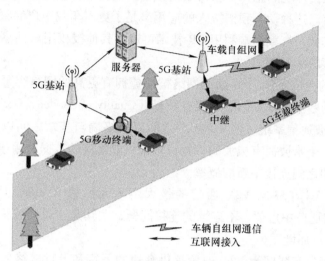

图 11-24　5G 多渠道互联网接入示意图

4. 5G 车联网的特征

在车联网应用场景中，相比于 IEEE 802.11P 标准的通信，5G 车联网的特点主要体现在低时延与高可靠性、频谱和能源的高效利用、更加优越的通信质量。

（1）低时延与高可靠性　作为车联网信息的发送端、接收端和中继节点，消息传递过程必须保证私密性、安全性和高数据传输率，通信具有严格的时延限制。目前，车联网通信数据的密集使用以及频繁交换，对实时性要求非常高，然而，受无线通信技术的限制（如带宽、速度和域名等），通信时延达不到毫秒级，不能满足安全互联需求。

5G 高/超高密集度组网、低的设备能量消耗大幅地减少了信令开销，解决了带宽和时延相关问题，且 5G 的时延达到了毫秒级，满足了低延时和高可靠性要求，成为车联网发展的最大突破口。在 5G 车联网通信中，为更好地研究与应用低时延和高可靠性的链路特征，分析了适应于以 300km/h 速度移动车辆通信的 5G 自适应天线，提高了车载终端与基站的通信质量，降低了在信道估计与数据传输之间产生的时延。

（2）频谱和能源的高效利用　频谱和能源的高效利用是 5G 用户体验的一个重要特征。5G 技术在车联网中的应用，将解决当前车联网资源受限等问题。5G 车联网的频谱和能源的高效利用主要体现在以下几个方面：

1）设备到设备（D2D）通信。在 5G 通信中，D2D 通信方式通过复用蜂窝资源实现了终端直接通信。5G 车载终端将基于 D2D 技术实现与邻近车载终端、5G 基站、5G 移动终端的车联网自组网通信和多渠道互联网接入。通过这种方式提高车联网通信的频谱利用率，与基于 IEEE 802.11P 标准的车联网 V2X 通信方式相比，减少了成本的支出，节约了能源。

2）全双工通信。5G 移动终端设备使用全双工通信方式，允许不同的终端之间、终端与 5G 基站之间，在相同频段的信道同时发送并接收信息，使频谱效率提高 1 倍，从而提高了频谱使用效率。

3）认知无线电（CR）。CR 技术是 5G 采用的重要技术之一。在车联网应用场景中，车载终端通过对无线通信环境的感知，获得当前频谱空洞信息，快速接入空闲频谱，实现了与其他终端的高效通信。这种动态频谱接入的应用满足了更多车载用户的频谱需求，提高了频谱资源的利用率。其次，车载终端利用 CR 技术可以与其他授权用户共享频谱资源，从而解决了无线频谱资源短缺的问题。

（3）更加优越的通信质量　5G 通信网络被期望拥有更高的网络容量，并且可为每个用户提供每秒千兆级的数据速率，以满足服务质量（Quality of Service，QoS）的要求。频段为 30～300GHz 的毫米波通信系统可使 5G 终端之间以及终端与基站之间以更好的通信质量进行信息交互。其中，毫米波拥有极大的带宽，可提供非常高的数据传输速率，并减少环境的各种干扰，降低终端之间连接中断的概率。

1）通信距离。5G 车联网 V2V 通信的最大距离大约为 1000m，从而可以解决 IEEE 802.11P 车辆自组网通信中短暂、不连续的连接问题，尤其是在通信过程中遇到大型物体遮挡的非视距（NLOS）环境下。

2）传输速率。5G 车联网为 V2X 通信提供高速的下行和上行链路数据速率（最大传输速率为 1Gbit/s），从而可使车与车、车与移动终端之间实现高质量的音视频通信。

3）高速移动性。与 IEEE 802.11P 标准通信相比，5G 车联网支持速度更快的车辆通信，其中，支持车辆最大的行驶速度约为 350km/h。

（4）干扰管理　对于有限资源的高效利用，资源复用和密集化被应用于 5G 蜂窝网络。尽管可以增加信号容量和吞吐量并额外地提高宏蜂窝与局域网络的资源共享，但存在这些优点的同时却产生了同信道干扰问题。因此，作为二元体系的 5G 移动通信网络，干扰管理是一个重要问题。基于 D2D 技术的基站控制通信链路的终端直接通信以及终端作为中继的通信方式，基站可以进行资源分配和链路管理，并实施集中化的管理以减轻干扰问题。但对于将来的 5G 车载终端之间的直接通信，在没有基站作为中继或者管理链路的情况下，5G 车联网通信中的干扰将不可避免。

（5）安全通信和隐私保护　在车联网发展的过程中，安全作为一项重要挑战一直备受关注。当前的车联网通信中存在严重的安全问题，如在车载自组织网络中可能存在恶意的车辆，它们发送虚假信息欺骗其他车辆，造成车辆信息和车主隐私信息的泄露；另外，一些恶意的车辆还会偷窃多个身份，伪造交通场景，影响交通秩序，破坏网络正常运行，威胁用户生命财产安全。因此，安全认证和隐私保护是车联网发展的焦点问题。

为了支持数据流量的不断增加，5G 需要更高的容量和高效的安全机制。而在 5G 通信体系中，终端用户和不同的接入点之间需要更加频繁的认证，以防止假冒终端和中间人的攻击。5G 车联网的用户和车辆相关数据的传输需要经过其他车载终端、移动终端以及基站，必须采取有效措施保证通信的安全性和数据的完整性，在 5G 车联网复杂的通信过程中，必须实施多方安全认证。如图 11-25 所示，5G 车联网实施的多方安全认证主要包括车内无线局域网中用户移动终端与 5G 车载终端的强安全认证，车际网中车与车之间、车与行人之间、车与中继（5G 移动终端或者车载终端）之间以及车与 5G 基站之间的安全认证。

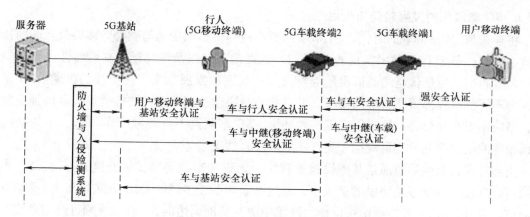

图 11-25　5G 车联网实施的多方安全认证原理示意图

在保证通信安全的过程中，驾驶人更关心的是隐私的安全性，这关系到车联网能否被接受并广泛使用。在通信过程中，车辆无线信号在开放的空间中传输，容易被窃取并暴露车辆和用户的身份。若车内数据总线网络遭到入侵，则可能会造成不可预估的灾难。如何保障用户和车辆的隐私安全，成为近年来的研究热点。可以使用匿名算法，如采用动态匿名方案，车载终端在一定时间间隔或当车辆进入不同区域后都要更换匿名，以排除通过对匿名收集、分析而捕获车辆真实身份的攻击。考虑到 5G 车联网多种异构网络的存在，将会出现新型的安全通信与隐私保护协议。

5. 安全驾驶

车联网的重要应用条件之一就是交通安全，而驾驶行为分析和预测是保障交通安全的基础，如何对运动轨迹进行预测并建模是提高交通安全水平的关键问题。虽然车联网中的网络拓扑频繁变化，数据海量递增，但车辆运动受道路拓扑、交通规则和驾驶人意图的限制，为行为预测提供了可能性。车联社会网络（Vehicular Social Network，VSN）中节点的活动规律能够在车联网行为预测中发挥作用。反之，车联网中的移动模型、社会应用、感知计算模型和用户行为预测模型也为 VSN 提供支持和反馈。通过对大规模车载终端数据的挖掘和分析，提取有应用价值的社群交互特征信息，VSN 能够对一些交通问题和车辆安全问题提供有力的支持，如预计道路车流量、预测交通堵塞地段、主动安全等。

在对驾驶行为进行建模和预测时，数据来源和数据挖掘是首要问题，也是安全系统应用的瓶颈。目前，车辆行驶轨迹数据获取的主要来源是基于历史数据的预测，而历史数据必须准确且具有时效性，但现有车载自组织网络环境下的方法无法满足获取运动轨迹的精度要求（包括位置精度和时间精度）。5G 车联网采用 D2D 通信方式，可为每个用户提供每秒千兆级的数据速率以满足服务质量的要求，空口时延在 1ms 左右、端到端时延限制在毫秒级的实现，在极大程度上保证了时间精度。同时，基于 5G 基站的精确定位将位置精度控制在允许范围内，解决了预测模型中的数据来源问题。目前，针对车联网数据挖掘，并没有太多的算法和技术提出，车联网数据处理的关键是在对海量数据（TB 级）进行挖掘时，要保证当前数据流（平均数万条/s）的高速可靠写入，如何快速对读取的数据进行分析、建模和预测，是未来研究的重要方向。

6. 5G 车联网的发展趋势与应用

将来在 5G 大量部署的时代，5G 车联网所构建的可多网接入与融合、多渠道互联网接入的体系结构，基于 D2D 技术实现的新型 V2X 的通信方式以及低时延与高可靠性、频谱与能源的高效利用、更加优越的通信质量等特点为车联网的发展带来了历史性的机遇。5G 车联网因为不需要单独部署路边基础设施、可以和移动通信功能共享计费等优点，会得到快速发展，将应用于高速公路、城市街区等多种环境。5G 车联网不仅局限于车与车、车与交通基础设施等的信息交互，还可应用于商业领域以及自然灾害等场景。

当自然灾害发生导致通信基础设施被破坏、无法为车载终端提供通信服务时，5G 车载终端可以在没有基础设施协助的情况下，通过基于单跳或多跳的 D2D 方式与其他 5G 车载终端通信。另外，5G 车载终端也可以作为通信中继，协助周边的 5G 移动终端进行信息交互。

四、典型车联网络技术应用

1. 智能车联网货车

智能车联网货车物流系统利用 GPS、地理信息系统、计算机视觉、模式识别、人工智能等技术，实现对运输过程中车辆和货物的联网，进行有效的管理与监控。

2. 不停车收费系统

不停车收费系统（Electronic Toll Collection，ETC）是一种用于道路、大桥和隧道的电子收费系统。

3. 智能车载终端

智能车载终端是一个基于移动通信网络技术和云计算技术的在线服务平台，为用户提供行车信息和服务。

思考题与习题

11-1　简述 CAN 总线的工作原理。

11-2　说明 CAN 总线的数据传输过程。

11-3　简述 CAN 总线系统中，各电子控制单元有哪几种相关状态？

11-4　简述 LIN 总线的帧结构。

11-5　车联网的基本结构是什么？

11-6　简述 MOST 总线应用系统的工作原理。

11-7　简述 FlexRay 总线应用系统的工作原理。

11-8　5G 技术在车联网中的应用有哪些？

参 考 文 献

[1] 舒华, 姚国平. 汽车电子控制技术 [M]. 北京: 人民交通出版社, 2002.

[2] 何洪文, 熊瑞. 电动汽车原理与构造 [M]. 2 版. 北京: 机械工业出版社, 2017.

[3] 栾琪文, 于京诺. 汽车底盘及车身电控系统维修 [M]. 2 版. 北京: 机械工业出版社, 2019.

[4] 肖聪. 基于纯电动汽车平台的定速巡航系统设计与研究 [J]. 汽车电器, 2020, 9: 13 – 18.

[5] 王志福, 张承宇. 电动汽车电驱动理论与设计 [M]. 2 版. 北京: 机械工业出版社, 2017.

[6] 朱升高, 冯健, 张德军. 电动汽车结构原理与维修 [M]. 北京: 机械工业出版社, 2018.

[7] 吴书龙, 何宇漾. 新能源汽车电气技术 [M]. 北京: 机械工业出版社, 2017.

[8] 赵航, 史光奎. 混合动力电动汽车技术 [M]. 北京: 机械工业出版社, 2019.

[9] 孙正. IBooster 电子助力器综合性能检测系统 [D]. 杭州: 中国计量大学, 2019.

[10] 孙仁云, 付百学. 汽车电器与电子控制技术 [M]. 北京: 机械工业出版社, 2019.

[11] 秦贵和, 张洪坤. 车载网络及信息技术 [M]. 北京: 机械工业出版社, 2017.

[12] 李玉忠, 李全民. 新能源汽车技术概论 [M]. 北京: 机械工业出版社, 2017.

[13] 何洪文. 电动汽车原理与构造 [M]. 北京: 机械工业出版社, 2014.

[14] 麻友良, 严运兵. 电动汽车概论 [M]. 北京: 机械工业出版社, 2013.

[15] 朱占平, 刘克铭, 田国红. 汽车电器 [M]. 北京: 北京理工大学出版社, 2014.

[16] 吴兴敏, 陈贵龙, 郭明华. 纯电动汽车结构原理与检修 [M]. 北京: 人民邮电出版社, 2019.

[17] 杨洪庆, 陈晓. 汽车电器设备原理与检修一体化教程 [M]. 北京: 机械工业出版社, 2013.

[18] 赵立军, 佟钦智. 电动汽车结构与原理 [M]. 北京: 北京大学出版社, 2012.

[19] 余志生. 汽车理论 [M]. 北京: 机械工业出版社, 2008.

[20] 李兴虎. 电动汽车概论 [M]. 北京: 北京理工大学出版社, 2005.

[21] 陈全世. 先进电动汽车技术 [M]. 北京: 化学工业出版社, 2007.

[22] 王文伟, 毕荣华. 电动汽车技术基础 [M]. 北京: 机械工业出版社, 2010.

[23] 陈清泉, 孙逢春, 祝嘉光. 现代电动汽车技术 [M]. 北京: 北京理工大学出版社, 2002.

[24] 皇甫鉴, 范明强. 现代汽车电子技术与装置 [M]. 北京: 北京理工大学出版社, 1999.

[25] 庄继德. 汽车电子控制系统工程 [M]. 北京: 北京理工大学出版社, 2003.

[26] 李春明. 汽车车身电子技术 [M]. 北京: 北京理工大学出版社, 2003.

[27] 徐向阳. 汽车电器与电子控制技术 [M]. 北京: 机械工业出版社, 1999.

[28] 冯渊. 汽车电工与电子技术基础 [M]. 3 版. 北京: 机械工业出版社, 2018.

[29] 陈渝光. 汽车电器与电子设备 [M]. 北京: 机械工业出版社, 2003.

[30] 冯崇毅. 汽车电子控制技术 [M]. 北京: 机械工业出版社, 2001.

[31] 陈家瑞. 汽车构造 [M]. 北京: 人民交通出版社, 2003.

[32] 胡骅, 宋慧. 电动汽车 [M]. 北京: 人民交通出版社, 2006.

[33] 邹国唐, 程明. 电动汽车的新型驱动技术 [M]. 北京: 机械工业出版社, 2010.

[34] 徐国凯, 赵秀春, 苏航. 电动汽车的驱动与控制 [M]. 北京: 电子工业出版社, 2010.

[35] 张亚军, 杨盼盼. 纯电动汽车再生制动系统的建模与仿真 [J]. 武汉理工大学学报, 2010, 8 (15): 90 – 94.